四特 教育系列丛书 SITE JIAOYUXILIECONGSHU

我心思教育

《"四特"教育系列丛书》编委会 编著

吉林出版集团股份有限公司
全国百佳图书出版单位

图书在版编目（CIP）数据

我心思教育／《"四特"教育系列丛书》编委会编著.
—长春：吉林出版集团股份有限公司，2012.4
（"四特"教育系列丛书／庄文中等主编.在故事中升华经典）

ISBN 978-7-5463-8663-8

I.①我… Ⅱ.①四… Ⅲ.①中小学教育－通俗读物
Ⅳ.① G63-49

中国版本图书馆 CIP 数据核字（2012）第 044095 号

我心思教育

WO XINSI JIAOYU

出 版 人	吴 强	
责任编辑	朱子玉 杨 帆	
开 本	690mm×960mm 1/16	
字 数	250 千字	
印 张	13	
版 次	2012 年 4 月第 1 版	
印 次	2023 年 2 月第 3 次印刷	

出 版	吉林出版集团股份有限公司
发 行	吉林音像出版社有限责任公司
地 址	长春市南关区福祉大路 5788 号
电 话	0431-81629667
印 刷	三河市燕春印务有限公司

ISBN 978-7-5463-8663-8　　　　定价：39.80 元

前　言

　　学校教育是个人一生中所受教育最重要组成部分,个人在学校里接受计划性的指导,系统地学习文化知识、社会规范、道德准则和价值观念。学校教育从某种意义上讲,决定着个人社会化的水平和性质,是个体社会化的重要基地。知识经济时代要求社会尊师重教,学校教育越来越受重视,在社会中起到举足轻重的作用。

　　"四特教育系列丛书"以"特定对象、特别对待、特殊方法、特例分析"为宗旨,立足学校教育与管理,理论结合实践,集多位教育界专家、学者以及一线校长、老师们的教育成果与经验于一体,围绕困扰学校、领导、教师、学生的教育难题,集思广益,多方借鉴,力求全面彻底解决。

　　本辑为"四特教育系列丛书"之《在故事中升华经典》。

　　这是一部写给老师的书,因为故事中蕴含着慈爱、和谐、人性的教育方式;这也是一部写给学生的书,因为故事中洒满老师们对学生的温暖、感动、爱意、执着、顽强与刚毅……

　　教育是一门科学,也是一门艺术,是塑造人心智的高超艺术。对于教育人人都有自己的看法,而这本书中的观点能给人以许多启示。本书还汇集了众多著名教育学家、知名教师的经典教育文论,共同领略著名专家学术研究风范,引领我们进入教改理论与实践前沿,分享最新研究成果,把握创新教学理念脉搏,感悟前瞻性的教学思想。

　　教育,润物无声,是一种智慧、一种境界、一种追求。教育的这种智慧,这种境界,这种追求,虽然无声无形,但却有踪迹可寻。在教育实践中,那一个个平凡却并不平淡的片段,或呈现出教师解决问题的教育智慧;或记录着教师走出困惑的教学经历;或展现出教师奉献爱心的热忱。回顾那一个又一个生动的教育实践,既是一个沉淀的过程,也是一个升华的过程。

　　本辑共20分册,具体内容如下:

　　1.《师生情难忘》

　　如果我们的人生有一段华美的乐章,那一定来自老师教给我们的7个音符!一天天,一年年,我们在校园里茁壮成长。从懵懂孩童到青春飞扬,然后进入社会大舞台搏击人生。老师谆谆教诲的深情,是我们前行的灯火,给我们温暖、力量和信念……本书选录了100篇发生在师生之间的真情故事。这些平凡而真切的故事,让我们感动,让我们沉思,让我们回忆,让我们心怀敬意和感激……

　　2.《记忆深处》

　　翩翩红叶,徐徐飘落,总不忘留给土地柔软与肥沃;涓涓泉水,潺潺流淌,总不忘带给岸边甘甜与欢歌。享受"师生"情,奉献真诚心!让我们把握这份情,让心灵浸润在肥沃的土壤,开出绚烂的花朵;让我们紧守这份爱,让生命谱写圣洁的乐曲,唱出青春的赞歌。

在坎坷的人生道路上,是谁为我们点燃了一盏最明亮的灯;在荆棘的人生旅途中,是谁甘做引路人为我们指明前进的方向……是您,老师,把雨露洒遍大地,把幼苗辛勤哺育!无论记忆多么久远,每当想起老师,依然激情难耐;每当面对熟悉的老师,那一瞬间,那一件小事……总是激起我们对老师久蓄于心的感激……

3.《成长足迹》

这是发生在校园里的平凡而又感人至深的师生故事。因为爱,所以在教育的天空下,才会发生这么多感人的故事,这些也是对教育生命的审问、感怀和确认。这是一部写给老师的书,因为故事中蕴含着慈爱、和谐、人性的教育方式;这也是一部写给学生的书,因为故事中洒满老师们对学生的温暖、感动、爱意、执着、顽强与刚毅……

4.《悸动的心灵》

追忆往事并不是轻而易举的事情,在漫长的教育生涯中发现自己最难忘的某一个瞬间,其实也就像重新获得一种生存的意义一样美妙。这些教育故事也许并不是教育的解决之道,但却是对教育生命的审问、感怀和确认。也许我们更应该在教育中活出自己,也许我们既活在未来更活在无限的过去,在这些纷繁复杂却又素朴平凡的场景中,有最乐意的付出,有泪水和智慧,更有日日夜夜用心抒写因而温润无比的爱。

5.《春暖花开》

教育是一门科学,更是一门艺术。执著并献身于教育,不仅需要大步向前,也需要回头反思。回顾那一个又一个生动的教育实践,既是一个沉淀的过程,也是一个升华的过程。走进本书,这里全是暖暖的爱。

6.《孩子的微笑》

教育,润物无声,是一种智慧、一种境界、一种追求。教育的这种智慧,这种境界,这种追求,虽然无声无形,但却有踪迹可寻。在教育实践中,那一个个平凡却并不平淡的片段,或呈现出教师解决问题的教育智慧;或记录着教师走出困惑的教学经历;或展现出教师奉献爱心的热忱。

7.《故事里的教育智慧》

本书主要关注家庭教育、学校教育及社会教育中家长与孩子、教师与孩子、孩子与孩子之间的故事,它的特色是小故事蕴含大道理。其宗旨是:讲述真实的教育故事,研究深切的教育问题,创生新锐的教育思想,激活精彩的教育行动。其风格是:直面真实,创新为本和故事体裁。

8.《难忘的教育经典故事》

根据家长、教师和孩子的困惑,用各种形式的教育故事讲述一些很明白的道理,引导人用智慧的手段促进人的成长。这些故事或来自国外的或来自一线教学的实践,对于教育类人群均具有启发性。一个个使教师深思的小故事,一个个让学生向善的小故事,让我们教师真正领会生命教育的内涵。从现在开始关注生命的成长,关注人类的发展,关注社会的进步。

9.《中国教育名家印记》

在人类文明的进程中,数不清的教育大家,手擎着大旗,浓书着历史,描绘着蓝图,才有了今日教育的巨大进步。他们站在教育的殿堂里,发出的宏音,留下的足印,历史永远都不应该忘记,也不会忘记。

本书编者放眼中国教育进程,遴选出对教育产生重大影响的国内近百位教育名家,对其生平、教育思想、学术成果等进行介绍评说。

10.《外国教育名家小传》

在人类文明的进程中,数不清的教育大家,手擎着大旗,浓书着历史,描绘着蓝图,才有了今日教育的巨大进步。他们站在教育的殿堂里,发出的宏音,留下的足印,历史永远都不应该忘记,也不会忘记。

本书编者放眼人类教育进程,遴选出对教育产生重大影响的近百位世界教育名家,对其生平、教育思想、学术成果等进行介绍评说。

11.《随手写教育》

什么是良好的教育?教育是诗性的事业?性教育何去何从?是否应该把儿童世界还给儿童?假设陈景润晚生40年……本书汇聚了中国最佳教育随笔,对于和教育相关的各个方面问题都有所畅谈,对于教育者和被教育者来说都有所裨益。

12.《我心思教育》

本书涉及到了教育学众多的重要领域和主题,包括教育的真义、教育的价值、教育与社会、教育与生活、课程与教学、道德教育、师生关系、教师的学习与成长等等。它力图用感性的文字表达理性的思考,用诗意的语言描绘多彩的教育世界,以真挚的情感讴歌人类之爱,以满腔的热情高扬教育的理想与信念。

13.《教育新思维》

本书站在教育思想的前沿,以既解放思想又科学审慎的态度,兼用独特的视角,论述了近年的教育理论新说,涉及“教育呼唤‘以人为本’”、“公民教育”、“素质教育新解读”、“教育公平与政府责任”、“创新人才培养”、“文化传承与创新”、“教育家办学”等热门话题。这些文章,不避偏,不畏难,遵循教育发展规律和中小学生身心发展规律,引领教育理念和教育实践,反思教育行为误区,无不闪烁着思想和智慧的光芒。对于渴望提升自身理论素养的教育工作者来说,这本书值得一读。

14.《名家名师谈教育》

本书使读者在学习和掌握教育理论的同时,领略到文章的理趣、情趣和文趣,既有助于深厚教师的文化底蕴,又有助于帮助广大教师确立对于教育的理想与信念;既有助于培养和激发广大实践工作者的理论兴趣,又能帮助教师生成教育的智慧和提升广大读者对于生活的热爱与柔情。

15.《世界眼光看教育》

本书荟萃了多位世界级教育思想巨擘的主要思想。从皮亚杰的发生认识论、维果茨基的文化—历史理论、布鲁纳的结构主义,加德纳的多元智能一直到诺丁斯的关怀教育思想等等,现当代世界教育思想的发展脉络清晰、准确而完整。

本书既有思想评介,又有论著摘录,无论教育研究人员还是一线教育工作者,均可非常便捷而精准地从中获得思想大师们的生动启迪,加深对当代教育发展特质的深切理解,是教育、教研、教学工作者不可多得的必备工具书。

16.《大师眼中的教育》

这不是一本以教育专家的身份、眼光、学养来谈教育的书。本书各篇文章提供了许多新史实、新观点,为我国教育史和教育理论工作者长期以来对某些历史人物评价的思维定势提供了新的清醒剂。

17.《教育箴言》

名人名言是前人留给我们的精神财富和智慧结晶。阅读它,不仅能丰富知识,陶冶情操,更能为我们的人生之路指引方向。该书着重论述三方面的内容:教育——造福人类的千秋伟业;教师——人类灵魂工程师、育人的典范;师德——塑造教师灵魂的法宝。

18.《百家教育讲坛》

这是一本兼具思想性、可读性和经典价值的教育智慧读本。书中介绍了孔子、卢梭、爱因斯坦、康德、梁启超、杜威、蔡元培、叶圣陶等几十位古今中外思想家、科学家、教育家关于教育的精彩论述,集中回答了教育的本质、教学的艺术、知识之美、教师的职业生活、儿童的成长等问题。探幽析微,居高声远,让我们直窥教育本原之堂奥。归真返璞,正本清源,你会发现,教育,原来可以如此朴素而美好。

19.《名师真经》

本书从专家心理学研究出发,以新教师到专家教师这一成长过程为线索,剖析了教师在专业化发展中出现的主要问题与阶段性特征,动态性是展现了教师成长的内在原因与实质,并有针对性地提出了促进新教师成为专家教师的系列化教学理念、观点与方法,这有助于教育研究者与实践工作者深入理解教师专业发展的规律,有利于在观念层面上树立科学的教师人才观,以制定行之有效的教师培养方法与措施。

20.《师道尊严》

本书意在激励教师以站着的方式获得成功。全书讲述了站着成长的精神、站着成长的思想、站着成长的基础、站着成长的学问和站着成长的行动。全书力求字字诉说教师成长之心声,篇篇探寻教师优秀之根本,章章开启教师幸福之道路。

由于时间、经验的关系,本书在编写等方面,必定存在不足和错误之处,衷心希望各界读者、一线教师及教育界人士批评指正。

编者

C 目 录
ONTENTS

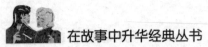

班级的德育思想教育

◇ 刘　旭

　　班级德育工作是培养无产阶级思想政治观、共产主义道德规范和科学世界观的教育，它是全面发展教育的首要组成部分，体现着社会主义教育的无产阶级政治方向。中小学生处于思想品德形成的重要时期，具有很大的可塑性。只要重视对他们进行德育，就可能使他们在思想上健康成长，形成高尚的思想品德。学生思想品德的形成，不仅在知，更在于行。当前，对学生的思想品德教育的效果往往不尽如人意，其中重要的原因之一就是知与行的割裂，教育内容与实际反差大，教育方法单调，教育过程大都停留在道德认知这一环节上，忽略了对学生主体道德情感、道德意志、道德行为等品德养成过程中必需的其他环节的培养，因而成效不佳。因此，班主任对中小学生进行思想品德教育，不仅要了解思想品德教育的内容，更要把握思想品德教育的基本原则，注重思想品德教育的艺术，以收到良好的教育效果。

　　根据中小学德育工作的有关文件精神和《中共中央国务院关于深化教育改革全面推进素质教育的决定》中有关学校德育总体目标以及不同学龄阶段的德育内容要求，中小学思想品德教育的基本内容应该包括：爱国主义教育；理想教育；集体主义教育；劳动教育；民主、纪律和法制教育；文明礼貌、行为习惯养成教育等。

一、爱国主义教育

　　中华民族是富有爱国主义光荣传统的伟大民族。爱国主义是动员和鼓舞中国人民团结奋斗的一面旗帜，是推动我国全面建设小康社会的巨大力量，是全国各族人民共同的精神支柱。江泽民同志指出：在新的历史条件下继承和发扬爱国主义传统，需要广泛深入地进行爱国主义教育，这种教育要从少年儿童抓起。全国人民特别是广大青年，都要认真学习和了解祖国的历史，尤其是近代以来的历史。对学生进行爱国主义教育，是时代赋予班主任的历史使命，它关系着我们教育培养什么样人才的根本问题，关系到中华民族的振兴和社会的全面进步。对学生进行爱国主义教育的素材非常广泛，从历史到现实，从物质文明到精神文明，从自然风光到物产资源，社会生活的各个领域都蕴藏着极为丰富的进行爱国主义教育的资源。要善于应用国情资料，并注意挖掘和利用各种宝贵的教育资源，不断丰富爱国主义教育的内容。

对学生进行爱国主义教育的内容主要包括以下几方面：

1. 要进行中华民族悠久历史的教育。我国人民的爱国主义精神是在民族漫长的历史进程中产生和发展起来的。要通过中国历史，特别是近代史、现代史的教育，使学生了解中华民族自强不息、百折不挠的发展历程；了解我国历史上的重大事件和著名人物；了解中国人民为争取中华民族的独立和解放，前赴后继、英勇奋战的崇高精神；特别是了解中国共产党领导全国人民为建立新中国英勇奋斗的光辉业绩。

2. 要进行中华民族优秀传统文化和民族精神的教育。中华民族在创造灿烂中华文明的过程中，形成了具有强大生命力的传统文化，其内容博大精深，蕴涵着崇高的民族精神、民族气节和优良道德。十六大报告指出："在五千多年的发展中，中华民族形成了以爱国主义为核心的团结统一、爱好和平、勤劳勇敢、自强不息的伟大民族精神。"民族精神是一个民族赖以生存和发展的精神支柱，是民族文化的最本质、最深刻的体现。优良的民族文化和伟大的民族精神是对学生进行爱国主义教育的宝贵资源。通过教育，使学生增强国家和民族意识，树立民族自尊心、自信心和民族自豪感，增强为中华民族的伟大复兴而奋斗的责任感和使命感。

3. 要进行中国国情的教育。中国国情的教育是爱国主义教育之源。国情教育的内容包括：自然国情教育，即国家的自然资源、土地资源、环境气候、地理生态等方面的知识；历史国情教育，即民族的发展、传统、文化、历史和历史名人诸方面的教育；现实国情教育，包括国家性质和制度、经济发展状况、民族人口、科学文化、思想信仰、现代化建设的成就等方面的教育；比较国情教育，包括与外国政治、经济、文化、资源、人口、生态、乃至于综合国力诸方面的比较，让学生了解我们国家的优势和差距，增强自信心和竞争意识。通过对学生的中国国情教育，让学生了解我们中华民族悠久的历史和灿烂的文化，了解我国地大物博、人口众多的特点，看到党领导我国各族人民坚持改革开放取得的伟大成就，坚定走中国特色社会主义道路的信念。

二、理想教育

理想是指人们在实践中形成的具有实现可能性的对美好未来的追求和向往，是人们的政治立场和世界观在人生奋斗目标上的体现。理想是人类赖以生存和发展的灵魂，是人类不懈努力奋斗的力量之源，是指示前进方向的灯塔。理想作为一种意识形态，是社会存在的反映，是由经济基础决定的。理想在社会实践中产生，又在社会实践中不断得到检验和发展。一个人理想的形成，是随着他的社会认识的不断深化，以及他所参加的社会实践的发展而逐步形成和巩固起来的，有一个从感性到理性发展的过程。一般来说，人的理想萌芽于童年，确立于青年中期。

对中小学生进行理想教育，就是帮助学生从感性阶段向理性阶段发展。中小学生的理想还处在感性阶段，他们有丰富的想象力，开始憧憬未来。但由于他们综合分析能力差，社会认知不够全面，因此，理想往往带有很大的空想成分。高中生和大学生，他们的理想处于由感性向理性转变阶段，他们在社会实践中逐步从理性的高度把握社会发展规律，使自己的理想科学化，并创造条件实现理想。

人的本质的社会性，人类社会生活的多样性，人们对现实的认识和对未来的想象的多层次性，决定了人们的理想是多方面的和多种类型的。从理想的内容来说，可概括为四大类：一是生活理想。它指人们对未来的物质生活、精神生活方面的向往，包括人们对吃穿住用的构想以及对爱情婚姻家庭方面的追求目标。二是职业理想。它指人们对未来的工作部门、工作种类以及业绩的向往和追求。三是道德理想。它指人们对未来的道德关系、道德标准、道德人格的向往。四是社会理想。它指人们对未来社会制度、政治结构的向往和追求，包括对未来社会的科学预见和美好想象。这四方面的内容不是并列的，社会理想是其中的核心，是最根本的，它规定和制约着道德理想、职业理想和生活理想。

班主任要针对不同年龄阶段的学生进行不同内容的理想教育。一般来说，小学低年级属于理想准备阶段或生活理想阶段，小学中年级属于职业理想阶段，小学高年级和中学生属于社会理想阶段。因此，班主任的理想教育重点应放在生活理想和职业理想的教育上。班主任在进行理想教育时，要坚持循序渐进，层层递进。例如，对小学生进行生活理想教育时，对一年级学生可进行"我们的生活多么幸福"方面的教育，让学生了解父母给自己提供的优厚的物质生活和无微不至的关怀；对中年级的学生可进行"有意义的学习生活"的教育；对高年级学生可进行"充实的精神生活"教育。如对学生进行助人为乐、关心集体方面的教育，做一个合格小学毕业生的教育，使理想真正成为学生成长的动力。

三、集体主义教育

集体主义是社会主义的道德原则，是指一切以人民群众的集体利益为根本出发点的思想。集体主义有诸多方面的内容：坚持集体利益高于个人利益；集体利益与个人利益是矛盾的统一体。个人利益与集体利益发生矛盾时，个人利益要服从集体利益，必要时要放弃个人利益，甚至为捍卫集体利益而献身。当然，强调集体利益高于个人利益，并不是否定个人利益，而是要重视正当的个人利益。

对学生进行集体主义教育的具体内容有：

（1）教育学生热爱集体、关心集体，培养学生对集体的责任感、义务感和荣誉感。

（2）培养学生的组织性和纪律性，争创优秀班集体、少先队集体、学校集体。

（3）培养学生互相帮助、团结友爱的精神。

学生的集体主义思想只有在集体的活动中，在创建班集体的过程中，才能得到成功的培养。因此，班主任对学生进行集体主义教育，就必须立足于争创优秀班集体、少先队集体，让学生在良好的班集体中获得全面的个性发展。

四、劳动教育

劳动是人类特有的活动，是人类社会生存和发展的基本条件，也是任何具有健康人格心态的人的一种创造性需要。在社会主义社会，劳动是光荣的事业，劳动人民是国家和社会的主人，热爱劳动、热爱劳动人民是整个社会的美德。对学生进行劳动教育，要培养学生树立正确的劳动观点和劳动态度，热爱劳动人民，掌握一定的劳动知识和劳动技能，养成热爱劳动的习惯；要教育学生勤奋学习。为参加社会主义现代化建设做好准备；教育学生爱护公共财产和劳动成果，培养学生艰苦奋斗、勤俭节约的良好品德。

五、民主、纪律和法制教育

民主、纪律和法制教育，是指要用社会主义民主和法律的基本知识教育学生，使学生从小受到民主教育的熏陶和守法的训练，培养学生的民主参与意识，提高学生遵纪守法的自觉性，使学生养成遵守纪律的良好品德和习惯。

民主、纪律和法制教育的主要内容有：

（1）教育学生懂得在集体中要平等相待，有事和大家商量，少数服从多数，个人服从集体；在少先队、共青团组织中要学习开展批评和自我批评，行使少先队员、共青团员的权利，学习过民主生活。

（2）教育学生懂得自觉遵守纪律在集体生活中的意义；教育学生严格遵守学生守则和学校各项规章制度。

（3）教育学生要知法、守法，学习和遵守《中华人民共和国义务教育法》、《中华人民共和国未成年人保护法》、《中华人民共和国交通管理规则》、《中华人民共和国治安管理处罚条例》、《中华人民共和国道路交通管理条例》等法规中与中小学生生活有关的规定。教育学生树立遵守公共秩序及交通规则的意识，严格遵守国家的各种法律。

六、文明礼貌、行为习惯养成教育

文明礼貌教育和行为习惯的培养是社会主义精神文明的重要措施，是中小学生思想品德教育的重要内容之一。学生的文明礼貌和行为习惯不仅是一个国家社会风气的现实反映，也是民族进步的重要标志。学生从小养成文明礼貌的行为习惯，对其一生都会产生不可估量的影响。因此，必须对学生从小进行文明礼貌和养成好的行为习惯的教育。要教育学生在社会公共生活中人与人之间应该和谐相处，举止文明，懂礼貌，讲诚信，善合作；在公共交往中，要尊老爱幼，互相帮助，助人为乐，语言文明；教育学生坚持社会主义道德，培养学生诚实、谦虚、正直、耐心、朴实、勤俭等良好的基本道德品质。

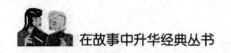
和孩子一起成长

◇ 窦桂梅

应朱永新教授约稿以后，在酝酿和提笔撰写这篇文章的日子里，回顾自己33 年人生历程和 14 年的教育生涯，我的思想和感情的潮水澎湃不已，是松花江水养育滋润了我，是吉林市第一实验小学这块沃土培养成就了我。我的每一点成绩和荣誉，都离不开领导和同事们的关心、爱护与帮助，也离不开孩子们对我的相信、督促和支持。我常常阅读名著，感觉自己就是在阅读和吸收着人类宝贵的文化遗产；我也天天阅读孩子，我强烈地感受到自己便是在阅读和欣赏着人类最伟大的生命的杰作。我们从事的正是培育生命的事业。世界上最宝贵的就是人，就是人的生命。用爱心培育爱心，用生命培育生命，用爱心回报社会，用生命铸就未来，是教师的天职，也是我信奉的事业准则。

面对充满灵气和活力的孩子，面对心灵澄澈明净的孩子，工作和创造的热情在我的生命里日益高涨起来。为了追随孩子成长的脚步，我不知疲倦地追赶着生活的节拍，我常常庆幸自己这辈子当了教师，庆幸遇上了这些可爱的孩子。因为有了他们，我的生活和生命才更加充实。特别是本届实验班，从一年级到六年级，5 年多的春夏秋冬已成往事，然而 1800 多个日日夜夜永难忘却。我时时阅读着 76 个孩子的 76 本书，向孩子学习，与孩子交友，和孩子进行生命的交流，使我真正读懂了生命，发现了生命成长的规律和秘密，也真正理解了什么是学校，什么是教育。在相互促进中，我和孩子共同成长。在共同成长的过程中，我和孩子一起享受着生活和生命的欢乐。

一、爱就是教育

在我的日记本上，一直写着这样一句话："得天下英才而教之，其乐无穷；得大道恩师而学之，乐在其中。"作为教师，十几年来我时时感到，是陶行知、苏霍姆林斯基这些大道恩师给了我无穷的智慧和力量；是可亲可敬可爱的孩子朋友给了我无比的快乐和幸福。人们都说教师是太阳底下最光辉的职业，我说教师是太阳底下最幸福的职业，因为我们不再是蜡炬成灰泪始干的那种凄凉悲惨的形象，事业的辉煌不断激发了我的生命力和创造力，我和孩子共同成长，创造超越的热情与日俱增，人性、人情和人道的爱心日长日旺。

1. 珊珊，你现在过得好吗

那是二年级的时候。有一天，高珊珊同学在日记中写道："老师您好，最近爸爸跟我说他工作很忙，经常不回家。可妈妈对我说，爸爸跟一位阿姨好上了，不要我们了。老师，这是不是就是大人们说的离婚呢？爸爸喜欢那位阿姨，难道就不喜欢我了吗？我想既然他喜欢那位阿姨，能不能我们四个人一起生活，您看这个办法好吗？您还能给我想想别的办法吗？您一定给我保密呀！"

当我眼含热泪读完日记的时候，一种责任感油然而生。于是一次次找她爸爸，先是打电话，再是上单位。经过我三番五次、苦口婆心地劝说，她爸爸态度改变了。父母终于和好如初。可是两年之后，高珊珊又在日记中写道："老师，这下全完了，爸爸妈妈真的离婚了，不过妈妈让我千万别告诉你。可是我控制不住，我很伤心，你看我可怎么办呢？"看着日记，我的心在流泪。孩子呀！你把希望寄托在我的身上，虽然我不能改变社会普遍存在的现实，但我必须用我全心的爱去呵护你这颗受伤的心灵！于是我提笔写道："珊珊，请你相信，我会像对待自己的女儿一样去疼爱你，体贴你，保护你，培养你。但是你一定要坚强，老师相信你一定能挺过这一关，过去的永远找不回来，只有把握现在才能改变一切。你的妈妈也一定很伤心，你的痛苦会增加妈妈的痛苦，你坚强起来就等于给妈妈生活的信心和力量，如果说你已经错过了'太阳'，那么现在。你千万不要再错过'月亮'，你一定要更加努力地学习，让你爸爸看看，没有他的关怀与帮助，你的学习会更棒！"

于是以后的日子里，她妈妈出差由我来照顾她，我出差也总带些小礼物送给她……高珊珊的脸上不再有往日的悲伤，全班同学又看到了一个活泼可爱的高珊珊抬起头挺着胸膛微笑着走路的身影。一次，她又在日记中写道："老师，谢谢你的点拨。你感觉到了吗？我现在变得特别善解人意，特别有自理能力，我发现自己比别的同学更懂事了！人生经历的风雨多多，这点痛算什么，擦干眼泪，从此我不再问为什么！您说是吗？"

在深圳结婚已有孩子的爸爸很想念珊珊。本学期珊珊转学到深圳她爸爸那里读书，现在已经离开我近两个月了，每晚我躺在床上，总是惦念着：珊珊，你现在过得好吗？

2. 孩子们的"两地书"

爱就是教育，教育就是爱。如果说是母爱的本能激发了我生命中潜在的同情心和爱的圣心，那么教师职业的天性，又给我强烈的使命感和责任感，这就是要给孩子一颗美好的同情之心。没有对人的同情关怀，就不能有仁爱精神和博大的爱心。

7

1998 年上半年，一封来自青海省互助县高寨乡曹家堡小学的信寄到我的桌上。意外之际，我连忙打开信阅读了起来：

敬爱的窦老师，您好！很冒昧打搅您了，我是互助县高寨乡曹家堡小学的一位班主任，叫达明菊，和您年龄差不多。今年《人民教育》第二期在"教师风采"栏目中谈了您感人的事迹，知道您这么年轻就取得了那么多成绩：两次代表吉林参加全国比赛夺魁，又被评为吉林省优秀师德标兵……，可我到现在还从未上过县里听一次课呢。真是好羡慕你呀！

更令我敬佩的是您的品质，在一些人眼里都是"金钱至上"，家长、同学给老师送礼已是司空见惯理所应当的事，可您却拒收礼物！这一点应该令所有教师学习……

我有个请求，请您一定答应我，我们两个班结成手拉手互助班好不好，让我的学生认识认识东北的同学和东北的风土人情，也欣赏欣赏城市学生的风采。现将学生名单寄去，盼望您的学生们给他们通信，交流感情。

此致
祝您取得更大进步

您的远方未谋面的朋友
达明菊

平时接到的信件颇多，大多是让我进入××名人协会之类，我都嗤之以鼻，但这封信读起来却沉甸甸的，于是我马上回到班级宣读了这封信，并发出倡议，让孩子选出名单，每人写一封信，之后组成手拉手互助小组。就这样，76 封来自东北吉林的信一齐寄到了青海达明菊老师的班级。下面选两位同学之间的通信——

亲爱的王文涛同学：

你好！你的身体好吗？

我是你的新朋友——李京。我是吉林市第一实验小学四年级五班的学生。通过窦老师的介绍，得知你们非常渴望能在我们北方交个知心的朋友。可能是上帝的安排，我选中了你。

下面我就介绍一下我自己吧！我是一名性格比较内向的男孩，但我很爱读书，很爱帮助同学。我的家境算是比较好的。如果你有什么困难的话，请写信告诉我，我会竭尽全力帮助你。我的学习成绩在班级里名列前茅。最近，我还办出了几期数学小报。

在信封里有我的相片，希望你在回信时把你的相片寄来一张。我等着你的回信哦！

祝你

学习进步！

你的新朋友　李　京

1998 年 6 月 15 日

李京哥哥：

你的身体好吗？

我收到了你的信，我也希望成为你的好朋友。但有一点很抱歉，因为家里没有相片能给你，不过有机会去县城一定照一张给你。

我家有 4 口人，我的哥哥上小学六年级。我家有一只狗叫"黄黄"，它很听话。我家还有两只羊、两头猪，不知李京哥哥家有没有小狗。如果方便的话请你把你办的小报给我邮过来好吗？你十分爱读书，我们这里没钱买书，请你把读过的书给我们寄过来几本好吗？

在信封里夹有我们这儿的一种花，它可以做书签，送给你。最后，希望我们能成为好朋友。

祝你

万事如意！

王文涛

1998 年 9 月 23 日

多好的情结，孩子们从此多了份牵挂，多了份同情，多了份爱心。在中队长的带领下，大家自愿从家里拿出喜爱的书，凑成 105 本捆扎在一起，用平时买雪糕的钱，买汽水的钱凑成 114 元，由赵一泽的爸爸（她爸爸在邮局工作）一并寄往了那里，中队长于笑丹还给达明菊老师寄去了一封意味深长的信。在集体的关心之余有些学生还各自寄去了自己的礼物。一段时间后，我们又收到了许多礼物，有从青海寄来的学生妈妈亲手纳制的绣花鞋垫，有学生亲自缝制的荷包……

3. 孩子们都给了我甜蜜的"吻"

父母的吻是那样的幸福，儿女的吻是那样的欣慰，恋人的吻是那样的甜蜜。然而世界上还有一种神圣的吻，使人激动，使人震撼，使人感到充实和事业的伟大。

1990 年 3 月 6 日深夜，一个小生命呱呱坠地，我便做了一位母亲。要休产假，要哺乳宝宝，因此，我离开了即将升入三年级的二年级五班。就这样在牵挂和企盼中度过了近两个月，期间有两名学生来看过我。我渴望见到另外那些可爱的孩子们。然而，女儿的幼小使我不能去学校看望他们；正常的教育秩序，更不能因我的闯入而"添乱"。丈夫工作在北京，静静的屋子里，只听见小表滴滴答答的响声和女儿的鼾睡声。寂寞之中又让我想起孩子们的一幕幕魏明霞和关月同桌，是一对要好的朋友。课上她俩总是互相帮助，放学的路上，也时常看到两人并肩而行的身影。可那次考试卷子发下去，一个懊悔不已，一个满脸得意。那情景真让人难忘！

失去母爱的王鹤，是不是每天早上还吃着饼干或八宝粥？他那动不动就酒气熏天的爸爸，是不是还经常对他拳打脚踢？

张一然这个"邋遢鬼"、"淘气鬼"，动不动就成了"猫脸儿"、"猴相"，不知那写字的手还脏不脏了？

我得去看看他们，一定去！正好，孩子一睡就是一个半小时，坐车来回半小时，去掉刚才的半小时，还剩下半小时与学生们相聚。说时迟，那时快，梳一下头，洗一把脸，换上一件漂亮的上衣，急步踏上了去学校的路。

还差一层楼梯就到三楼了，不知怎的心跳骤然加快，脸上也觉得热热的。走廊静悄悄，孩子们正在上课。

就在后门的玻璃上看看他们吧！那不是王永强吗！怎么那么胖了呢？你看李韧，写字时的老毛病又犯了。工宁涛、窦海心他们下课干嘛？噢！这是下课了，不行！得赶紧回去，不然孩子们上课会不安心的。正转身走，只听一声传来："窦老师！窦老师！""窦老师，窦老师！"孩子们像潮水一样涌来，顿时把走廊围得水泄不通！

"老师，你的身体怎样？"

"老师，你的小宝宝可爱吗？"

"老师，你啥时候回来给我们上课，我可想死你了。"

"老师，老师……"

不知是谁，把手搭在我的肩膀上，在我的面颊上吻了一口。这一下可不要紧，不知多少"樱桃小口"不住地在我脸上吻了起来。伴着笑声、闹声、亲吻声，我的泪花不住地从眼眶中溢出……

回到家里，褓褓中的女儿已哭成了泪人，我抱起女儿吻了又吻。女儿啊，女儿啊，你快长吧！长大了，妈妈给你讲一个吻的故事好吗？

4. 当我伏在办公桌上睡着的时候

我深深懂得教师必须用自己的爱，教会学生去爱别人，就像河流，只有处在同一水平面上才能交流一样，爱也需要回流！在爱的沐浴中去学会爱爸爸、爱妈妈、爱老师、爱同学、爱身边的一草一木，否则爱祖国、爱人民、爱人类就只能是一句空话。

由于我教会了孩子怎样去爱，孩子回报我的爱是那么纯洁真挚，那样五彩缤纷，那样富有生命活力。爸爸从南方带回来一个柚子，陈小艳偏偏留一半给我尝一尝；妈妈端午节包粽子，刘宇偏偏带来一串让我吃一吃；我的嗓子哑了，不知道这又是哪一个孩子悄悄地把含片放在讲台上……

开学初学校施工，操场需要特别清理。下午2点，在炎炎的烈日下，浓浓的灰尘中，我和学生抢着大扫帚卖力地扫着，汗水湿透我的裙子，也淌满了孩子的脸颊。可能是昨天熬夜的缘故，一阵恶心以后，我回到班级在桌子上睡着了。直到夏日的微风把我吹醒，这时已夕阳西下，我猛地醒来，感到很愧疚，活儿没干完怎么就睡着了呢！太不像话了！然而眼前的一幕让我惊呆了，那些跟着我劳动的孩子们一个个静静地坐在自己的位子上，汗水湿透他们的背心，汗渍斑驳的脸上也都是满满的疲乏。望着一双双企盼而关切的眼睛，刹那间，我的喉咙仿佛被什么东西堵住了似的，什么话也说不出来了，只听到他们不停地问：老师，您休息好了吗？大家都不想走！老师，您睡在这，我们不放心，但又不忍心叫醒您；老师，您醒过来了，看来不要紧，这我们就放心了！老师，我们送您回家吧……

亲爱的读者，在教育生涯中你们一定比我付出了更多的爱，得到了比我更多的回报，当你经历这些以后，相信你们一定会和我一样从心底呼喊，我庆幸这辈子当了教师！十多年来，虽然我得到过许许多多的表扬和荣誉，然而，在我心中，最昂贵的就是孩子们给我的爱的奖励；最幸福的，就是学生们给我的爱的回报！

二、让自信的阳光照亮孩子的心头

自信是生命成长的强大动力，自信是人生成功的第一秘诀。假如人类丧失了自信，世界就在那一瞬间失去了前进的引擎。因为有了跑的自信和愿望，人类有了汽车；因为有了说话的自信和愿望，人类有了电话；因为有了"飞"的自信和愿望，人类有了卫星；因为有了传递交换的自信和愿望，人类有了互联网；因为有了向善向真向美的自信和愿望，人类才有了教育。如果说，我的教育工作取得了一点成绩的话，那是缘于我的自信；如果说我教的学生的头总是昂着的话，也受益于我的自信。

1. 我是从"替补队员"走过来的

1986年，我慕名来到吉林市第一实验小学。由于报到较晚，分工已就绪，我被安置在教务处打杂儿，学校有什么上传下达的事儿，我就去跑腿；哪位老师因病或因有事请假我就填空儿。在别人看来，我是个召之即来、呼之即去的替补队员，很没名，也很没劲。可我却自我感觉良好，把自己当成了全能的主力队员。让我教语文，我就全身心投入语文教学研究。让我教四、五、六年级的音乐，我就全身心地投入音乐教学之中。让我教一年级的数学，我就全身心地投入数学教研，使所教的班级成绩名列前茅。让我教一、二年级的思想品德，我就全身心地投入思想品德课研究之中，进行晓之以理、动之以情、以理导行的教育。可以说，我是教一科爱一科，教一科钻一科。五年的"替补"生涯结束以后，我真的把自己锻炼成了一个多面手。五年里，工作几经调换，也曾经迷惘、彷徨过，但支撑我埋头傻干的原因是我的自信。

更高兴的是，我的自信也感染了我的学生。

2. 一张喜报发下之后

赞扬是照在孩子心灵的阳光。没有这种阳光，他们就无法发育和成长。一次鼓励表扬胜过一百次甚至是一千次的批评指责。这句话真是毫不夸张。恰当的鼓励会使他们在相当一段时间里保持着乐观和自信，甚至影响着孩子们的一生。我这个人向来满肚子的"花样"，为了更好地调动学生们的积极性，可以说往往"用心良苦"。

一次语文单元测验，全班学生都有了很大的进步，特别是几名稍差的学生，竟前进了十几名！我激动之下大笔一挥，"喜报"两个字跃然纸上，并麻利地印上"窦桂梅"几个字，以示证明。当即便在同学们面前大声宣布："×××同学因为学习进步，特发喜报，以资鼓励！"孩子们愣了。看着别的孩子"望眼欲穿"的神情。我"计上心头"——有了，今后就这么办！

回到办公室，我向其他班主任宣传了这喜报的特殊效果，班主任们听了都表示要积极仿效。一个班主任随即提出要印一些正规的喜报，用红色方纸，用微机打印。我立刻举手赞成。并指出无论是学习还是纪律、劳动、特长的发挥方面，只要有进步就发喜报。到年终进行评比，看谁得的喜报最多。

喜报终于印出来了，我当天就发下去十来张，以表彰在各个方面进步的孩子。没得到喜报的心里都暗暗憋了一股劲儿；得到喜报的还想再得一张。看着孩子们激动的小脸，我又一次尝到略施小计的甜头。那天晚上，家长纷纷打电话：窦老师，你这招太灵了，我家孩子一进门就嚷嚷，那个神气劲就甭提了，得了那张喜报之后总是喜不自禁，贴在床头上慢慢欣赏呢！"零——零"，我料定又是一位家长因为狂喜的孩子而打来的电话。听着家长比任何时候都悦耳的声音，我更加欣慰了。

一段时间过去了，孩子们纷纷向我报告：窦老师，我得两张喜报了；窦老师，我得三张了呢！我说，"好好，再接再厉！"孩子们齐声说："一定！"

苏霍姆林斯基说过，"没有不想成为好孩子的儿童。从儿童来校的第一天起，教师就应该善于发现并不断巩固和发展他身上所有的好东西。""让集体看到的首先是每个儿童的优点，这才是育人的艺术所在。"将来在求学和生活的道路上，孩子们得到的喜报也许会更多。带着自信、带着激动，他们会慢慢成长成才。我想，当他们得到许许多多超越喜报的成果时，肯定会想到小时候窦老师发的喜报。

由此我深深感到，根据小学生的心理及年龄特点去激励表扬是最有效的教育方法。因此我说，教育永远不会缺少生机和活力，而是缺少一份平常的发现，也可说是缺少一些"雕虫小技"。

3. 陈轶姝的故事

经验告诉我们，任何一个学生的心灵深处都有想做好孩子的愿望，教育的使命和教师的任务就是要呵护这种愿望，让学生从小就有一种良好的心态，学会自信，学会欣赏自己，赶走内心的自卑，树立创造者的自尊。由于学生的千差万别，我们常常遇到些困难生，他们的学习很糟糕，也让人头痛，有时老师控制不住情绪，去批评甚至挖苦，其实他们又何尝不希望自己像学习好的同学那样，得到家长、老师的赏识呢？由于遗传、社会、家庭等影响造成了这样的事实，你埋怨他们，他们又埋怨谁呢！所以应该好好善待他们，同时也是善待自己。我班有个学习困难生叫陈轶姝，学习特别吃力，考试总不及格，但我从不责备她懒散或脑子笨，对她也不丧失信心，在精神上给予更多的关怀和鼓励，但这确实需要极大的耐心。虽然我在看到这孩子一连几星期都没有任何收获的时候，或者看到她花了很大的努力才取得微小、极其有限的进步的时候，也十分着急，但我对她却充满了如家人对卧床不起的重病患者一般的信心和希望。有一次听写词语，阅卷后，我发现10个词中她只对了两个。尽管错了8个，但她却写对了2个！已经不容易了，对她来说，这也是个了不起的进步。于是我回到教室，用略带夸耀的口气，笑着对她说："老师还挺佩服你呢！10个词中居然写对了2个。老师像你这么大的时候，在农村根本也不读书、学习，还不认识这2个词语呢，更谈不上会写了，而你却写上了，相信下一次你肯定还会写对更多的。"虽然她有些不好意思，但我看到她那闪烁泪花的眼神里有了相信自己的力量，有了情感的动力。第二次，我又用这些词让她默写，结果她写对了三个，于是便在对的词上打了个大大的对号又加了个感叹号，就这样一次不行来两次，两次不行来三次，十次不行还有第十一次的善待，使她终于有了一点点进步。现在她总是笑呵呵的，充满自信，感觉良好，有时还向我提意见。一边是"你能行！""有进步！""你真棒"；一边是"你真傻！""你怎么那么笨呢？""你真是烦死人了"。两者相比，相信大家一定认为，前者的鼓励会像雨露一样滋润在学生的心田里。学生们尝到了甜头，就会找到成功的感觉。

一次我推荐黄蓓佳的《我要做好孩子》要同学们读，一个月后，陈轶姝笑呵呵地对我说："老师呀，其实我就是一个好孩子！书中的金铃，跟我一模一样呐，身子也是胖胖的，做事慢吞吞、爱帮助别人……"于是我摸着她的头，亲切地说："谁说不是呢！你本来就是个好孩子嘛，金铃还有不如你的地方呢！你看前几天咱班竞选班干部时，你还想当一名心理干部呢！你看，你多了不起呀！你妈妈是一名护士，将来你一定能超过她。到时老师心情不好，你给老师治一治那多好哇！就这么大胆去想，去实现你的理想吧……"

看来，表扬和鼓励是培养自信的最好妙方。教育的任务就是，"要在每一个人（毫无疑问地是每个人）的身上发现那独一无二的创造性劳动源泉，帮助每个人打开眼界看到自己身上人类自豪感的火花，从而成为一个精神上坚强的人，每天抬起头，挺着胸膛走路的人！"（苏霍姆林斯基）

4. 让每一个孩子都挺起胸膛走路

几年来，我与学生共同生活相互感染，孩子已赶走了内心深处的自卑感。一位同学在日记中写道：我们大家的头总是昂着！再请看两位同学写的日记——

在小学生涯中，我有幸成为著名特级教师窦桂梅老师的弟子。窦老师不但是一名教学水平堪称一流的教师，她更是学生们精神上的楷模。

"前几天，学校组织了一次跳大绳比赛，为了使比赛更有群众性，学校规定，每班要有80人参加，男女各半。天哪，我们班一共才有男生42人，去掉一个风湿病患者，两个心肌炎患者，一个'慢动作'，一个大胖子中队长和一个参加乒乓球比赛回不来的家伙外，只有36人了。我在运动方面一向并不突出，这次人数不够，我不得不充个人丁。

"这天，窦老师领着大家去练跳大绳，我心慌了，这可如何是好？我几乎没跳过几次这东西，绳摇起来了，前边的几个同学陆续跳过，轮到我了！这时，我怯懦的目光同窦老师相遇了。窦老师说出一句简练得可以扩展为一篇长篇大论的话：'别怕，你行，上！'我的心一下子亮堂了不少。短短五个字显露出窦老师所具备而我所缺乏的精神——自信。对！我肯定行！我不敢说我比谁谁谁强，但我决不比任何人差！一种力量驱使我，上！前面的人已腾起，我来不及多想，有节奏地一冲、一跃、落地，完成！

"从不会到会，是窦老师的一句话让我成功了。"（许达同学）

"自信心是做好事情的基础。你走路，你相信你能走路就是信心。

"那是我上五年级的时候，班里竞选班干部。我精心写了一篇演讲稿，想竞选中队委。可是，对自己没多大信心，心理压力特别大。怕当不上被别人笑话。

"那天，许多同学都上台了，但是由于他们没充分准备，发言都很不理想。一时间讲台上竟没人上去了。你看看我，我看看你，不知谁喊了声：'于志博准备了，写得可好了！'于是同学们都催我上台。我的脸红得跟番茄似的，久久不上去。终于窦老师说话了：'于志博，既然你准备了，为什么不上台呢？''我……我怕人家笑话。''这是不对的，不试试怎么知道呢？'窦老师拍拍我的肩继续说：'你看，同学们支持你，老师相信你，最重要的是你要有自信啊！'听了窦老师的话我茅塞顿开，于是我毅然走向讲台，滔滔不绝地讲了起来……

"我尝到了自信的甜头，当上了中队长。可我知道自信不能自傲，我将永远牢记那次给我信心的经历，相信在以后的生活中更加自信。"（于志博同学）

"让每个孩子都抬起头走路"，是苏霍姆林斯基的自信，也是我们现代教师必须具有的信仰准则。无论家庭贫富，家长地位高低，无论学业成绩好坏和品质优劣，教师的爱都必须触及每一个孩子的精神世界。在孩子心灵的沃土种上自信的庄稼，就可以排挤那些自卑的杂草。

三、良好的习惯是终身享用不尽的财富

1988 年 1 月下旬，75 位诺贝尔奖获得者在巴黎聚会，以"21 世纪的希望和威胁"为主题，就人类面临的重大问题进行研讨。其间，有人问一位"诺贝尔奖获得者"："您在哪些大学、哪个实验室学到了您认为最重要的东西呢？"这位白发苍苍的学者答道："在幼儿园里。把自己的东西分一半给小伙伴们；不是自己的东西不要拿；东西要放整齐；吃饭前要洗手；午饭后要休息；做错了事要表示歉意；要仔细观察周围的大自然。从根本上说，我学到的东西就是这些。"良好的习惯造就了这位诺贝尔奖获得者。实践也使我认识到，教育就是帮助人养成良好的习惯，良好的习惯是终身享用不尽的财富。

1. 齐天男不迟到了

习惯是由不断重复而逐渐形成的稳定的自觉行为。培养学生良好的习惯并不是轻而易举的事，其关键是要有对学生的高度责任感和持之以恒一抓到底的踏实作风。

齐天男这个可爱的小男孩，长得特别漂亮。刚入学那时，别的班老师都要来看一看他，摸一摸那张可爱的小脸。他不但长得讨人喜欢，穿着也很特别。什么"米老鼠"名牌上衣啦，"阿迪达斯"名鞋啦，都武装在身上。原来他家条件特别好，为了他，奶奶请了专门哄他玩的保姆，专门辅导功课的老师。在学校里他很听我的话，可在家里是谁也不怕，就连爷爷奶奶也让他三分。一次小保姆来接他的时候，看见我送队，红着脸对我说，齐天男如何欺负她，为了寻开心还捅她的眼睛，让我管一管。把这事处理之后，于是便往他家打电话问孩子在家的其他表现。原来他晚上不早睡，什么动画片都看个够；早上起不来，有时睡到 7 点钟，奶奶叫时还撒娇。于是第二天早上，我便在班级门口迎着他笑问道："你可算来了，我等你好长时间了，反正你没迟到，不过大多数同学却来得很早，你是什么原因呢？是不是不用保姆送你上学，自己走来所以才这么晚？噢，要不就是早晨背了几首古诗给奶奶听来晚了吧！""嗯……不是的……我……"孩子难为情了，我知道他肯定不好意思说自己爱睡懒觉，就没有让他直接回答这个问题，干脆也不给他解释的机会便说："今天，我想到你家去了解

你的情况，你看如何？""老师，不用去了，今后我肯定早一点到学校。""那好哇，我听你的，那咱班的门，就让你早上来开吧。"

一个月过去了。一次，晚上9点30分以后，我又偷偷地给齐天男奶奶打电话，奶奶高兴地向我汇报，孙子为了早上到校开门，晚上按时在8点就寝，所以早上起得很早，他怕你知道他的"前科"，一连几天都早睡，结果时间一长养成了这个习惯。老师，真是太谢谢你啦……

打那以后，齐天男一直给班级开门至今，我也不会问及他以前的表现，因为这已成为过时的秘密了！

2. 在龙潭山，我们找不到一块干净的地方

有人说，教育就是帮助人养成良好的习惯。又有人说，什么是素质，当老师教的东西都遗忘了以后，剩下的就是素质。行为形成习惯，习惯决定性格，而性格就是命运。因此，爱的教育最重要的是帮助孩子从小养成良好的行为习惯；素质教育最重要的是要把文明规范内化为人的行为习惯。

1999年5月20日，学校举行远足春游活动，目的是步行15里到达龙潭山。龙潭山风景秀丽，山势险峻，气势磅礴，再加上美丽动人的传说及历史古迹，每天都吸引很多游客。早晨6点出发，全班步行在解放大路，一路有说有笑，好不高兴。突然，发现一个同学将口香糖纸随意扔在这条刚刚修好的公路上。扔纸屑的杨雨桐离我很远，想喊他马上拾起来已来不及了。我想，后面的同学也许会发现，并马上捡起来的。可是谁也不曾注意这张花花绿绿的纸。正想着，已走到这张纸跟前。我便轻轻捡起来，三步并作两步追上杨雨桐说："今天我真不想让你不快乐，但我把你丢弃的糖纸拾了起来，一会儿发现垃圾箱，请顺便扔进去。你看如何？"

终于到达了龙潭山脚下。从山下爬到山上还需将近400米，于是我们班同学都在学校举行的爬山比赛中气喘吁吁地登着。可这里的"风景"令人吃惊，什么火腿肠皮儿，什么易拉罐，什么卫生纸，什么塑料口袋……满山遍野到处都是。霎时，我登山的雅兴全无，不知不觉间想到了余秋雨在《文明碎片》中描写的游长白山踽踽独行的外国少年默默拾捡垃圾的身影。连外国人都能捡中国领土的垃圾，我们中国人怎么能熟视无睹呢！

中午野餐的时间到了，大家竟然找不到一块干净的地方，为此同学们都抱怨起来。借此机会，我大声说："同学们，为什么我们会找不到一块干净的地方吃饭？假如你们找到了一块干净的地方，饭后是不是也变成了不干净的地方呢？"同学们沉默了。清扫了几个地方后，同学们以小组为单位大吃起来。

挖宝、套圈的游戏就要开始了！我向大家提议，把这次的挖宝变成一清捡垃圾。于是，山上山下，同学们利用饭后的手拎兜，开始"挖宝"了！两

个小时过去了，一堆一堆的垃圾摆在了通往山顶的路旁。同学们累得汗流浃背，可每个人都没说什么，都沉默着。他们当然想把山上立刻收拾干净，可明天、后天，废纸、果皮、空罐还会出现。当然，他们今天这么做，没有半点表演给游人看的意识，也没有半点抱怨情绪……

周一我组织了一次主题班会，讨论龙潭山之行的感想。同学们都深刻地认识到那天只是暂时性地清扫，干净了一座山，明天也许还会被弄脏，我们的文明习惯糟透了！有的同学大声呼吁，虽然我们不能让全市甚至全国的人民都养成良好的遵守公共道德的习惯，但我们自己必须养成这种习惯！

那次龙潭山之行，会令他们终身难忘，终身受益！

四、用班集体的力量铸造生命和未来

班集体形成及发挥作用的过程，正是学生个性互相影响共同促进的过程。良好的班集体的形成也必将促进学生的健康和谐发展。"细腻的感情，只有在集体中，只有在同你周围的人们不断的精神交流中才能培养起来。"（苏霍姆林斯基）禅宗有言："借来的火，照不亮自身的心灵。"实践告诉我，不是自己领悟到的真理，不能真正属于自己。我深深地感谢15年的班主任工作实践，也深深地感谢我的班级和我的学生，因为我和孩子们一起成长着，我时时感受着这种成长的幸福和欢乐。

1. 让"各路神仙"大显神通

苏霍姆林斯基说："只有能够激发学生去进行自我教育的教育，才是真正的教育。"实践中，我深深体会到，这种"真正的教育"的资源、渠道和力量都来自于班集体自身。特别是作为班集体建设最重要手段的日常管理，应该并且必须起到"放大"每个学生力量的作用，从而在每个学生心灵上产生"振荡"、"共鸣"。于是我克服了过去只依靠几名"小干部"来管理"群众"的办法，而是让每个学生都在集体中找到合适的位置，担负一项具体的管理工作，使人人都可为集体作贡献，人人都意识到自己是集体中不可缺少的一员。我把班集体的管理任务分解为班务管理、学习管理、活动管理、生活管理、纪律管理、人际关系管理等方面，而且每个方面又具体分化出许多小项目，使之形成一个网络，如生活管理分解成值日、卫生、安全工作等。

一踏进我的班级，你就会看到"各路神仙"大显神通："第一小组不许说话！"这是主管纪律的孩子在发号施令。"靠墙的小组桌椅排得特别整齐，加3分！"这是主管卫生的孩子在施展"权威"……

你瞧，孩子在集体中体验到自身的价值，也意识到了自己的职责与义务。有一天下课，一个孩子突然来到我面前，话没说半句就哭开了："窦老师，呜——窦老师，呜——"我吓坏了：究竟是什么事？我赶紧安慰道："怎么了，快说，别哭呀！"那个孩子抹了一把眼泪："窦老师，你瞧周航，我不小心掉了张纸，他就给我们组扣了5分！"——原来如此！我深深地被孩子们的认真执著感动了。

陶行知先生说："教育孩子的全部秘密在于相信孩子和解放孩子。"为了让人人都有担当不同管理角色的机会，我制定了班长每日轮换制。在做轮值班长的日子里，孩子们极其负责，真正做到了"以身作则"。平日里的调皮捣蛋王，此时在课堂上也把眼睛瞪得圆圆的，在下课时也严格遵守着纪律。看着他们"一丝不苟"的忙碌的身影，我会心地笑了。

我常常"出门"，但我不在学校期间，班级秩序依然，孩子们同样能按常规进行学习和生活。比如，中午开饭，管饭的"部长"便坐在前面，有秩序地指挥学生盛完饭后，他的眼睛便"滴溜溜"地来回扫，看哪个学生剩饭了……如此井然有序，别人还以为这是班主任在教室管着呢！

总之，让学生自主管理，旨在通过各种教育活动充分调动学生向真向美的内在天性，引导他们积极有效地参与集体的学习、工作、活动、生活、人际关系方面的管理。小而言之，体现了"每个孩子都来管理集体，每个孩子都会管理集体，每个孩子都受集体管理"的自主管理原则。大而言之，学生的主体性、合作性、适应性、自主能力、管理能力都能得到培养，体现了以人为本，着眼人的发展这一教育思想。

2. 健康不是医生给的

"生命如此可爱，即使是痛苦，能活着的感觉，都是多么值得感恩的事！

"人不就这么一辈子吗？短短数十寒暑，刚起跑便到达终点的一辈子；今天过去，明天还不知道属不属于自己的一辈子；此刻过去便再也追不回的一辈子；白了的发便再难黑起来，脱了的牙（永久齿）便再难生出来，错了的事便已经错了，伤了的心便再难康复的一辈子；一个不容我们从头再活一次，即使再往回过一天、过一分、过一秒的一辈子。

"想到这儿，我便不得不随着东坡而叹：'寄蜉蝣于天地，渺沧海之一粟。我便不得不随陈子昂而哭：'前不见古人，后不见来者，念天地之悠悠，独怆然而涕下。'我便不得不努力抓住眼前的每一刻、每一瞬，以我渺小的生命，有限的时间，多看看这美好的世界，多留些生命的足迹。"

读到《萤窗小语第四集》，看到了这篇"人就这么一辈子"，真是感慨良多！

于是我也学着文中的语言向孩子们讲道："想想看，我们都是多么幸运啊！从亿万竞争者中脱颖而出，父母生下来的，为什么不是别人，而会是我自己。在出生之前，我们实实在在已经打了一场大胜仗？所以不管自己是美是丑，是聪明还是愚钝，甚至残疾，都应当庆幸——我是世界上独一无二的存在，这存在再没有人会和我一模一样的！"

此时，我激动的心情久久不能平静。不能平静的心也感染了我的学生。一位同学说，我最幸运的是我能来到这个世界。另一位同学在作文里写道："能和大家在一个班，很有缘分，世界上有这么多的人，而我们却相识了，这只是几十亿分之一的可能啊！"

我对孩子们说，热爱生命，请从爱自己的身体开始吧！因为身体是生命的载体。每天，我都让孩子们找时间在学校宽阔的操场上跑一跑、跳一跳。班级纪律规范中不允许孩子吃零食，吃一包"奇多"、尝一口果冻、啃一串炸鸡肉，难说身体硬实，甚至影响身体的发育，每天根据天气预报，我都要求孩子事先吃上"病毒灵"，喝一杯"板蓝根"。以至在班规中明示，根据犯错误的程度来罚跑一圈或两圈。当然，这是醉翁之意不在酒。

5年多的锻炼，我们班从刚开始的体育比赛的最后一名，一步一步地跃到了"长跑比赛"第三名，"跳绳比赛"第一名，"跳大绳比赛"第二名，"拔河比赛"第二名……难怪别的老师到我们班的第一印象就是："这个班的孩子好精神！"而我还要告诉他们，做一名不生病的孩子是我们的口号！

试想，一个病恹恹的人怎能更好地实现生命的高质量呢？相信我的学生会永远记住我送给他们的一句话：健康不是医生给的。"

3. 录下生命的足迹

教师生活中最留恋的莫过于师生共处时的快乐时光。与六年级五班的孩子朝夕相处已经5年多了，孩子们的一颦一笑在我的眼里显得格外可爱。孩子们一点点长大的过程，也是我生命和情感体验的历程。一年年过去了，在我录下的孩子们一次次活动的镜头中，教育的真谛和爱的真理伴随着一个个生命的年轮，都在我记忆的屏幕上熠熠闪亮。

一年级时，孩子们排着整齐的队伍走过运动会的检阅现场，他们的小胳膊、小腿抬得真高，神气极了！那一张张可爱而严肃的小脸挡不住那份特别的稚嫩，好像图片上的大娃娃，他们的步伐不太整齐，但却神气得很。

二年级时，孩子们的队伍整齐了，还表演了精彩的团体操。他们轻巧的动作在乐曲中更显得优美，花朵一般的笑脸在阳光下更加灿烂。瞧，她们的小辫子随着活泼的动作左颤右跳。一曲终了，我也乐了：孩子们真的大了一岁！

三年级时，孩子们跟着我去大礼堂做汇报课。他们一点都不怕，众目睽睽之下，积极大胆地发言。他们的思维特别灵活，对自己也特别自信，什么领导、老师似乎都不在他们眼里，我答我的，他做他的，和平常上课一样"潇洒自如"！甚至他们还有把我挂在台上的"野心"！师生间的一种特别的默契在记忆的屏幕上一次次闪现，那是多么让人回味的一瞬！童言无忌，童真最美，童心最纯！这纯真世界的再现不仅是孩子们的美好回忆，也是人世间一个美好的记录，也是我生命历程中一个个美好的情感驿站。

四年级时，孩子们自己开班会了。从设计黑板报、编排节目、写串联词到选主持人，都是孩子们一手操办的。想看看孩子们是怎么开的吗？他们采取分组的形式，以小组为单位，每组出两个节目。他们不报节目顺序，哪个小组愿意先演就报告主持人，主持人临场发挥。孩子们自如的样子，让我大开眼界。他们能够自己开班会了，真是个壮举！两位小主持人的优美词语如黄河之水天上来，我不禁拍案叫绝。什么对敬爱的老师和同学们的热情支持和积极参与表示诚挚的感谢并致以这个夏天最清凉的问候啦，什么我因家乡而美丽家乡因我而潇洒啦，简直像连珠炮一般从孩子们的嘴里不断"蹦"出。他们表演的小品也令人捧腹大笑，孩子们的心是那样灵，眼睛是那样亮，社会上的不良现象被他们漫画般地加以讽刺，真是人小志不小呀！

五年级、六年级我还接着录下去……啊，真美，一本完整的录像就是一个不折不扣的成长历程。风雨兼程中，孩子们渐渐地长大了。从不懂事理到明白真理，这本身就是一个惊喜。看着写满孩子们美丽笑容和成长足迹的"录像带"，我高兴地笑了，因为这是一笔无价的财富。

五、智慧需要智慧的启迪

智慧就是力量。知识关乎人生，具有教育智慧是未来教师专业素养成熟的标志。教师的教育智慧集中表现在具有敏锐感受、准确判断教育过程中可能出现的新情况和新问题的能力；具有把握教育时机，转化教育矛盾和冲突的机智；具有根据对象实际和面临的情况作出决策和选择，调节教育行为的魄力；具有使学生积极投入学校生活，热爱学习和创造，愿意与他人进行心灵对话的魅力。

我努力追求着智慧型教育境界，我也时时感受着学生犹如天籁一般的智慧灵气。智慧需要智慧的启迪。在孩子们日益聪明成熟的同时，我自己也不断地得到提升。

1. 铸造终身受益的金钥匙

巴门尼德说："不要遵循那条大家所习惯的思路，不要以你茫然的眼睛、轰鸣的耳朵以及舌头为准绳。"

一个人如果什么都不去怀疑，这个人就根本没有智慧，如果什么都不怀疑，就意味着别人说什么你就信什么，你的脑子里的各种想法其实只是别人的想法，那么你就是傻瓜！

一位哲学家说："学科教育就是将学科现成的成果和推翻成果的精神同时传授下去。"那么创新教育的第一任务就是使学生在获取新知识的同时产生疑问和惊奇，具有质疑和批判的精神，进而终身具有"问题意识"。因此，我们要把教育的过程看成是学习知识的过程，看成是追求真实、探求真知、献身真理的过程。教学中我注意教给学生质疑的方法，引导学生在难点处求疑，在重点处求疑，在易错处求疑，在无疑处求疑，在关键处求疑，于是学生会从中心思想发问，从课题发问，从词句发问，从标点发问，甚至还能发现文章中存在的种种问题。《人民教育》1999 年第二期发表了我的《敢向教材发难的孩子》一文，写的就是这方面的内容。学生不但对教材内容敢于质疑，还敢向名家发难，比如叶圣陶写的《荷花》第二段，有个学生认为叶老写得没有顺序。"要么先写没开……才开……全开，要么先写全开……才开……没开的，我想按我的方法背诵行不行？"我同意了他的想法，但我告诉他统一考试时一定要按原样写。比如当代作家袁鹰 20 世纪 50 年代写的《小站》一文，同学们提出，文中小站的环境太落后，工作人员和旅客的衣着也太过时，现在工作人员手里应拿着对讲机，而不是小红旗；小站还应有像大锅一样的电视天线，站台上的农民也不应挑扁担卖东西。总之，学生就教材的内容提出许多意见，于是我们就在原来插图的基础上重新设计一幅小站的插图，依照袁鹰的写法每人写出一篇富有时代气息的《小站》。由于长期的实践锻炼，学生们不但养成了好问质疑的习惯，而且总是用审视的眼光看待一切。一般情况下，我的学生并不是把疑问都解决了走出教室，而是在理解的基础上又开始新的迷惘和困惑，也就是往往带着满脑子的新问题离开教室的。掌握知识不是目的，有没有问题比掌握知识重要得多。《飞机遇险》的课堂上，我满怀敬意地赞扬总理把伞包让给小扬眉，赞扬总理把生的希望让给别人，把死的危险留给自己的伟大精神。可有个同学突然站起来说："我认为总理这么做对小扬眉来说是伟大的，对中国的前途命运来说就太渺小了，敬爱的总理要去重庆与国民党谈判，这关系到祖国的命运，他和小扬眉比究竟哪个价值更大呢？"一石激起千层浪，学生的思维像喷泉似的涌了出来。有的说为了祖国的命运，总理不应把伞包让给小扬眉；有的说，总理怎么不急中生智抱着小扬眉一起跳伞呢？有的说，课文写得不合理，情况那么危险，文中却用好几句写总理对工作人员的嘱托和对小扬眉的鼓励，而且后面加了省略号，我认为总理当时肯定来不及想出那么多话教育别人，因为时间不允许呀！有人说，不知小扬眉活着没有，我想采访她当时的心情，核实核实课文具体细节的真实性……本来标准的答案，被孩子们多维立体地分解了。我是多么地兴奋呀！因为正是我的爱心和教育理念营造了心理自由安全的教育氛围，每个孩子才都找到自己是好学生的感觉，都找到了自信和创造的尊严。敢于批判、敢于创造的精神，是孩子们终身享用不尽的真正财富！

2. 让我也来当老师

真正的教育智慧还在于教师从来不伤害学生的自尊心，而是经常激发他们做一个好学生的愿望。如果每一个同学都学会了赏识自己的时候，教师的任何担心和唠叨都是多余的！

这个班我已带了整整 5 年了，望着自己亲手带的学生，一种成就感和自豪感油然而生。这种感情恰似秋后的老农，满心欢喜地守望着农田里一望无际的金黄。我耕耘的结果是学生的成熟、进步和成功。

回首往昔，学生们从不会学习到掌握学习方法，从老师的启发询问到学生自己质疑，从老师领着学到自己主动学……一点点、一桩桩、一幕幕在脑海里放映的同时，我深深地感到欣慰：他们的确进步了。然而，我又犯难了，到了今天，学生们该如何更好地提高自身素质，向更高的学习境界迈进呢？这时，爱思考的学生们给我提意见了："老师，让我们也当当老师好吗？"

对！这个主意好！

班级的学生都争先恐后了，张一帆、范琳琳、于笑丹……还都挺不错的。让我惊讶的是，他们竟然掌握了第一课时的讲课思路，先是解题，介绍作者，再是生字新词，概括段意，都是以检查预习的形式出现的。课堂气氛空前活跃，与其说是"小老师"在讲课，不如说是"师生"间的共同讨论和切磋。他们的能力真不错！经过几年的培养和训练，讲台上的小老师泰然自若，甚至游刃有余。是呀，想不到他们竟然已经能自己管理班级，自己编课本剧，也可以自己讲课了。

以后的日子里，全班学生都跃跃欲试，都想尝尝当"老师"的滋味。既然水到渠成，我也便顺水推舟，把让学生走上讲台当作班级教改的又一次活动。他们的热情更高了，这不，每周二的课堂上，都是学生自己选定喜爱的古诗，经过精心备课，自己到讲台上绘声绘色地讲给大家听……

当然，让学生走上讲台绝不是把学生训练成教师，而是在我的指导下，使他们能从一个教者的角色出发，更好地掌握学习方法，能够主动自学，不断提高自学能力。如果说教育的目的就在于自我教育，那么让学生走上讲台，学生的主体性便能真正体现出来，从而体验自我主体价值的存在。

学国画的人都知道有一个从无法到有法再到无法的过程，那么教师也应该把讲堂变成学堂再变成讲堂。从无法到有法难，从有法再到无法更难；同样地，把讲堂变成学堂难，把学堂变成学生自己的讲堂更难。所以，就素质教育而言，教师自身素质亟待提高。只有高智慧的教师，才会培养出能走上讲台教学的高智慧的学生。

3. 智慧就在孩子的手指尖上

教育就是要培养人的智慧。每个人的智慧犹如休眠的火山，一旦点燃便有无尽的创造能力。我是语文教师。语文课要在学生心里点燃智慧的火花，最好的办法就是让学生的双手和大脑结合起来。因为智慧就在孩子的手指尖上。语文动手实践的重要一环便是写作。"写"是内在"精神"和独特个性的自由显现，是学生生命力和创造力的文字外化。作文教学中，我从来不束缚学生无忌的童言，不限制他们写作的内容和写作体裁。想说就说，想写就写，放开地想，放开地写。由于"'甫'惜少年日，早充观国宾"，他们开始"读书破万卷，下笔如有神"。1998 年，吉林人民出版社给我班学生出版了优秀作文选《爱与爱的交流》一书，发行了 10 万余册。从作文题"good—bye 双休日"、"打假也要从老师开始"中，我发现简单的文字并不简单，一个孩子就是一个世界，一个班级就是整个的世界。从学生自己动手编辑的《萌芽文集》、《创造文集》、《感悟文集》中，我看出学生对自然、对社会、对人生不同的思考与感受。从小组创办的每月向全体同学和全校教师印发的《先锋报》、《小松树》、《蒲公英的种子》等不同刊名的语文报中，我又看到了合作的力量和孩子们令人惊奇的艺术才华。更重要的是学生创编的文集，更加深刻地进入了他们的精神生活。同时，在我的动员下，全班三分之二的学生还买了电脑。他们已兴奋地走进了现代化网络系统，利用电脑的多功能，设计出封面各异、内容不一的科幻文集，如《金字塔之谜》、《二十一世纪的变化》、《F—117A 旅行记》……他们还满怀激情地走向了现实生活，利用电视这个媒体看《焦点访谈》，然后编写成一本本《苦涩的咖啡豆》、《来自贝尔格莱德的报道》、《不平静的海湾》等。请看李东隅同学写的《和外星人的谈话》一文：

牛郎星上居住着许多外星人。一个月前，牛郎星人张明坐着宇宙飞船去了一趟地球。这天，他正和伙伴们在屋里闲谈。

"张明，地球人成天干什么？"李军问。

"地球人天天混文凭，挣钱。"张明说。

"文凭，钱？"

"对，两种特别的纸。文凭可以升官发财，钱则可以换取任何东西。"

"张明，我想去那儿念初中，怎样？"李军问。

"不怎么样，那儿的初中分三年，一年级 6 点半上学，晚上 6 点放学，二年级和三年级也是，6 点半上学，但放学要到晚上 8 点、10 点。"张明答。

"我的上帝，我可不敢去念中学了。"

"但是即使这样，他们也难以考进所谓的重点大学，要知道，只有 3% 的人能进去呀！"张明苦笑了一声。

这时，妈妈进来了，送来一些饮料，并说了一句可以载入史册的话："我这才知道为什么我们可以去地球，而地球人却连太阳系也飞不出去！"

当然，孩子的认识太偏激。对社会对人生有待老师正确引导、点拨，但这毕竟充满了学生的创新灵气。正是这解放了他们的精神和心灵，他们才敢于把生命中潜在的表现力、想像力、创造力都尽情地释放了出来！我想，孩子们的许多创作不仅是我教育科研的结晶，更是学生在不断超越自我的历程中为自己塑造的人生智慧丰碑。相信随着生命的不断成长，这丰碑将永远矗立在他们的人生旅途之上。

长期的实践告诉我，教育智慧是教师素养的一种至高境界。一个教书型的教师可以及时指出学生哪些是对的，哪些是错的，哪些应该做，哪些不应该做，但却无意中抑制了学生的好奇心和创造性；而智慧型教师知道什么时候鼓励比批评更重要，什么时候倾听比说服更重要。一个教书型的教师能够告诉学生解决问题的各种答案，但培养的学生缺乏开拓和进取精神；一个智慧型的教师能够不抛出现成结论，而设法帮助学生自己思考出各种答案。一个教书型教师是热情的议论家，而一个智慧型的教师当知道学生能用自己的语言来形成他们的思想时会保持冷静、沉默。一个教书型教师认为自己的天职是传授知识，应像蜡烛那样"燃烧自己照亮别人"；而一个智慧型教师则认为学生的头脑不再是要被填满的容器，而是一只需要被点燃的火把。教师是火种，在照亮学生生命历程的同时，也看到了自己生命的灿烂。

我将不懈追求：给学生，也给自己一个智慧的人生。

六、没有比人格更重要的了

在未来社会，我们的学生要有健全的人格。这需要教师在丰富自身文化底蕴的同时拓展学生的人格精神，在丰富多彩的班队活动中塑造学生的人格角色，也就是在重塑自己中塑造学生。因为对于未成年的孩子来说，教师的影响力巨大而深远。好教师可以使学生从小就感受到人性的美好，不称职的教师却使孩子过早地看到和领受人性丑恶的一面，甚至会由此毁掉一个孩子的一生。

1. 小心轻放孩子心

1995 年 6 月的一天，猛然发现讲桌上有一封信，随手打开，便不经意地读了起来："老师，您好，我有许多话要写，可我又不敢写，怕您生我的气……上学期，因为我有骄傲的毛病，您总是批评我；还有一次因为我打扫卫生跑了，您说我自私，还要找我的家长，并说以后再也不理我了。我哭了一回又一回，在班里简直抬不起头。以后我举了几回手想发言，你也不叫我，下课您也不理我，从此我不举手了，平常也不爱说话了。可前几天，您却带着奇怪的表情问我为什么不发言了，昨天在课堂上您又提起这事儿……所以我只好写信，告诉您我不愿意发言的原因，请老师您别生气。"

看罢，我的内心无法平静。想不到被我早已忘到九霄云外的气话，竟伤了这孩子的心！想不到这不假思索不计后果的莽撞话，使她一度萎靡不振。当时，如果我能心平气和地与她谈心，了解她的心理状态，科学地加以引导；如果在同学面前我先给她"面子"，过后再批评她；如果我以鼓励为主，加以合适的引导；如果……她一定不会如此压抑，如此伤心。我是没有真正走进她的心理世界！又假如这孩子不给我写信说明情况，她今后的一生会是个怎样的样子？后果真不堪设想！

想到这儿，我抬起头，正好和那个孩子不安的眼神相遇，她很快地低下了头。原来她一直在观察我读信的表情，想知道我对这件事的态度，此时的她显得那样不安与失措。

应挽回自己的过失！我急忙走到她跟前，拉着她来到走廊里，语重心长地讲了她应如何对待这件事儿，并向她坦然承认自己话语的疏忽和工作的粗心，请她原谅……

心与心的沟通，使那个孩子接纳了我。那一天，我感到她身上像卸了包袱，显得格外轻松和愉快。第二天的语文课上，我细心观察她，发现她并没有举手，于是我在做课间操的时候轻轻拍拍她的肩膀，问她上课时为什么不举手，她不好意思地低下了头。

下午上课时，她举手了！对她来说，这是一个小小的"壮举"，我相信从此以后，这阴影会从她的身上消失，她会重新走向"阳光地带"。

是啊！孩子们自有一番与众不同的心理世界，老师的眼神，老师的动作，他们都格外注意，何况老师的话语。如果不分青红皂白，对他们随心所欲，乱发脾气，孩子们很容易走进情感的"误区"甚至"盲点"。这不仅会伤害他们的自尊心，严重的还会形成心理障碍，甚至影响他们的一生。人师难为！做教师的，对待每一名学生，只有用爱的暖流去开启学生心灵的窗口，才能真正走进他们的心理世界，他们才会觉得自己的"人格"受到尊重。而尊重孩子是最重要的教育原则！老师应该是一个有着丰富情感的人，又应是在教育过程中极富理智的人。孩子的童心、童真、童趣要给予好好保护，任何形式的简单粗暴、冷漠、体罚，都是对孩子美好而脆弱的心灵的任意践踏，从而都是不道德的教育行为。

孩子的心，可要小心轻放啊！

2. 克服"双重人格"的倾向

心理学研究表明，儿童往往会出现道德认识和道德行为不一致，在不同人面前表现不一样等特点。比如在学校往往是热爱劳动、乐于助人，你会看到他抢着洗拖把、抢着倒垃圾，累得满头大汗，小脸成了猫脸儿，鞋子成了小水靴；可是一回到家里就变成了另外一个人，成为样样要别人服侍的"小皇帝"。

这种双重人格对孩子成长是极为不利的。中国有句古话，一屋不扫何以扫天下？很难想象，一个连在家中都不知怎样对待自己，更不晓得如何与别人相处的人，会一帆风顺地走上社会！

基于这样的认识，我在一次家长会上出了以下几道调查题，要求家长实话实写：（1）在家里，你的孩子有没有不诚实的地方，请举例说明。（2）孩子洗过自己的衣物吗？（3）孩子在家擦过地板吗？是孩子自己不愿意还是家长不让？（4）你的孩子尊重你吗？（5）在与亲戚家的小朋友玩耍时，是否会谦让？

卷子交上来了，问题真不少，确实像我预料的那样。有些家长写道，自己忙着替孩子请家教，送孩子学钢琴、跳舞，学外语，什么倒垃圾之类的小事就不让孩子去做了。因此，孩子从来也没有意识到，承担家务劳动是自己作为家庭一员的应尽义务！

在掌握第一手材料后，我发出了一封《致家长的公开信》，信中写道：人生的经历是一笔财富，特别是家庭生活的经历尤为重要。面对当今孩子"双重人格"的倾向，请家长在为孩子向外拓展教育空间之际，千万不要忽略家庭教育的功能。当你们抱怨孩子"长不大"时，其实你们却代替孩子成长！家长们，请注重自己言行的同时，让您的"宝贝"力所能及地做一些家务活，比如洗袜子、洗碗之类。请保证每天让孩子劳动20分钟！谁不望子成龙？那么千万别忘记了你自身也是孩子的老师。

在学校里，我每每利用展会及午会时间，给孩子讲获世界消除贫困奖的赵勇背爸爸一起上学的感人事迹；讲《爱的教育》中朱里奥小抄写员替爸爸抄材料至深夜的感人故事。一段时间下来，还真应了农村的那句格言，"孩子的心是块空地，种啥就长啥。"

"良好的道德品质，美好的人性人格只有在与人相处相交的过程中才得以熔铸锤炼和淬火。要使每个人从少年和青年时期就对人的高尚精神深怀赞美，产生敬爱之心，这实际上决定着对人、对人性美的信任，如果缺少这种信任，人的内心将是空虚的。"（苏霍姆林斯基）我对学生们说，人格是具体的，人格通过一件一件具体的生活琐事表现出来，我们不一定能使自己伟大，但一定可以使自己崇高。

教师素质与班主任工作艺术

◇ 任小艾

一、要做教育家　不做教书匠

1. 忘不了，第一次登上讲台……

1976 年的年末，在举国上下庆祝粉碎"四人帮"的锣鼓声中，我高中毕业了。我的母校——北京市第 119 中学希望我能留校任教。当时，校长找到我说："学校目前很需要教师，你有当教师的条件，考虑一下，留校当个教师吧？"说实话，我对自己未来的职业选择，并没有作更多考虑，因为在我思想深处，是把"服从分配"和"祖国需要"看得高于一切的。其实那时大多数人都是这样。我未经父母同意，便自作主张，答应了校长的要求，毅然选择了教师的工作。

由于受"文革"动乱的影响，当时教师的地位普遍很低，社会上仍流传着"家有半斗粮，不当孩子王"的陈旧说法。同学中对我留校当老师的选择说法不一，有羡慕的，也有看不起的，更多的是惋惜。羡慕我的认为是可以不去上山下乡了，因为那时学生高中毕业后大都要到农村去接受锻炼；看不起我的觉得宁可到农村去，以后再农转工，也不能去当"臭老九"，一辈子没前途；惋惜我的认为一个多才多艺的人，当教师纯属是大材小用！因为我从小学时，就参加了业余游泳体育学校的训练，经常参加比赛，完全可以在体育方面发展；我家里是祖传中医，自幼耳濡目染受熏陶，父母希望我能从事祖国医学工作；读高中时，我还先后接受了艺术学校戏剧、舞蹈和声乐的正规培训，多次登台参加各种形式的演出。因此，听说我当了老师，有个平时和我很要好的同学，竟然不客气地向我表示："我敢打赌，你当了教师，这一辈子就算是完了！"由于当时的社会风气不好，所以造成人们对教师职业普遍不感兴趣。

学校的老师们对我的留校表示欢迎。因为我当学生时，不仅学习成绩好，语言表达出色，而且工作能力很强，的确适合做教师工作。我的父母尽管对我未能从医感到有些遗憾，但还是尊重了我的选择。

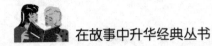

在周围人们各种不同的议论声中，我登上了讲台。

我清楚地记得，当我第一次走上讲台，第一次拿起粉笔，第一次翻开教案，第一次面对一张张陌生的面孔，特别是当我第一次听到了学生们亲切地喊我"老师好"的时候，我的内心深处受到的震颤，如同一股强大的电流冲击了我的全身。我平生第一次感到教师工作的与众不同，同时由衷地感到这份工作是那样地神圣，那样地不平凡！当天晚上，我在灯下写了当教师后的第一篇日记。我意识到教师面对的绝非死的物质，而是活生生的人！工人生产产品只是人对物质而言，没有情感的交流，即使出现废品，也只是物质上的损耗；而教师面对的是人，是活泼可爱的孩子们，一旦出现了教育的失误，那将会影响到一个人的一生。特别是中学生，正处于人生的重要转折点，是一个人身心成长中最为关键的时期。教师做好这一阶段的教育工作，也就是为一个人的一生奠定了良好的基础。从那一个激动人心的时刻开始，我暗自下定了决心：要做就做一个最优秀的教师，决不能辜负这小小的讲台，更不能误人子弟，要做一个有所作为的人！

2. 关键的自我反省

我怀着满腔的热情和鸿鹄之志，投入到了教书育人的工作中。

法国教育家卢梭在他的自传体小说《爱弥儿》一书中曾经写道："在敢于担当培养一个人的重任之前，你自己是否造就成了一个人，你自己是否成为了学生推崇的模范？"在卢梭提出此观点前1700年，我国西汉时期著名的思想家扬雄就曾说过："师者，人之模范也。"他把教师直接说成是人的模范。我国最早的教育家孔子曾明确指出："其身正，不令而行；其身不正，虽令不从。"

一个人有了热情不一定就能当好教师，因为当一个好教师，需要的是情感、科学和艺术的完美结合，还需要一定的经验积累。一开始，我由于缺乏育人的知识和经验，在与学生交往过程中，掌握不好师生间的分寸，因而也就难以驾驭学生。记得有一次，学校让我带学生去上游泳课。因为学生和我相处得无拘无束，把我当成了他们的同龄人，以致在游泳课上，我被学生们选中为恶作剧的对象，把我四脚朝天地扔到水里取闹。虽然我借机展示了游泳的才能，但学生却因此受到了严肃处理。尽管我曾为他们向学校辩解过，但无济于事。学生们还是开始疏远我、躲避我。我也曾努力争取过他们的谅解，但学生回答说："老师毕竟是老师，还是敬而远之的好。如果我们同学之间开这种玩笑，不会有这么严肃的处理。"教导主任看我不知所措的样子，提醒我说别多管闲事，你又不是班主任，人家班主任有权对学生的不良行为进行处理，这叫"杀鸡吓猴"。尽管我认为完全可以有其他的处理方法，但因为我不是班主任，也就无权干涉。这件事以后，我萌生了当班主任的念头。因为我感到只有当班主任，才能每天跟学生在一起，朝夕相处，亲密无间，同时，学生对班主任的感情与对任课教师完全不同。每当我看到人家班主任给学生组织活动，快快乐乐的，我心里就羡慕得不得了。我感到一个教师如果不当班主任，就不能算是一个真正意义上的教师。

有一天，我实在憋不住了，去找教导主任请战：要求当班主任。教导主任上下打量我一番后，用一种刺激的口吻对我说："任小艾，班主任可不是什么人都能当的，更不是什么人都能干好的。你看你这模样，站在学生堆里都看不出是老师，实在太年轻了！你不当班主任，学生还把你推到水里呢，要是当了班主任，你还不带出一群活猴来，学生还不反了天？过两年再说吧！"听后，我心里哪里服气？暗自想：等着瞧吧，我非要当上这个不是什么人都能当的班主任不可！这以后，我又先后三次向教导主任申请当班主任，几乎是死磨硬泡，不达目的誓不罢休。终于有一天，教导主任无奈地对我说："有的人不愿意当班主任，我们又实在找不到合适的人，那就先让你试试吧！不过事先声明：如果你把班带乱了，我们会随时换人。"记得我当时是唱着歌跑回办公室的。被许多老师戏称为"贱骨头"般地抢了一个班主任！

我的母校北京市第119中学，按照朝阳区排位当时属于三类校，即排在市级重点中学和区级重点中学之后。学生来源大多是人家挑选后剩下的，其余的由教育局成批地分配给学校，生源相对来说比较差。早在20世纪70年代时，社会上就流传着一句远近闻名的顺口溜："119门儿朝北，不出流氓出土匪！"因此，在这样一所学校任教，没有点真本事，恐怕很难赢得学生的信任。在我的印象中，学生合伙地戏弄老师，老师被学生轰出教室、无法上课的情景时有发生。

当我走马上任后，确实感到了身上的担子沉甸甸的，几十名学生一下子全交给你了，体会到"班主任不是什么人都能当的"那种感觉。起初，我不知如何给学生组织活动，不知如何召开家长会，不知如何给学生召开班会。"这怎么办呢？不会就学嘛！"于是，每当别的班召开家长会，我就以家长的名义去旁听；别的班组织活动或召开班会，我就以学生身份参加活动或旁听班会。看到我如此认真的样子，有个老教师好心地告诉我："在咱们学校当班主任你需要能'镇'住学生！这里面有个诀窍：老师小笑，学生大笑；老师大笑，学生狂笑；老师狂笑，学生就会疯起来。所以你要记住——在学生面前，千万不能笑。"尽管这诀窍让我听起来有些滑稽，但有句俗话说得好，"欲行上山路，须问过来人"，老教师的话不能不听。于是，我开始在学生面前收起笑容，板起面孔，即使是表扬学生，也是一副严肃的表情。甚至有时在语文课上遇到课文中可笑的情节，也要装出一副不苟言笑的模样。

这个"诀窍"使用起来的确有效，我渐渐"镇"住学生了。学生们见到我后个个畏畏缩缩，处处谨慎小心；班里情况是老师在和老师不在完全不一样，学生开始耍两面派作风。在一次班委会上，班干部反映外语课太乱，无法听课。我借机去听课，外语老师看到我后说："我说今天学生听课怎么会这么安静呢？原来是'猫'坐在那儿呢。"这话听了后真让人感到无地自容。下课后，这位外语老师又补充说："其实呀，真不如把你的照片放大10倍，挂在教室里，比什么都灵。"这番话对我来说可谓"说者无心，听者有意"，值得深思！

一次，我利用星期天带学生去北京动物园参观。在去动物园之前，我曾想象着小说和电影里的情景：老师走在中间，学生们簇拥在周围，多么令人高兴和自豪！我在公园门口给大家讲明注意事项后，"解散"的话音未落，学生们便呼拉一下散开了，他们三五成群地玩了起来，空旷的场地上只留下我一个人。"怎么和想象的不一样呢？真扫兴，看来，只有一个人逛动物园了。谁让你当初非要当班主任不可呢？"我暗自思忖。孤独的我只好独自一人在园子里四处闲逛。在虎山旁，拥挤的游人好奇地东张西望，打趣地挑逗老虎。忽然间，只听得老虎一声震天动地的怒吼，游人们立刻惊惶失措地跑开了。我呆呆地站在栏杆前，若有所思，如梦初醒！似乎顿悟了学生远离老师的原因。

记得在我教初三毕业班时，我班里有一个女同学写下了一篇题为《中学生三部曲》的日记，看后给了我很大的启发。可以说这是一篇反映现代中学生心态的文章。她在日记中这样写道：

"初中一年级，好像一下子长大了，对新的学校充满了新鲜的占有欲，再也不怕小学的班主任，甚至于敢趾高气扬地走到她面前，像对同辈人一样对她说'怎么样，你近来好些吗'？课上老实得像只猫，课下什么都忘了，还是爱掉眼泪，说话的声音小得像蚊子，但对周围的事，从来没有在乎过；初中二年级，才觉得过去的事似乎有些荒唐，偶然间又会否定掉一个自己曾经坚信不疑的真理。好像才开始凝望这个世界，呆呆的，却觉得比过去懂得多了；初中三年级，最讨厌别人对自己说'小孩儿，十几了'？再也不习惯大人摸自己的头，却想握握别人的手，好像总摆脱不了孩子的模样，于是就总琢磨着怎么使自己看上去显得更大些，从来没有过的心理——不愿意承认错误，哪怕是认识了，也要装出一副满不在乎的样子，背地里偷偷地去改。"

这篇日记让我想起了陶行知说过的话："你要当好一个先生吗？那你首先要当好一个学生。"教师要向学生学习，了解并认识他们。我开始重新思考

"教育"一词的含义。教育是服务于社会、服务于人的一门学科。既然教育是一种"服务"，那教师就要对服务对象进行研究。今天学生的成长变化，与社会的发展有着极密切的联系。如今，改革开放的浪潮冲击着社会生活的各个领域，冲击着人们固有的思想意识和观念。如果我们不研究社会的发展，不研究教育对象，我们的教育就会与时代发展相悖，培养出的人才也就难以立足于未来。作为教师，在新形势下决不能自我封闭，更不能停滞不前。

二、更新教育观念　拓宽教育思路

1. 从了解学生入手

如何使学校传统、封闭、陈旧的教育模式与当今改革开放的社会形势相适应？教师对此要深入进行思考。有一位资深的师范大学教授说得好："人才观决定教育观。"有了培养什么样人才的观念，也就有了如何进行教育的手段。当代教师应站在时代的高度，立足于培养 21 世纪的人才，用适应新时代发展需要的科学的育人方法，对学生进行有目的、有计划、有组织的教育，使之成为国家有用的人才。

我曾在报纸上看到一篇文章，题目是《我想对老师说》。那是署名为"一个苦恼的中学生"写给报社的一封信，文中写道：

"我没上学的时候，'老师'这个词听起来非常神圣。上学后，却觉得有些不是那么回事了。每当学生犯了错误或考试不及格时，有的老师就责备、挖苦我们，要么请家长来，使学生在老师面前抬不起头。这样慢慢地，我们就害怕起老师来。现在，我上了中学，情况还是没变。我想，老师教育学生，除了训斥、请家长，就没有更好的方法吗？其实，越训学生越怕，越请家长学生抵触情绪越大，甚至引起反感。老师，被称为人类灵魂的工程师，他们不仅给学生传授知识，他们的言行对学生也是一种无声的教育。如果老师总以冷面孔对待学生，我们就难免会有心理压力，影响学习，同时，也很容易对人们对社会产生一种冷漠的心理。在此，我想对老师说，希望你们多给学生一些亲切、平和，要相信学生是追求上进的。"

看了这篇倾吐学生心声的文章，作为教师，我真的很受感动。

为了能深入了解学生，我在与学生进行广泛交谈的基础上，对他们进行了问卷调查。在调查中我发现学生给身边教师划分了几种类型：

一种为"保姆型"。这样的老师如同老黄牛一样，工作辛辛苦苦、任劳任怨，对学生几乎是无所不管。但学生对这样的老师并不领情，只是因为可怜他（她）而服从，心里根本就不佩服，甚至有种很强的逆反心理。有一个学生形象地说："当我毕业要离开这样的老师时，心里的感觉就像一只小鸡即将要脱离母鸡的翅膀一样，有种说不出的兴奋，因为我终于可以自由地去做我

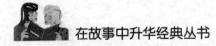

想做的事了。"

一种为"警察型"。这样的老师在学生面前总是一副"阴渐多云"的面孔，对待学生总是用审视的目光，不允许学生有任何错误出现。学生对这样的老师，因为害怕他（她）而服从，学生畏惧老师就像"老鼠畏惧猫一样"。学生们形象地说："这样的老师手里就差拿个警棍了。他们总用显微镜般的眼睛发现我们的缺点，再用放大镜般的眼睛强化我们的缺点。在这样的老师面前，表现多好也没用。"

一种为"保姆型＋警察型"。这样的老师表现出个性不成熟性格，经常给学生忽冷忽热、捉摸不定的感觉。爱起学生来像一团火，恨起学生来像一块冰。学生们说："在这样的老师身边，我们要经常观察老师喜怒哀乐的表情，以便见机行事，不然不知什么时候，不知什么原因，就可能给自己惹来麻烦，对这样的老师最好是敬而远之。"

一种为"放任型"。这样的老师因为不热爱教育事业，内心缺少对学生爱的情感，即使误人子弟也满不在乎，因而表现出对学生冷漠、放任自流，对工作敷衍、得过且过。学生因为不信任而不服从他（她）的管理，同时最大的愿望就是尽快更换老师。

上述这几种类型的老师，是目前学生们普遍不喜欢的，可在现实生活中，这样的老师并不少见，只是我们教师自己没有察觉到而已。

那么学生究竟喜欢什么样的老师呢？经过调查发现，学生们喜欢的老师概括起来是：性格直爽敢于负责，有男子汉气概，又有婆婆心的人；是集情感、科学、艺术于一身，懂得尊重、理解、信任与宽容，懂得在教育过程中把握分寸的具有时代感的教师。

我从对学生的了解中认识到，教育是培养人的活动，虽然教育者与受教育者地位不同，但都是在履行同一项特定的义务，即教和学。教师与学生之间只是教与学分工的不同，绝无高低、贵贱、等级之分，教师应该把学生平等地看成一个大写的"人"字。因为教师尊重学生的人格，就等于尊重教育。我曾听到有位家长讲述过这样的事：她的读小学二年级的孩子，因写数学作业三次出错，被老师当着全班同学的面，在小脸上画了一个"×"，以此作为惩罚。回家后，这个孩子哭着对妈妈说："妈妈，我害怕，我再也不去上学了。"难道说一个小学二年级的学生也有自尊心吗？是的，因为学生无论大小，都需要获得尊重和理解，在教师的心目中，每一个孩子都是堂堂正正的人，都有尊重别人的和被别人尊重的基本权利。

有位教育家说过："你的教鞭下有瓦特，你的讥笑中有牛顿，你的冷眼中有爱迪生。"我想教育不能没有感情，因为没有爱的教育，就如同池塘里没有水一样，不成其为池塘；没有情感，没有爱，也就没有教育。但教师还应懂得，光有爱也是不行的，因为有位教育家说得好："爱孩子是连母鸡都会做的事，而如何教育好他们则是一件大事。"

记得有一次，我带的初一班级的两名学生看完电影后，模仿影片中人物，把自己的座椅当坐骑，满教室里折腾，搞得同学们不得安宁。学生把这个情况报告我后，我没有为此发怒，也没有批评学生，而是让这两名学生以"椅子的自白"为题，用第一人称方式，写一篇作文。之后，我利用语文课时间，让他俩在班里宣读作文，同时组织同学们进行讨论。两个同学生动有趣的文章，不仅教育了他们自己，也教育了全体同学。大家在讨论中针对椅子所经受的"痛苦"，把爱护公物作为公民最起码的道德水准来认识，得到了一致的赞同。这样的教育方式，学生不仅容易接受，而且还能受到良好的教育效果。这样做的结果，远比教师怒发冲冠地训斥学生，而学生不以为然的做法要好得多。其实，一个教师能艺术性地处理学生中出现的问题，表明这个教师自身具有很高的素质。

2. 素质教育的关键在于教师

有人说，教育是超前性的投资，滞后性的效应。这话不无道理。作为教育工作者，教育必须要有一定的超前意识。教师不仅要站得高，还要看得远，要在今天教育的同时，想到未来。如今提倡素质教育，我想素质教育要从道德教育入手，道德教育要从怎样做人入手。这是教师实施素质教育的关键所在。在多年的教育实践中，我以"创教育新环境，育全才为己任"为指导思想，总结出了"一则、二感、三言、四通、五心、六法"这几点教育的思路和教育的技巧，非常有效。

"一则"就是一条教育原则——"以爱动其心，以严导其行"。具体说就是教师要用爱的教育打动学生的内心世界，用严格的要求去指导学生的行动。前苏联教育家苏霍姆林斯基说过："教育者最可贵的品质之一就是人性。对孩子深沉的爱，兼有父母亲昵的温存和睿智的严厉与严格的要求相结合。"当我把这句教育名言运用于实践中，就有了"以爱动其心，以严导其行"的教育原则。

"二感"就是责任感和使命感——即"对自己本职工作的责任感，对教育事业前景的使命感"。作为教师，既要有高度的工作责任心，有着极强的敬业精神，又要具有教育的超前意识，为未来培养人才。这样，我们就能够做到既高瞻远瞩又脚踏实地。

"三言"就是把三句话作为我工作中的座右铭。在对班主任工作上，我要求自己做到"没有不合格的学生，只有不合格的教师"；在对自己所教学科的教学工作上，我要求自己做到"没有教不会的学生，只有不会教的教师"；对于如何评价自己的教育效果，我借用陶行知先生的一句话"教师最大的乐趣是培养出值得自己崇拜的学生"。我把这三句话时刻记在心上，用以指导我的教育工作。

"四通"就是在四个方面有所通晓。一是通晓班主任工作；二是通晓学科教学工作；三是通晓相关学科的知识；四是通晓教育科学。有了这四方面的通晓，我就能在工作中做到有章可循，做到精益求精，做到触类旁通，做到事半功倍。

"五心"就是做到以下五点：对学生要有爱心；对自己要有信心；对教育工作要做到专心；对遇到的困难要有恒心；对周围的人要虚心。

"六法"就是在班主任工作中的六种教育方法。一是优良环境的感召效应法；二是虚功实做的导行效应法；三是三位一体的互促效应法；四是捕捉兴奋点的磁性效应法；五是抓住教育时机的功倍效应法；六是自我教育的内趋效应法。

具体地说，"优良环境的感召效应法"就是为学生创设一个优良的学习环境，感染和召唤学生。包括自然环境、听课环境、人际关系环境等。实际上，校园就是家园，班集体就是一个大家庭。每届新生入学时，我都要为他们创设一个新颖独特的学习环境以把学生的心吸引到学校来，吸引到集体中来，吸引到老师和同学的身边来。比如说开学伊始，教室内的精心布置，老师和同学第一次相识的开场白，同学之间迅速沟通的特殊见面会等。这一系列的做法，都是为了吸引学生，让他们一脚踏入这个集体就有一种新鲜、美好的感觉。

第二是"虚功实做的导行效应法"，主要是根据中学生自身特点而实行的一种做法。教育心理学指出，处于青春期的中学生，有一种半儿童半成年的意识，他们判断是非的能力较弱，而模仿的能力较强。我感觉特别是初中学生，他们不喜欢空洞的说教，对那些没完没了的大道理极其反感。而思想教育往往又是一种"虚功"，即空洞的说教，很容易造成费力不讨好的结果。所以，如果把"虚功"变成"实做"，把空洞的说教变成形象生动的寓教于乐，教育就会深入人心。比如，初一学生入校后，教师要进行理想教育，要让学生从入校一开始就能学有理想、学有目标。但理想教育如果只是教师在班会中唱"独角戏"，学生就会听得昏昏欲睡，达不到教育的目的。正如有的学生在日记中写的："每到开班会，我们的老师总是滔滔不绝，直说得我们的屁股都坐疼了，老师还意犹未尽。其实，老师所讲的话就像出土文物一样，似乎离我们很遥远，然而还要求我们必须都要记住，真是不可思议。"为了把教育的主体还给学生，我曾给刚入校的85届学生设计了以《2000年同学会》为主题的班会内容，让学生以化装形式模拟未来，畅谈各自的理想。这次班会从设计到实施的整个过程，就是一次难得的教育。从最初教师公布主题，到学生撰写主题作文；从师生设计班会形式，到全体同学共同参与主题班会，学生们始终处于积极主动的状态中。最难忘的是班会召开的情景：学生们身穿自己未来理想的职业服装，手拿自己设计和制作的创业成果，在"规定的时间"陆续来到模拟的天安门广场红旗下，来到老师和同学身边，展示和汇报自己的业绩，抒发对未来更加美好的设想，那情景真是让每个人终身难忘！当班会结束时，我充满深情地对大家说："同学们，所有的理想都离不开今天的现实，让我们脚踏实地，努力学习，为未来的理想而奋斗。我祝愿同学们的理想早日实现，我期待《2000年同学会》早日到来！"如今，十几年过去了，当年的学生都已经参加了工作，但他们回忆起那次主题班会的情景，仍然记忆犹新。由此我想到，虽然这样的主题班会要比教师唱"独角戏"复杂得多，但教育的效果却是长远的，也是不可估量的。

第三是"三位一体的互促效应法"，就是将学校、家庭、社会这三者紧密地结合起来，形成一种相互协作的关系，同时起到相互促进的作用，以达到相互配合、共同教育青少年的最终目的。比如我曾想，一个班主任的力量往往是单薄的，怎样才能动员起学生家长的热情，让他们也能主动自觉参与到教育中来，配合学校对学生进行教育呢？为此，我苦思冥想出了一个办法，就是组织开设"家长系列讲座"，让家长和社会联手，共同教育学生。超出我想像的是，我的这个倡议竟得到了家长们的一致赞同。于是，家长们开始认真地给孩子们备课了，然后利用课余时间，一个个地轮流给孩子们讲课。有讲海洋知识的，有讲地质知识的，有讲医疗常识的，有讲建筑知识的，有讲军事常识的，有讲铁路常识的，有讲电脑知识的……天南地北，五花八门，涉及知识领域的方方面面，极大地拓宽了学生的知识领域。为了不让讲不了课的家长为难，我又提出了新的建议：凡是讲不了课的家长，可以联系自己或别处的单位，让我们的学生去实地参观，开阔眼界，增长才干。于是，在讲课的同时，一些家长联系了许多大大小小的企业、机关、博物馆等单位，为我们的学生敞开了大门。学生们兴高采烈地走东家串西家，在实际眼观耳听中，学到了许多课本上学不到的社会知识，丰富了他们的大脑，增进了对社会各方面的了解和认识。

第四是"捕捉兴奋点的磁性效应法"，就是利用学生感兴趣的事，对学生进行有针对性的教育，可以产生一种磁力，吸引学生的注意力，达到教育的目的。比如我曾经发现学生特别喜欢过生日，每到某个要好的同学过生日时，同学之间互相攀比着赠送礼品，把生日当成一种交易，给不少学生造成了一定的心理负担。为了教育学生正确地认识人生的价值，形成正确的人生观和价值观，我抓住过生日这个热点，提出由集体给每个学生过生日的建议，得到学生的欢迎。我设计出了若干项过生日的内容：（1）准备一个5分钟的生日演讲。（2）同学自愿赠送自己制作的生日礼物。（3）同学代表致生日辞。（4）全班同学一起拍手唱生日歌。这些内容很有吸引力，每次都让大家感到非常愉快，而且过生日的意义远远超过了礼物的价值，给了人深刻的启示。

第五是"抓住教育时机的功倍效应法"，就是善于抓住教育时机对学生进行教育，能起到事半功倍的效果。比如，在对学生进行文明礼貌教育方面，我曾经有过一次成功的尝试。我在前边谈到过，我的母校因生源不好，学生素质普遍较低。不要说尊重老师对老师有礼貌，只要学生不戏弄教师，就已经不错啦。有一次，我接手一个初一新班不久。有个新生在楼道里看到我后，规矩地给我行了一个队礼，还喊了一声"老师好"。我当时心里很激动，之后我想如果大家都能这样尊敬老师该有多好！可中学生最反感的是强迫命令式的教育。于是，我稍稍动了一下脑筋，决定抓住这个教育的时机，采取相应的行动。我先是到商店里买了一个小礼品，然后到教导处要了一张奖状，写上"文明礼貌标兵"的字样，盖上教导处公章，一切准备就绪。第二天，我利用早读时间开了一个简短的班会。我一手拿着礼品，一手托着奖状对大家说："同学们，开学两周以来，虽然我对大家还不太熟悉，但有一个同学的一个举动，给我留下了深刻的印象。昨天，这个同学见到我后，向我行队礼，还问老师好。这个同学多有修养、多有礼貌呀，我为能有这样的学生感到骄傲，也为集体中能有这样的同学感到自豪。这个同学就是××，今天我要代表全班宣布：××同学被评为我班第一个文明礼貌标兵，让我们向她表示祝贺，请她上台来领奖。"就是这样一个只有几分钟的班会，却产生了巨大的反响。第二天早晨，所有的学生见到我后，都向我行队礼并问候老师。我借机在班里设立的"千分制评比表"上，给每个学生加上了"文明礼貌"的鼓励分，以表彰这种良好风气的出现。后来，在学校的表扬和倡导下，全校也掀起了文明礼貌的热潮，我班被评选为学校的"文明礼貌班"。

第六是"自我教育的内趋效应法"，就是教师通过对学生进行的自我教育，使学生产生一种向上的内在驱动力，形成一种自觉的行动。有位教育家说过，"教育的最高境界是没有教育"，也就是隐形教育。教师用自己高超的教育手段，让学生在自我教育中认识问题的实质，学会一种终身教育的本领。比如，我给学生们特别创设了每周一次的"无批评日"，目的是让学生从中学会自我教育的方法。每当"无批评日"到来时，学生犯了错误，班主任不能批评学生，班里也不批评学生，而是让学生进行自我教育。由老师指导学生写自我教育日记：叙述错误发生的经过，分析错误产生的原因，提出解决和处理的办法，设想避免错误发生的种种措施。学生们普遍欢迎"无批评日"，因为在他们看来，这是一个可以用自己的头脑思考问题的日子，不仅初步学会了自我教育的本领，也进一步增强了自我控制的能力。

三、建立民主、平等、和谐的新型师生关系

1. 让集体成为学生心中的乐园

教师有了立志当教育家的思想，就会不断更新自己的教育观念，不断开拓新的教育思路。这样，教师的教导会如春雨一样滋润学生的心田，师生之间会产生心与心相契、情与情交融的良好效果。

为了让每个学生对学校对班级有眷恋之情，愿意到学校里来，喜欢到班级中来，彻底改变对普通校的偏见，增强集体的凝聚力和向心力，人人抬起头走路，个个挺起胸膛做人，我庄严地提出：要让集体成为每个学生心中的乐园，变苦学为乐学，变厌学为爱学！

以往，当后进生出现问题时，老师习惯用请家长的简单做法，而学生对此极为反感。有个学生曾在日记中深刻写道："作为教育者，有的老师既不'教'也不'育'，而是把教育我们的责任推卸给家长。当他们（指教师）没有办法了，他们就要动用家长的力量，请家长是一个教师最无能的表现！"事实上，凡是以告状为目的的请家长的结果，大都会造成师生之间关系紧张，责任自然应该由教师来承担。

为改变这一做法，我在班级里正式宣布实行"三不原则"，即：第一，不因学生犯错误而请家长；第二，家访不告状；第三，家长会上不点名批评学生。记得当时宣布完这一决定时，班内一片欢呼声。实际上，我是把自己推向了一个高度：要用全新的思想去教育学生。

我曾亲眼看到过这样的情景：有个学生因作业没有完成，被老师停课遣送到办公室。老师不满地对学生说，今天不请你家长来，你就别想上课！这个初一的学生无奈，只好去请家长。孩子的家长一是工厂的厂长，但来到老师面前却一点厂长的威风也没有。因为老师就像训学生一样地训斥这个厂长："你是怎么搞的，对孩子这么不负责任？为什么不看着孩子把作业做完？所有学生都像你孩子这样，我们老师还怎么当？"一连串的质问，直问得这个厂长父亲哑口无言。后来，他对别人说："我在厂里叱咤风云，哪个敢和我这样讲话！今天为了儿子，只好忍气吞声。等回家后再跟孩子算总账，出这口窝囊气！"据说，这个孩子回家后受到了父亲的一顿拳脚，学生说他恨死老师了。试想，这样的"教育"能给学生留下什么样的印象？难怪学生对老师请家长

极为反感。

我虽然宣布不请家长，但不等于切断了学校与家长之间的联系。我为每个学生设立了一个"家庭学校联系本"，上面设有学生一周内品德、学习、纪律、出勤、卫生等诸方面的内容，有一周综合评定，还有家长反馈栏。每周末由学生带回家，周一时再带回学校。这样，学生的情况能让家长及时了解，避免一出现问题就冲动地请家长。同时，家长也能与老师及时沟通情况，相互交流教育孩子的体会。

现在，能做到家访的老师已经不多见了，当然，这里面的原因是多方面的，其中之一就是因为学生不欢迎老师的家访。学生们私下里把老师的家访称为"今夜有暴风雨"。在他们看来，只要老师一家访，自己家里就不得安宁。父母会因自己吵架，自己还要忍受父母"单打"甚至"双打"的皮肉之苦。因此，学生当中有句顺口溜："天不怕，地不怕，就怕老师到我家。"如此不协调的师生关系，谈不上教育。

我在宣布"三不原则"后，改变以往家访的做法，变告状为报喜，变批评为表扬。家访的目的以了解学生、增进师生感情为基点，通过相互间的沟通与交流，全方位地对学生进行教育。所以，学生们非常欢迎我去家访，有的学生竟为争老师家访而哭鼻子。"今夜有暴风雨"的家访变成了"幸福降临"。我想，教师在教育学生时，如果能换个角度去思考问题，换个方式去采取行动，教育的效果就会截然不同。

此外，学校定期召开家长会，本是天经地义的好事，无可非议。但许多学生，以至许多家长都对家长会心有余悸。有个家长形象地把家长会称作"挨批的会"，说每回都是硬着头皮去给孩子开家长会。因为自己的孩子学习不太好，老师经常在家长会上点名批评学生。而每当此时，家长的感觉都是如坐针毡，恨不得找个地缝儿钻进去。

我改变了这样开家长会的做法。每次的家长会，我都不点名批评任何一个学生。如果需要批评时，我就表扬那些做得好的学生，然后针对现象谈现象，以引起全体家长注意。在尊重家长的同时，我改变原有家长会上教师"一言堂"的做法，变"一言堂"为"群言堂"，让家长们相互交流教育孩子的体会和收获。比如，针对班级最近出现的问题，我通过"家庭学校联系本"，从中找出某个家长教育孩子的成功例子。在下次家长会时，我请这个家长介绍教子的经验，然后让大家发表看法，共同寻找教育孩子的最佳途径。这样的家长会，家长不是被动地参加，而是积极主动地参与，家长们非常欢迎。

"三不原则"的实施使班集体出现了特殊的变化，师生间的感情有了一种心灵上的默契，家长和老师之间也有了一种朋友般的情谊。教师从此变得更加理智、更加聪慧、更加富有人情味了。教育思想的转变，必然会使教育方法更加科学化、艺术化。这样良好的师生关系，不仅有利于学生健康成长，更有利于教师获得教育上的成功。

在学生们看来，最让他们心里排遣不开的就是考试分数的结果，因为总会有高低、好坏的差别，所以无论怎样，都是心头的一块病。为了让考得好的学生不趾高气扬，考得差的学生不悲观丧气，让每个学生都能正确对待自己一时的学习成绩，保持奋发向上的心态，我给学生特设了评选"全班之最"的活动。在每次考试之后，我带领全班同学一起讨论，评选出"全班之最"。比如：作业最工整的，最热爱劳动的，最讲文明礼貌的，跑步最快的，唱歌最动听的，最讲卫生的，最善于助人的……每个学生在同学们的启发下，找出自己最具优势的项目，然后我们把这些内容写成条幅，逐一贴在教室墙壁上，让大家从中认识自我、认识他人，以消除自傲与自卑的不良心理，理智、乐观、自信地去面对生活，去迎接崭新的一天。

实事求是地讲，学生的学习生活是枯燥、单调、乏味的，每天，他们几乎是重复性地在"两点一线"的狭小范围内生活，出现对学习的厌倦也是情有可原的。我曾想，能不能让学生的生活丰富多样一点，让他们的生活也能充满"七色阳光"呢？为此，我把每天的课余时间做了适当安排，让学生们愉快地体验到"阳光"天天都明媚。

周一师生对话日。这天放学后，学生和事先点到的老师进行对话，交流并沟通各自想法，化解矛盾，消除隔阂；周二家长系列讲座日，下午第三节课，由家长给学生讲课，讲授自己的所学、所知、所感，传授人生经验；周三英语朗诵竞赛日。每个小组选派代表，参加竞赛，评比出单周英语学习冠军，调动学习外语的积极性；周四音乐欣赏日。每次由一个小组负责挑选优美动听的音乐，介绍音乐背景、音乐作家，提高学生对音乐的鉴赏水平；周五时事知识竞赛日。学生把一周听到、看到的新闻，迅速、准确地说出，看谁说得最多，谁就赢得智慧奖；周六课外活动日。根据家长们提供的单位、场所，组织学生外出参观、考察，开阔视野、增长知识；周日小主人劳动日。在家里帮助父母做一些简单的家务，学会基本的生活本领。

如果说在"厌学"与"爱学"、"苦学"与"乐学"之间，有着一条难以逾越的河流，那么教师可以在河流之上架设一座"寓教于乐"的桥梁，引导学生们顺利地通过并到达"乐学"、"爱学"的彼岸。我记得有一个学生因生病没来上学，几天后，他在日记中这样写道："这几天，我感冒了没能去上学，心里感到非常难过。我躺在床上，想像着班里正在做的事情。虽然我的眼睛望着天花板,但心却飞到了学校,飞到老师和同学的身边。我真是连做梦都梦到自己回到了学校,回到了班集体里……"这个生病的同学在日记中所写的话,让我感动,这不正是我所希望的结果吗?

2. 面向全体学生培养创造型人才

据有关资料介绍,未来人才需要具备以下"八种意识":

(1)竞争意识 (2)创新意识 (3)开放意识 (4)平等意识
(5)攻关意识 (6)风险意识 (7)法制意识 (8)服务意识

有位心理学家指出:未来世界的文盲不是不懂知识的人,而是不会学习的人。作为教师,我们要把眼光瞄准到 21 世纪,要为学生的终身学习提供丰富的知识和技能,提供切实的保障措施。放眼未来,能力的培养是最为关键的。我想除了上述"八种意识"外,未来社会还需要具有一定的学习能力、管理能力、适应能力、攻关能力、生存能力等诸多能力。这些能力的培养需要教师的努力,而教师思想观念的束缚与解放,决定着教育措施的先进与落后,也决定着教育策略的超前与滞后。

经济学家指出:最终决定一个国家发展速度的不是物质资源,而是人力资源。即劳动者的数量和质量。从提高劳动者的素质入手是最根本的。现在,最具诱惑力的莫过于"引进",我们可以引进资金、技术、设备、人才、管理等,但是唯有人的素质无法引进。我们知道素质教育要从道德教育入手,而道德教育要先从怎样做人入手。素质教育最根本的特点在于面向全体学生,重视学生个性教育,把人看成是人而不是物,提倡创新性教育,注重培养创造性人才。

比如,我从 1983 年开始,就在班集体中实行班委会定期轮换制。这样做的目的是,给每个学生提供锻炼自我的条件,让他们人人都能有展示自我才能的机会,而不是把这个机会只给了少数人。这其中,班主任充当的角色是"导演",让学生们在搭设的舞台上充分表现,从中发现自己的优势,寻找出自己的不足,争取日后做得更好。当然,这样培养学生,班主任要付出很多心血,工作负担也会相对重一些,但只要是对学生的成长有益的事情,我想班主任是心甘情愿的。记得当初宣布班委会定期轮换制实行时,班里场面热闹非凡。因为我规定班长一职要通过竞选才能胜任,因此有不少同学跃跃欲试,都希望能在总管全班的职位上试试身手。这一做法,改变了过去班长由班主任任命,学生本人被动接受任命,学生集体被动接受管理的格局。同时,由于采取"班委会定期轮换制"的方式,这使得绝大多数同学都有了担任班干部的可能,所以,学生们的积极性和主动性空前高涨,因为在他们看来,这是在选举他们自己需要的班干部,由过去的"被动"变成了现在的"主动"；由过去的"谁当班干部与我无关"变成了现在的"我也要参与竞选"，学生们开始有了主人翁责任感。

选举的方式很简单，但却十分有意思。第一步是大家推荐新一任班长候选人，学生也可毛遂自荐；第二步是由候选人发表竞选演说，解答学生们提出的问题；第三步是自愿投票选举新的班长，根据选票决定当选人；第四步是新任班长发表就职演说，同时宣布自己组阁的班委会成员名单及其分工情况；第五步是由新一届班委会宣誓就职。我们的原则是每一届班委会任职为一个月，月末时要由全班同学集体评议政绩和功过，评定等级记入班级档案，期末时为最高等级者颁奖。

当时在我班里，有一个平时不爱讲话的学生赵某，老实得连下课都不离开座位。在同学们眼里，他似乎是个可有可无的人，很少引起大家的注意。我曾专程到他家里去访问，期望家长能配合我教育孩子开朗一些。没想到，他的母亲对我说："任老师，这孩子性格内向，是遗传的，他爸爸就是这个样子，我们家里的话都让我一个人说了。我对他们是一点办法也没有，您要有什么好办法就尽管去做，我坚决支持，只要能让孩子开口说话！"不久，新一届班委会轮换选举，我对新当选的班长建议说，能否让赵某入围班委会？新班长瞪大了眼睛说："老师，您这不是难为我吗？如果让赵某当了班委，那我们这届班委会非砸牌子不可！"我耐心地告诉他，你是个共青团员，有责任关注和帮助每个同学，这是对你能力的考验。另外，赵某在同学心目中的起点比较低，他只要去做了，就会有成效，说不定还会给你带来意想不到的结果。再说，老师还要给你做坚强的后盾呢！新班长被我说服了，他决定根据赵某心细的特点，启用他做生活委员。

宣布新一届班委会名单那天，班里就像炸窝一样，七嘴八舌地说什么的都有。我观察赵某，他坦然地坐在座位上，一副泰山压顶全然不在乎的样子。我微笑地看着新班长，同时给赵某投去了鼓励的目光。

生活委员每天要监督大家做值日，任务艰巨，并且班里连续数周的"卫生流动红旗"能否保得住，人们拭目以待。可是，出乎同学们意料的是，赵某对班里的卫生非常负责任。每堂课课间，他都会离开座位，在教室内巡视一番；放学后做值日，他从不放过任何一个角落。几天下来，班里的"卫生流动红旗"依然挂在教室墙壁上。

但最为困难的是，每天放学时，班委们要对一天的情况进行总结。这就需要口才了。每到赵某时，他总是用蚊子般细小的声音说一句："今天挺好，没了。"以至第四天总结时，赵某刚站起来，同学们就集体替他说了，让人哭笑不得。班委会上，大家共同出谋划策，帮助赵某解决说话难的问题。第五天放学后，赵某被请到讲台前，班长站到教室最后。我们对赵某进行的专门的培养，他说的话必须让后面的班长听见，才能算数。就这样，经过一次又一次地练习，赵某的胆子变大了，声音变大了，话也变多了。一时间，他竟成了全班的热点人物。

一个月后，这一届班委会赢得了普遍的拥护，被评为最佳等级。正巧，月末召开家长会，我让这届班委们逐个向家长介绍班级情况，赵某的家长后来高兴地对我说，我简直不敢相信自己的眼睛和耳朵，这竟然是我原先的那个儿子吗？真是太感谢老师和同学们了！

我想我们的学校不是培养少数人的摇篮，教育要面向全体学生，要为全面育人服务。对于班主任来说，只要思想有了新的认识，观念有了新的转变，在对学生的素质和能力培养方面，是会有许多可以做的事情的。为了能让更多的同学得到总管全班的机会，我除了班委会定期轮换外，还专门设立了"二日班主任制"和"一日卫生监督员"。就是让全班每个同学轮流做两天班主任，在担任"二日班主任"期间，可以拥有真正班主任的一切权力，我本人则完全从台前退到了幕后，当起了学生"班主任"的参谋。同时，"一日卫生监督员"由全班同学轮流来做，每个人都享有发挥个人才干的权利。其实，一个班集体几十名学生，如果总是由班主任或一两个人把持，不能调动起每个人的积极性和聪明才干，不能让每个人都有班级主人翁的感觉，那么这个班集体就会缺少应有的生命力，就会是一片死气沉沉的景象。我想，老师的作用不在于非得处处"事无巨细，事必躬亲"，重要的是放开自己和学生的手脚，指导学生成为学习和工作的能手，让学生在实践中去发现自我、增长才干，去创造自己新的生活。

说起来，当班主任的乐趣实在很多，我感觉自己似乎具备了当好一个班主任的所有条件，那就是能够与学生民主、平等、和谐地相处，能够严于律己、宽以待人，能够充满自信、乐观地面对眼前的一个个困难，能够持之以恒、坚韧不拔地向着目标行进，能够在脚踏实地的同时，把眼光投向未来……这并非自我夸奖，而是我在担任了班主任工作后，从中发现了自己的潜能，我看到了一个全新的自我。我想，尽管有人把班主任说成是"世界上最小的主任"，但我仍觉得在这个岗位上所发挥出的作用，或许是这世界上最最重要的，因为无论什么工作也比不上培养未来人才更为重要。

探索班集体建设之路

◇ 钱德仁

我不是一名受过专业培训的中师生，更不是师大生，而是一名普普通通的初中毕业生。初中毕业后，安心在家务农。1956 年，在一次偶然的场合，经人介绍，去无锡市协新毛纺织染厂任兼职职工教师。从此，我走上了这个神圣而光荣的教育岗位。1996 年光荣退休。前后从教 40 年，其中职工教师 2 年，小学教师 13 年，中学教师 25 年，连续担任班主任 35 年。

从走上教育岗位的第一天起，我就深深地爱上了教师这个平凡而又崇高的工作。长期的教育工作，教育了我，锻炼了我，培养了我，使我不断地成熟起来，逐步地成长起来，在教育这个领域里，我不断学习，不断实践，不断总结，不断反思，经过长期刻苦的努力，终于在班主任工作方面取得了一些成绩，收到了一些效果，得到了同行们的关注。

回顾 35 年的班主任工作，在较长一段时间中，常常是"二多二少"，即苦干多，巧干少；凭经验多，讲科学少。

苦干多，表现在：（1）每天早到校，晚离校；（2）把学生看死，管死；（3）不离学生寸步，严密监视，严加控制；（4）家访作为家常便饭，学生稍有不当，赶忙家访告状；（5）放弃节假日，叫学生回校，抓学习；（6）小孩有病、妻子不适，也全然不顾，只想往学校跑；（7）自己小病不上医院，大病（医生开了病假条）还出没在学生中间，久而久之，反而把自己的身体拖垮了，患了多种慢性疾病。再说班级吧，在我这种方式的管理下，学生也只能无奈服从，班级面貌也会发生好的变化，但不能持久。学生人前背后不一，班级反复无常，反复的周期也很短。为什么会这样呢？道理很简单，因为学生还没有真正成为生活的主人，班级的主人，学习的主人，自己的主人，一直处在提心吊胆的生活状态中，缺乏一种催人奋进的内在驱动力。责任不在学生，而在班主任自己。

巧干少，表现在：（1）遇到突发事件，束手无策；（2）工作方法简单划一；（3）唠叨无味的谈话方式；（4）观察力不够，应变力不强，灵活性不足；（5）班级活动缺乏针对性，因而收效甚微。巧干少产生的根源，在于班主任平时少学习，少研究，少总结，少反思，习惯于旧传统、旧观念、旧方法。因而，只有班主任自身执著追求，不断探索，才会干出一个"巧"字来。

凭经验多，表现在：传统的教育思想、传统的教育观念、传统的教育手段、传统的教育评估，一句话，在班主任工作中，运用世袭的老办法、老框框、老一套，因为这样做，少废脑，少用力，少麻烦，凭经验工作，凭经验教育，因而班主任的工作始终停留在原有水平上。

讲科学少，表现在：班主任工作缺乏理论指导，班集体内部的发展规律没有掌握，个性各异学生的脉搏无法摸准、摸透，因而说教多，就事论事多，什么教育学、教育心理学、班级社会学、社会心理学、学校管理心理学等教育科学理论，懂得不多，运用甚少。要改变这种局面，使自己工作有所创新，必须要用教育科学的理论武装自己的头脑，使自己聪明起来，班主任工作才能适应时代要求。

工作的实践使我深深体会到：国家在发展，社会在进步，教育这块培养人的前沿阵地，必须走科学育人、科学创建班集体的道路，只有这样，我们培养起来的人，才会与国家合拍，与社会同步，与时代接轨。

1983 年，我应邀参加了无锡市教研室德育组组织的班集体建设研究小组，从此，我由苦干型逐步向巧干型过渡，由经验型逐渐向科研型过渡。

在这个小组里，我们首先学习教育科学理论，例如：教育学、教育心理学、班级社会学、社会心理学、学校管理心理学、德育论等相关学科，还有一些教授专家为我们讲课指导。除此之外，我们还在条件较差的情况下，关起门来研究，讨论，切磋，并在我所任的班级中进行了具体的实验和操作，并由无锡市教育部门组织 20 多名领导和班主任，到我班来考察验收。通过班主任汇报，任课教师座谈会，学生干部座谈会，学生、教师问卷，点题班会，班集体活动产品展示和学校领导介绍等多种形式进行综合分析评估，一致认为，我班已建成了良好班集体，也是无锡市的第一个良好班集体。我也成了无锡市第一个建成良好班集体的班主任。

《班集体科学理论的研究》后来成为"七五"计划国家级研究课题。在这几年的研究实践过程中，我得到了不少教授学者的帮助和指点，他们中有：南京师范大学教授鲁洁、班华；北京师范大学教授戴蕙媛；华东师范大学教授杜殿坤；杭州师范大学教授龚浩然等。他们不止一次地来到我校我班，调查情况，点拨指导，有的深入班级听课，有的找学生座谈，有的还亲自参加点题班会，他们对我的指点教导，热忱关心，我永远铭记在心。我们无锡市教委的领导、教育研究中心的领导及同事们对我的鼓励、支持我永难忘却。学校党政领导和老师们对我的支持、配合，我永记心头。

路在自己脚下，机遇和挑战平等地摆在每个人的面前，看准了的路，就要坚定地走下去。把握机遇，迎接挑战，是我们每个人的权利和义务，只有不怕艰难险阻的人，才有可能到达光辉的顶点。记得我去天津市讲课时，天津市教委的一位领导问我："你现在苦不苦？"我当即回答："现在仍然很苦，而今天的苦与过去的苦有本质的不同。苦在其中，乐也在其中。"1984 年，我被评为全国优秀班主任；1988 年，我被评为全国中小学德育先进工作者（部级劳模待遇）成功归于大家，荣誉属于集体。

经过多年的磨炼、不断的学习、反复的实践、多方的支持配合以及阶段性的总结提高，我终于走上了科学化创建班集体的道路。

一、班集体建设的 A、B、C

班集体建设的 A、B、C，就是三个方面的问题。即：什么是班集体？为什么要建设班集体？怎样建设班集体？

什么是班集体呢？起初，我也弄不清，认为班级就是班集体。实际上这种想法是不对的，是缺乏教育科学理论的表现。通过学习、研究、实践使我认识到：所有班级并非都是班集体。因为群体与集体这两个概念并不相同。

群体的特点是：

（1）其成员有共同的社会目标，不管你是否意识到；

（2）群体具有某种结构形式，从而保证共同任务的完成；

（3）群体具有自己的规范，并对自己的成员发挥影响和制约作用。

举两个例子来说吧。

其一，某商场里的所有人员，当然包括商场领导、营业员、顾客等，我们不能说这个商场是一个集体，而是一个群体。就拿顾客来讲吧，有的要购鞋子，有的要购衣服，有的要购手表，他们有各自的目标、共同的任务——去商场购物。

其二，乘在一辆公共汽车里的乘客，不是一个集体，而是一个群体，他们有的从这站上车，有的在那个站上车；有的在这个站下车，有的在那个站下车，他们的共同任务是乘车，他们的目标是到达各自的目的地。

集体则不然。集体是群体发展的高级阶段，集体是从事共同生活、有心理凝聚力的群体。

我们通过研究、实践，反复论证，认为集体具有自己的特点，也就是从班集体内部结构要素来看，由五个方面组成。

（1）有共同的奋斗目标。这个目标具有社会价值，符合学生年龄特点、目标管理科学。集体有自己的远景、中景、近景目标。目标能在教师指导下由学生自己提出，有针对性、鼓励性和方面性。个人目标、小组目标和集体目标能整合一致。成员人人认同，并参与集体目标的实现。

（2）有良好、和谐的人际关系，人际关系民主平等。班内师生之间和同学之间的人际关系以责任依从关系为特征，以友伴链为基本形式凝聚起来。群星集中，人缘儿多，孤星和嫌弃儿少。

（3）有健全的组织机构。班委干部受拥戴，因为他们是通过选举产生，以身作则，事事带头，所以受拥护程度不低于80%。有健全的班级管理机制，基本能把班级管理好。

（4）有占主导地位的健康舆论。班内有正确的价值观，做到好人好事有人夸，不良倾向大家抓。班风好，学风正。小团体主义和利己主义思想基本没有市场，但不单纯把舆论作为管束学生的手段。

（5）有良好的内部纪律，即自觉纪律。多数成员有维护和执行集体纪律的内在要求，做到老师在和老师不在基本一个样。

以上五个方面的关系是这样的：

目标是方向，人际关系是纽带，组织机构是核心，健康舆论是支柱，内部纪律是保证。

随着这五个方面的有机地、协调地向前发展，层次要求不断提高，班集体也随之一步一步地建成了。

为什么要建设班集体呢？

1. 对班集体本质的认识

班集体是教育的对象，又是活动的主体；班集体是承认和发展主体地位和作用的教育环境；有生命的班集体，有它独特的形成和消亡的规律；班集体是在教师指导下，发挥全体成员的积极性、创造性、主动性逐步形成的。

2. 为什么要建设班集体

我认为建设班集体有"五个"有利于：

（1）有利于学校整体素质教育质量的提高；

（2）有利于班集体本身发挥巨大教育力量；

（3）有利于培养适应时代要求的集体主义者；

（4）有利于完成各项教育、教学任务，促进学生全面素质的提高；

（5）有利于教师本身各种素质的提高。

怎样建设班集体呢？

班集体建设有多端性。没有也不可能有统一模式可循，因为班主任本身的素质有差异，治班方略有不同。各班的教育对象情况各异，所以，我们只能根据自己的工作水平、能力和班级的实际情况，选准突破口，运用灵活多变的方法，着手建设班集体。我是从目标管理开始建设班集体的。在平时的工作观察中，有的班主任从情感教育入手；有的班主任从纪律教育入手；有的班主任从劳动教育入手。总之，条条大路通罗马，抓其一点，带动全面。但是，建设班集体，不管从什么突破口切入，在建设班集体的过程中，摸清班情是建设班集体的第一步。

二、班集体建设的第一步

建设班集体从何着手？这是我长期思考的问题之一。

过去，我当班主任，不管是接别人的班级，还是接一个新的班级，总是要了解和熟悉班级情况。了解班级情况不外乎学生的思想情况、学生的学习情况，加之了解一下哪些是班内的好学生，哪些学生是当干部的；哪些是班内的学习差生或思想、学习上的"双差生"，了解的对象一般是原班主任、任课老师及学生干部。如果接的是新班，最多查看一下学生的入学卡。这些班级情况还是需要了解的。但我总觉得这些情况的了解还远远不够。我们是与思维物质打交道的，我们面对的对象始终在动态过程之中，每时每刻都在起着一定的变化，这种变化既有内在的作用，也有外界的因素在起作用。

我认为，上述了解的内容和方法在一定程度上有片面性和局限性。一是了解的情况不够全面，还不能反映班级的全貌；二是了解的内容不够全面，还不能包括个体、集体的全部。由于了解情况后心理定势在起作用，在某种程度上会否认转变的可能性，有时会造成工作上的不奏效，有时甚至还会挫伤部分学生的多种积极性。

那么，究竟要摸清哪些班级情况呢？

首先，要摸清学生的年龄结构及在家中的地位。学生的年龄大小对学生的成熟度有一定关系；学生在家中的地位可反映出学生的个性发展趋向。

在这方面，我要摸清这些情况：①按年龄段分析学生年龄结构；②是独子独女，还是长子长女；③是兄弟姊妹中最小的一个，还是几房合一子等等。学生年龄的大小与学生在家庭中的地位高低，不时地会反映到班级集体中来。摸清这些情况，注意认识组成班集体的每个个体的情况，首先为班主任工作、班集体建设配上了一把金钥匙。

其次，要摸清学生家庭的经济情况。因为学生家庭经济的情况，直接制约着学生的思想与行为。学生的家庭情况主要是指：①家庭每月的人均收入；②家庭的家用电器等。这里我想简要举例说明这个问题。

我班有个女同学，在初一上半学期（即刚进校不久），戴了一只金戒指到校，几个同学围着抢着要看，结果不知被谁不慎丢失了。此事在初一下半学期，我在与学生的一次交谈中偶尔得知的，我当即与这位女同学谈话，她满不在乎地说："没有关系，一共也不过750元钱……"我听了一怔，好大的口气啊！事后，我通过家访，把这件事告诉了家长，家长漫不经心地对我说："钱老师，我早已知道了，没有关系，小意思。我已为她把金手镯、金项链都买好了。"这位女同学的家长这样回答，是不足为奇的。因为，我知道她家的经济收入很高，父亲是个体户。再说，这位女同学长相可爱，聪明伶俐，但思想不稳定，举止不庄重。因此，她一直在我的视线控制之下，以防思想滑坡，导致学习成绩下跌。实际上，一年半来，这位女同学一直处在波动之中。

第三，要摸清学生人际交往的基本情况。关于学生的多角度、多侧面的人际交往，对班集体的建设起着至关重要的作用。当前一部分学生在人际交往中，缺乏两个方面，即缺乏选择朋友的正确标准；缺乏选好伙伴的经验。因此，在很大程度上是盲目的，班主任在摸清班情的基础上，并在建设班集体的全过程中，都要随时摸清和指导学生的健康的人际交往。在这个方面，我是这样做的：其一，摸清学生择友的标准是什么？即根据社会现实和学生思想倾向，设计表格，提供一定量的择友的项目，让学生实事求是地自己选择，从中班主任掌握班级成员的择友动态。例如：①工作能力强；②能说会道；③善歌善舞；④学习成绩好；⑤会料理自己；⑥会武术；⑦经常在一起玩；⑧我遇到困难常帮助……在这方面，既要摸清班内的人际交往，又要摸清班外的人际交往。结果，我班50个学生在班内有303人次要好的朋友。以此类推，在年级里有多少好朋友，在学校范围内有多少好朋友，进而在校外有多少好朋友呢？摸到的结果是全班共有707人次好朋友，最大的是58岁，最小的是4岁。从这学生个体交往的水平交往和垂直交往来看，面广量大，情况是好的，班主任要从中摸清交往的纽带是什么。其二，要摸清学生的群体交往情况，从中了解学生是如何选择群体和过好群体生活的。为了把这个问题说清楚，我在班内做了一个小小的实验。一天放晚学之前，我有意叫同学开展10分钟的活动，要求只有一个，好朋友在一起活动，限在教室，形式不限。结果，一下子在教室里形成了10个小群体，最少的4人，最多的10人，其中有一个5人小群体的人员组合，都是班内表现较差的学生，并在班内常有消极影响。后来我又进一步地了解到，从这10个小群体派生出去，一共有119个群体，其中有19个小群体是带有消极影响的，这与班内5个人的小群体有关。

第四，要摸清学生的兴趣爱好。学生有第一兴趣爱好、第二兴趣爱好，甚至有第三兴趣爱好，班主任老师要帮助学生树立正确的兴趣爱好，并着力培养学生的多种兴趣爱好。班内学生兴趣爱好的趋向，影响着集体建设的进程，摸清学生的兴趣爱好，进而引导培养学生多种的兴趣爱好，对丰富集体的课余生活起着重要作用。

至于摸清学生哪些兴趣爱好，班主任必须根据需要自行设计项目。

第五，要摸清家庭情况。家庭是学生的第一个课堂，家长是学生的第一任老师。家庭环境的优劣、家长自身的素质如何，对学生的成长起着熏陶和导向的作用。我着重摸清下列情况：①家长的政治情况，了解家长的政治倾向性；②学生的父母情况，了解父母是否在身边，了解父母是否离异，了解父母是否都在世；③家长的文化程度，了解家长是否有辅导能力；④家长的职业情况，了解家长的职业思想、职业道德对学生的影响；⑤家长对子女的期望水平，了解家长对子女的期望效应；⑥家长自身的素质，了解家长对子女的榜样作用；⑦在家庭成员中，哪个在孩子心目中影响最大，威信最高。班主任一旦发现或碰上难教育的学生，可邀家庭成员参与教育。其他根据需要还可列出一二。

第六，要摸清学生个体和学生集体的学习情况，即学习的起点。①学生个体和学生集体的学习自觉性。②学生个体和学生集体的学习习惯。③学生个体和学生集体独立完成作业的情况。④学生个体和学生集体的上课纪律情况，包括自修课纪律。⑤学生个体和学生集体的偏课情况。⑥学生个体与学生集体的学习方法情况。⑦各科学习成绩的离散情况。⑧在学习过程中最感兴趣和最感困难的学科。⑨是否有晚自修的习惯等。

第七，要摸清学生的身体素质情况。①哪些学生体质较好。②哪些学生体质较差，有什么慢性疾病。③个体与集体的体育擅长是什么。④班级原有达标率。

第八，要摸清学生毕业后的理想，即毕业后是继续升学还是准备就业，如要升学，准备升什么类型的学校。

我认为，作为一名班主任，理所当然地对班情要摸清，班级德、智、体等各个方面要了如指掌，只有这样，才能根据班情制定切实可行的目标。

当然，班级客观情况不同，班主任对班情的要求也就不同，在摸清班情方面可有详有略，自行决定取舍。总之，摸清班情，为班集体建设开道。

班情不是一成不变的。它随着集体水平的不断变化而变化。因此，在建设班集体过程中，对班情要进行客观的分析。

那么，通过哪些方法来摸清班情呢？这也不好一概而论，我是运用下列方法交替进行的。

第一，问卷法。根据多项调查内容，设计表格，由学生书面填写后汇总。

第二，观察法。深入学生群众，观察了解学生。

第三，访问法。对所要摸清班情的有关内容，访问有关人员，其中包括老师、家长和学生群众。

第四，莫雷诺测量法。主要适用于摸清班内的人际关系。

第五，资料分析法。把手头现有的资料进行翻阅，筛选出班级带有共性的东西。

第六，谈话法。就是在有意无意的交谈中，了解班主任自己需要得到的东西。

摸清班情是建设班集体的第一步。在班集体科学理论的研究中，班集体建设每前进一步，都要认真摸清班情，没有摸清班情，就没有班集体建设的发言权。

班情摸清以后，就要根据各自的治班特长，找准突破口，着手进行班集体建设。

三、班集体建设的目标管理

1. 在目标管理中创建班集体

班集体的目标是指引集体成员前进的方向。班集体就是在一个个目标的实现过程中逐步形成的。明确的目标是维系师生团结奋斗的纽带，集体成员在实现目标的行动中加强集体责任感、义务感和荣誉感，从而增强集体主义精神。我坚持在目标管理中创建班集体的具体做法是：

（1）有针对性地提出带激励性的集体目标。

每接一个班，我都要通过多种渠道，采取多种形式对班情进行质和量的分析，掌握第一手材料。摸准班级实际的现有水平，提高一个台阶，提出能打开局面、鼓舞士气的具体目标，从而使目标既具针对性，又具激励性。1984 年我接了一个基础较差的班级，该班目标朦胧，纪律松弛，成绩较差，处于群体松散状态。针对这种情况，在向学生宣讲良好班集体内部结构和功能的同时，我决定首先在纪律上打开局面，因此向学生提出了"在短期内实现班级纪律根本好转，让全校刮目相看"的目标。经过同学们讨论，明确了为实现这一目标的具体要求，并开展了"析班级"、"析自己"（通过对集体、个人的分析，找出闪光点和不足之处）、"纪律是集体的美"等教育活动，借以提高道德认识，端正道德行为，使学生明确内部纪律是创建良好班集体的可靠保证，同样是四化建设的重要保证。对一个基础较差的班来说，要实现这一目标是要花一番力气的，但通过努力又完全能够达到，而目标达到后，又能激发学生的自尊心和自信心。实践证明，这一目标对同学们有很大的激励作用。全班师生为共同实现这一目标而奋斗，经过不太长的时间，全班纪律得到好转，获得了学校颁发的"遵守纪律红旗"。这一目标的实现，鼓舞了士气，显示了集体的力量。班集体内部结构的诸因素的发展水平都有不同程度的提高，为提出新的目标打好了基础。

当班级面貌有了较大改观后，我启发学生干部针对这个班学习成绩较差的实际，在期中考试前提出了"争取较好成绩向党汇报"的目标。学生干部自己提出的这一目标反映了全体同学共同的要求，因而它能较充分地调动班干部、课代表的积极性。我鼓励同学们献计献策，组织了"为提高班级学习成绩立功"、"我们是跨世纪的接班人"等主题教育活动，通过这些活动，充分发挥集体目标的激励作用。由于目标明确，全班同学劲头很大，成绩好的同学连星期天也去为成绩差的同学补课，成绩差的同学则能逐步做到勤奋刻苦，虚心向老师、同学请教。各课代表主动协助任课老师抓基础知识的复习，各小组经常召开学习讨论会解决疑难，出现了一个人人为实现这一目标而奋斗的热潮。通过目标教育，学生产生了改变学习落后状态的内在要求，逐步懂得集体目标反映了社会期望，把个人的学习目标与集体目标整合一致起来是责无旁贷的。由于集体目标的激励和教育，这个班级经过半学期的努力，在期中考试中，门门及格的人数从前学期的 9 人上升到 24 人，6 门主科的班平均成绩有 4 门跃居年级第一。良好的成绩使学生们体会到"事在人为"，只要目标明，决心大，行动实，新的成绩也是完全可以争取的。到期终考试时，门门学科均分均居年级首位。

（2）分阶段提出多层次的集体目标。

在和同学一起提出目标时，我比较注意目标的阶段性和层次性，把目标分成近景、中景和远景，各阶段的目标又分成几个层次。一个目标实现了，新的目标又在等待着。这样，班集体就会永远保持积极向上的态势。如我曾接过一个班，我们提出的远景目标是"创建优秀班集体，人人争做合格毕业生"。在实现这个远景目标时，我注意分层次引导。首先要求学生明白优秀班集体的标准和形成过程以及"合格"毕业生的含义，在此基础上由大家进一步提出如何来"创建"，如何来"争做"，激发同学们积极向上的热情。然后，进一步引导同学们自己揭示创建班集体，做合格毕业生与"四化"建设的关系。这样层层深入，逐步感化，使集体目标与社会期望有机地结合起来，并落到实处。在目标教育有层次地向前推进的过程中，同学们自然地受到了一定的共产主义理想教育。可以说，同学们理想的翅膀也随着班集体目标的分层推进而不断得到锻炼。

（3）紧扣教育方针，使集体目标体现方向性。

在实践中，我十分注意使集体目标体现方向性。根据教育要"三个面向"、"三个创造"的要求，在提出和实现目标的过程中，我坚持以集体主义精神来导航，注意引导学生克服小团体主义，学会正确处理本班与兄弟班之间的关系。我曾给一个班提出了"跨世纪的建设者应该开发自己的能力"的目标，接着就开展了"为自己设计 50 年"、"我们在 21 世纪"等主题活动，并要求各小组以集体的力量设计制作小发明。经过一星期的努力，班内开展了汇报表演，首先各组展示了自己的作品，然后派代表，拿了小发明产品，边讲边操作，说原理，做示范，显示自己的想像力和创作能力。如"自动壶"、"万用日历"等都受到大家的一致好评。这样，目标教育活动能与学习结合起来，与培养创造力结合起来，与培养动手能力结合起来，与理想教育结合起来，就使目标教育纳入贯彻教育方针的轨道。

当班级工作在德智体的某个方面出现偏差时，我立即启发学生干部提出相应的近景目标，及时拨正集体的航向。有一次，我班近视率出现上升的苗头，班委会知道后就立即提出"保护视力，迎接新技术革命的挑战"的目标，组织全班同学讨论，研究具体措施。班委干部，特别是卫生委员，主动为同学们纠正眼保健操姿势和按摩穴位的位置。哪一个同学视力有回升，班里就为他开祝贺会。由于全班同学目标明确，注意用眼卫生，经过半学期努力，近视率下降了百分之十四。

实践工作使我深深体会到：目标管理是创建班集体的灵魂。班主任在对班情熟悉的情况下引导学生制订班集体的远景、中景、近景目标，并教育学生认同目标，为实现目标而共同努力，是十分重要的。集体目标不仅能统一全班同学的意志，还能调动包括后进同学在内的每个学生努力向上的积极性，形成集体向上的局面，为大面积提高教学质量创造了较好的条件。所以，加强目标管理是班主任工作科学化的首要之点。

2. 以活动为中介，促进班集体形成

集体目标提出后，我注意与同学们一起设计各种丰富多彩的活动，力求使班级每个成员的个人目标、小组目标与班级目标整合一致，人人为实现目标而奋斗。就拿1984年我接的那个班来说吧，为了培养具有开拓创造精神的学生，我引导班委干部提出了"争做创造型学生"的目标后，就开展了一系列的教育活动。先由班委邀请了有关同志来班作了有关"创造力、国力、创造型学生"的讲座，随后组织参观了一个工厂，了解新技术的应用和工厂的创造发明，访问了一位创造型工人。在此基础上，班委干部设计了"迎接新时代，应作何准备"的主题讨论会。通过这些活动，大家认识提高了一大步，看到了新时代是科学迅猛发展的时代，是开拓奋发的时代，是改革创新的时代，从现在起，在德、智、体诸方面打好基础，努力培养自己的各种能力以适应时代对人才的要求，是刻不容缓的。在目标的激励和活动的教育下，同学们积极进取，勤奋学习的热情普遍高涨，班集体建设步伐也随之更为坚实。

为了充分发挥班会课的作用，每学期一开学，我就根据学校工作计划和班级目标管理计划，全面安排一学期的班会，制定出班会课活动计划。同时在长期打算的基础上，我重视了短期安排，并注意了每次班会前的备课，力求做到：①班会形式多样，以开展教育活动为主；②班会由学生干部主持，以学生讲为主；③班会有针对性和系统性。在设计班会课的活动时，我注意有较强的针对性，同时要逐层深化，前后呼应，形成一个相对完整的思想教育体系。我曾设计了"我代表谁？"的活动为内容的班会课。事先，我对于活动的环节安排、具体分工和衔接、活动产生的效果，心中都有一个蓝图。我先在班内讲一个小故事：1977 年秋，开学不久，一位南也门共和国的教育部官员到北京实验小学参观，当他看到校园里的果树上果实累累时，问接待他的校长："你们这些东西有专人看守吗？"当他知道并没有人看守时，他说："连我这样的人，见了这样好吃的东西，也不免要咽几口口水，甚至想伸手去摘，你们这些学生，怎么有这么大的克制力而不去摘它呢？"他随即伸出大拇指连声称赞说："新中国的下一代真了不起！"讲完这段故事后，就请学生思考几个问题：①你听了这故事后，有什么想法？②"新中国的下一代真了不起"的含义是什么？③我们所做的一切仅代表个人吗？我联系班会的主题"我代表谁？"，启发学生们从故事情节中去思考，在日常生活中的一举一动、一言一行是"代表谁"，要求人人写一个发言提纲。由于备课较充分，学生先分小组交流，再由各组推荐代表发言，班会活动收效就比较好。在发言中没有一个同学说我代表自己，有的说我是小组的一员，代表小组；有的说，我是学校的一员，代表学校；有的说，我是新中国的青年，代表着祖国的未来……这样做，有集体的正确舆论作先导，有同学们广泛的思想活动作基础，老师在小结的时候，就很自然地得出一个集体能接受的结论：我不仅是代表自己，也代表集体，代表祖国。作为社会主义祖国的一员，要热爱祖国，要以自己的行动为社会主义祖国增辉添彩，从而使全班同学受到了一次深刻的集体主义教育和爱国主义教育。由于充分利用了每周的班会课，我们初步做到了既开展了丰富多彩的活动，又很少占用学生的课余时间，使学生的生活较有节奏。

我体会到，活动是促进班集体的形成和发展的中介，是实现班集体目标的桥梁。首先，学生的心理活动是看不到的，但通过活动可使之外化，通过观察等手段便可加深对学生的思想境界和道德水准的了解，加强教育的针对性；同时，学生健康的心理活动外化后，对他人就可发生良好的影响。其次，通过活动，我们就能把集体目标具体化为学生喜欢参加的各种活动环节及其组成的生动的过程，从而把学生参与活动准备和实现活动的过程，自然地变成接受教育和锻炼的过程，这样就又可使社会对学生的期望逐步内化，变成学生的血肉，从而大大提高教育的效果。所以班主任根据目标教育计划，开展多种教育活动，做到设计精心、主题鲜明、准备充分、容量渐大、形式多样、有创造性，这无疑会在班集体建设中起到积极的促进作用。

3. 让学生成为班集体的人

在创建班集体的过程中，我十分注意引导学生干部和全体学生自己提出或修改集体目标，并使每一个目标都得到全体同学的认同，师生拧成一股绳，共同为实现目标而奋斗，让学生真正成为班集体建设的能动的主体。

（1）建设一支能独立工作的小干部队伍，发扬学生的主人翁精神。

要使每一个目标得到学生的认同，使全体学生由被动的客体变为能动的主体，真正成为班集体建设的主人，必须建设一支能独立工作的学生干部队伍，然后通过这支队伍带动广大学生。要做到这一点，必须先使每个学生干部明确自己对集体的责任。我经常组织他们学习"班干部职责"，使他们明确集体对他们的要求主要有三条：一是事事带头，二是做好工作，三是联系群众。我指导小组长以上的学生干部记好工作札记，并为他们准备了多种记事本，如会议记录本、荣誉记载本、班级重大活动记载本等。通过这些记载，让学生干部看到集体前进的步伐，养成良好的工作习惯。为了进一步激发干部的工作热情，调动他们的积极性，我还经常在班内开展群众性的评选活动，如评选优质服务干部、事事带头干部、坚持原则干部等等，通过评选，增强学生干部的光荣感、责任心和主动性。

为了培养学生干部，我特意做到对干部"放心放权"，让他们"有职有权"，逐步学会独立工作。我较注意在实践中锻炼学生干部的工作能力，在条件基本成熟时，确定每周有一到两天作为"学生自立自理活动日"，自己少下班或基本不下班，让学生干部自己处理班级工作，自己组织活动。我还引导他们学会巩固班委会例会制度，不断提高干部会议质量。通过培养，他们逐渐学会了经常总结一周来班集体目标实现的情况，找出目标尚未实现的原因，根据实际情况调整近景目标，讨论如何使每项具体任务落实到人，调动大多数同学的积极性。因而，我班干部独立工作能力提高较快。除此以外，我还进行了小组建制改革的实验。首先根据条件在班内选出集体成员满意的小组长，并把他们的名字写在黑板上，同学们则在自己最信任的小组长下面写上自己的名字，然后由班委会作适当调整。小组自愿编好后，由小组长负责按组排座位。这样编组，小组长看到集体对自己的信任，增强了荣誉感和责任感，小组集体成员心理相容，协同搞好小组集体的建设，从而推动班集体的建设。我还采取一些办法培养学生在班内当家作主的精神，如让每个同学都有为班集体服务的岗位；轮流设计"班集体日历"、轮流撰写"班集体建设"日记等。市教育局曾组织有关人员来我班考察班集体，要求同学们在45分钟内以"路在我们脚下"为主题，马上召开一次班会。题目宣布后，班委会立即组织各小组讨论，然后由班长召集各小组研究决定主题活动议程，再由各小组长回小组布置任务，发动同学讨论并作具体准备，结果一个45分钟的主题班会开得比较成功，考察验收组表示满意。这是学生干部能力提高和学生主人翁精神发扬的结果。

（2）让学生自己提出目标。

让学生自己提出目标，是使学生认同和参与目标实现的有效办法。我除了在接班初期亲自提出目标外，还比较注意指导和发动同学讨论并提出集体目标，因此同学们能主动关心自己提出的目标的实现，能为实现每一个目标而努力。就拿我曾执教的初三（1）班来说吧，起先我提出了"爱班、爱集体"这个目标，接着班干部又组织全班同学开展热烈讨论，提出了"一言一行想集体，一举一动为集体，一有成绩归集体，一有缺点努力改"的具体要求，并开展了一些辅助性活动，这样，讨论的过程就成了学生认同目标的过程，活动的过程就成了学生参与目标实现的过程，集体荣誉感和责任感也随之增强，实现目标也较容易变成全班每个同学的自觉行动。

（3）引导学生个个争做创建班集体的主人。

我们现在的学生是国家未来的主人。只有现在学会在班集体中当家作主，将来才能在"四化"建设中发挥主人翁作用。在实践中，我较为注意尊重每个学生，让他们在参与集体活动中看到自己的潜力，发挥自己的作用，较为重视发挥集体的教育作用来铸造优秀学生和改变后进学生，同时又用优秀学生的事迹和后进学生的进步来教育集体，使全班同学不管先进的、还是暂时后进的，个个成为创建班集体的主人，从而在班内形成一个你追我赶、积极向上的大好局面。学生张××，原是留级生。在打击刑事犯罪活动中被拘捕关押了3个月后，公安部门与学校联系，决定让他回校继续学习。经领导研究该同学转入我班学习。小张进入班级后，我引导同学们主动接近他、帮助他。由于他不仅没有受到歧视，还得到了集体的关心，就逐渐恢复了自尊心，激起了改掉坏习惯的上进心。后来在各项集体活动中，他的思想境界和道德水准不断提高。在一次植树劳动中，小张不慎手腕骨折，他连一声也不吭。后来还将班内送给他的点心转送给生病的老师，把学校发给他的营养费交给班长留作班费。思想的进步，促进了小张学习成绩的提高，最后他考取了技校。他家长激动地说："我这个独生子得救了，感谢党、感谢人类灵魂的工程师。"小张的进步，是学生人人关心集体荣誉，帮助他人成长的结果。

我深深体会到：班主任老师的主导作用是重要的，但忽视了学生的主体作用就成了包办代替。为此，班主任应始终注意使班集体的每一个目标，都得到学生集体认同和参与实施，努力建设一支能独立工作的学生干部队伍，提高学生的自立自理能力。应该看到，"保姆式"的班主任、封闭式的教育方法不仅不能培养出具有创造精神的人才，而且还对班集体的形成和发展起到相反的作用。

4. 动员各科教师共同创建班集体

在创建班集体的过程中，我还注意动员各任课教师共同为创建班集体出力。

（1）建立共同情感。

动员各科教师共创班集体，首先要建立共同的情感。为此，我先组织学生走访任课老师，帮助学生了解教师工作的甘苦，激发学生的尊师之情。在此基础上，组织学生开展形式多样的尊师活动。老师病了，班委会组织有代表性的同学，特别是与任课老师曾经有过矛盾的同学，去老师家慰问，并在病床前向老师汇报提高学习成绩的体会。这样做，老师感到欣慰，也可以说是一种精神治疗。春节期间，我还组织学生写尊师信、送春联、向老师拜年等活动。这些活动已成了班级的传统。

每接一个班，在师生情感发展到一定阶段时，我都有准备、有组织地召开一次较为庄重的尊师大会。"元宵倍加尊师情"大会就是一例。开会时，所有任课老师被邀出席，坐在前面。班长主持会议，同学们用唱歌、相声、谈进步体会、读谢师信等形式，从各方面来称颂老师的教学成果。会上，还由副班长宣读尊师公约，团支部书记宣布尊师积极分子名单。这时，师生情感交融达到高潮。

（2）认同班级目标。

班级目标确立时，我注意启发学生干部通过多种形式，及时与各任课教师取得联系，征求意见，确定后又及时通气，以便使全体任课老师认同并共同为之奋斗。例如，当我们确定了开学初"实现良好的开端"这一目标时，我们就把这一目标的具体要求告诉全体任课老师。我们的要求是："秩序井然"、"课业用品齐全"、"作业规范化"等。全体任课老师知道了班级的近景目标，要求统一，步调一致，根据目标经常主动启发教育学生。这样，班集体在教师集体用同一把尺子从各个不同角度衡量要求下，进步较快，"良好开端"这一目标顺利实现了。我还注意通过课代表沟通学生与各任课教师间的信息。如语文和英语课代表经常与任课老师联系，反映同学们的要求，并能安排好早自修的复习内容，发现问题及时向任课老师提出。有时为了了解同学的听课质量，我还注意安排时间在本班听课，听课后及时与同学们一起小结，研究提高听课效果的措施。这样做，不仅使老师较为满意和放心，而且促进他们更加关心班集体的进步，更加注意发挥教学的教育作用，从而为班集体的建设创造了良好的条件。

　　由此可见，教育的一致性原则是班集体建设的一条重要原则。尽管教师的工作具有较大的独立性，但教育工作是集体创作，建设班集体是离不开每一个教师的共同努力的。因此，班主任要十分注意积极主动地与本班任课教师联系，互通情况，统一认识，统一要求，配合工作，以发挥任课教师在创建班集体中的作用。教师间的通力合作，密切配合，是我们教育卓有成效的保证。

　　班级是矛盾的统一体，每个学生个体同样也是矛盾的统一体，他们个性各异，水平、能力参差不齐，我们绝不能用同一把尺子去衡量千变万化的学生。在同一个班级中，好、中、差的学生始终存在着，他们绝不能齐头并进。因此，在班集体建设运作过程中，班主任在提出要求的时候要注意层次性，教育方法要多样性，特别对后进生的教育转化，是对班集体建设的一个严峻考验。

四、班集体建设的后进生转化

　　在各类学校中都存在着一定数量的后进生，也就是人们常说的"差生"，他们不仅自己各方面较落后，而且还会影响其他同学，甚至干扰班级的正常教育秩序。如何转化后进生？这是广大中小学教师面临的最为棘手的问题之一，当然也是教育科学研究亟待解决的课题。

　　怎样的学生是后进生？后进生就是班内落后的学生。在通常情况下，人们把这样的学生称作后进生：首先，他们是经常违反中小学"学生守则"、缺点较多、甚至有一定错误；其次，他们学习成绩不好，学习态度较差，几门主科学习成绩低于大纲规定的及格标准，学习成绩在班内居于末尾。由此可看出，"后进生"是一个很不确定的概念，它并没有明确的标准，而往往是指在一个班级内相对后进的学生。

　　在教育现实中，由后进生发展成留级生或流生的现象已是屡见不鲜，并有日益增加的趋势。这就与普及了九年制义务教育、提高全民族素质、为造就一代社会主义建设人才打好基础的历史任务发生了很大的矛盾。所以，研究这一问题颇具现实意义。

　　1. 从班级环境寻找后进生的成因

　　班级搞不好，学校进步慢，主要是因为后进生太多吗？这种认识应该说是很错误的。从现象上看，后进生固然有影响班级和学校的一面，但仔细想来，后进生的出现和增多，却往往是班级搞不好，学校进步慢所产生的结果。当然，后进生的出现还与社会影响、家庭教育有关。但是，教育工作的失误，班级和学校管理上的故障，不能不说是一个重要原因。事实也正是这样，一些班级、一些学校由于重视转变班风、校貌，不断改进教育过程，后进生就逐渐减少了，甚至一跃成为先进班级和先进学校。所以说，那种把一切责任归咎于后进生的观点是很错误的。

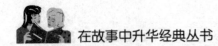

是的，产生后进生的原因是多方面的，但必须记住，学校教育在人的发展中是起主导作用的。从学校教育自身分析，后进生产生的主要原因就是学生所生活的微社会环境（班级）与学生个性发展之间发生了严重的矛盾，学生在班内没有居于有利地位，不甚理想的校内环境束缚和压抑了学生个性的正常发展，他们便投入校外不良环境的怀抱，导致个性的畸形发展。

我们不妨从下列几方面作分析说明。

第一，学习屡遭挫折。学习上屡遭挫折往往是后进生产生的第一步。每个学生都有要求进步的内在要求，都有搞好学习的良好愿望。一个学生在学习上第一次遭到失败时，心理上已很忧郁苦闷，此时如果无人问津，教师只是劈头批评，就会产生一丝逆反心理。如果接踵而来的是第二次学习失败，尽管有时确是尽了努力，他就十分需要他人的同情和帮助。此时，如果仍没有人理解他的苦衷，没有人同情他的处境，没有人伸出援助的手，如果得到的还是批评，甚至是讥讽，他就会怀疑自己的学习能力，原先心目中积极的自我形象就会退化，原先对班级的依恋程度就会大大降低。这样，几经波折，屡遭挫折，他的心灵就受到了严重创伤，原来在学习上的一点兴趣很快就会转移，厌学情绪随之产生，直至积极的自我形象被彻底打碎。于是原来只是一门学科学习有困难，就会逐步变成多门学科学习有困难。这样，一个学习上的后进生就不知不觉地站到了教师的面前。

第二，失去应有地位。学习的失败带来的是责难和批评，学习困难者变成了学习落后者。如果这时候班级的人际关系不是同志式的互助互利的关系，那么，学习落伍者不仅得不到帮助甚至会失去原有的社会地位而疏远原来的伙伴，他们与活动无份，与表扬无缘，在班内毫无发言权，一旦与别人发生矛盾，就是有理，也因地位低，而不能取得老师、同学的支持，这种学生在班级中就会成为一名名符其实的"嫌弃儿"。由于自尊心屡遭挫折，消极情绪的不断积累，久而久之，就会在意识领域出现偏离集体，甚至是反集体的倾向，在行为的调节上也会出现失控现象。这样，少数学生到街头团伙中去寻找自己的"地位"和心灵的慰藉也就变得顺理成章。

第三，难以抬起头来。这些学生要求进步的愿望由于没有得到及时扶植而变成泡沫，又由于他们学习屡遭失败，社会地位变得低下，以致在集体环境中抬不起头来。这里，集体舆论的钳制作用也是一个重要因素。如果班级内的舆论水平不高，如果对后进生的舆论倾向是一边倒式的歧视，那这种不公正的舆论会逐步蔓延。班级中一有什么风吹草动，大家的目光就会不约而同地投向后进生，这种舆论的定势会给后进生造成严重的心理压力。如果班内的舆论主要通过谴责的途径控制人们的行为，则倾盆大雨的或若明若暗的舆论谴责，不仅损伤了后进生的自尊心，而且磨钝了他情感的敏感性，使后进生的个性变得更粗糙，他会不知不觉地（也许是违背自己的初衷）最终发展成具有粗野情感的厚脸皮的人，并以各种反常行为与班级舆论抗衡，于是，恶作剧就随之发生。

第四，爱好、特长受到压抑。每个学生都有自己的兴趣、爱好和特长，后进生也不例外。如果班级并不把他们的特长看做集体的财富，更没有主动地为他们的发展创造条件，那么后进生会感到加倍苦痛。事实也是如此，在很多情况下，不管后进生有什么特长，有多大本领，他们都不会得到集体赞许，在明明能够施展自己才能的时候，他们也只能在一旁压抑着自己。对后进生不信任的公众态度，仿佛告诉他们，你的长处毫无用场，也用不着发展。这样后进生就会站到集体的对立面去考虑问题，从消极的或完全相对的角度去发展自己的特长，并以反常的手段寻求补偿，以取得失去的社会地位。

第五，心理负荷超重。由于学习的失败，地位的低下，特长的压抑，后进生内心是十分痛苦的，这些都超过了后进生的心理承受能力。于是，后进生在行动上会忽而沉默寡言，百问不答；忽而暴跳如雷，怒气冲冲；忽而远离集体，打打闹闹，佯装开心。这样，反常的性格形成了。发展到后来，在特定的诱因面前，甚至会失去理智的控制，什么话都会说，什么事都能干，"反正我总归不好了"，破罐子破摔。在这种情况下，他们离走上违法犯罪的道路只差一箭之地了。

超量的心理负荷使后进生的发展趋于反常。他们的认识会产生错觉，明明是好话好事，也会认为是坏话坏事，其情感会产生异常，不良激情和消极心理会占主导地位，他们的态度会变得十分消极，或有我无我一个样，或产生反社会倾向的萌芽。

由于没有良好的教育来弥补后进生的不足，由于缺乏良好的教育环境的感化和关怀，他们积极的自我形象被彻底打碎后，就不仅会厌恶集体，逐步走上离群的道路，而且为了得到心理补偿，会另找门路，寻找能满足他们需要的群体——与社会上不三不四的人混在一起。这时，他们就会逐步发展到明里暗里地对抗集体：上课破坏纪律，集体活动时不时搞点恶作剧，蛮横无理，不服教育，致使"班级小问题天天有，学校大问题三六九"，使学校教育处于应付被动的局面。

由此可见，后进生的出现甚至增多，固然有多种客观原因，但主要应从教育内部找原因。这是教育者首先要考虑的，因为教育的功能之一，就是要克服各种困难塑造一代新人，培养现代和未来的公民。那种上怨天，下怨地的想法和做法是永远不会减少和消灭后进生的，也永远与搞好班级和学校无

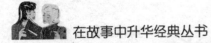
益。社会主义学校的神圣职责是为培养更多的人才服务于社会，而不是输送后进生和流级生，给社会带来后顾之忧。

2. 发挥班集体转化后进生的神奇力量

既然后进生的形成与班级的不良环境是密切相关的。那么，矫正后进生的不良性格就必须从优化班集体教育环境入手。这就是说，应当从整体着眼，具体入手。那种脱离教育环境优化的"一把钥匙开一把锁"式的工作方法是手工业式的劳动，它往往耗费很多精力而不能奏效，因而是不足取的，应当发挥集体的教育力量，在此基础上开展个别工作。

良好的班集体是学生精神生活的乐园，是后进生性格得到矫正并不断进步的摇篮。要创设一个良好的集体环境，不是轻而易举的事，一定要通过教育者的辛勤努力、艰苦工作才能逐步实现。笔者认为应从下面几个方面着手努力：

第一，着力研究个性。

为了转化后进生，必须研究他们的个性，当然也包括研究所有同学的个性，这是创设优良的教育环境的起点。

如何研究？首先，应当在集体和群体的背景上加以研究，应当充分地认识到班集体的每个成员的个性各不相同，正因为如此，集体才会充满生机和活力。每个成员也只有在集体里，才能更有效地发展个性。离开了集体，根本就谈不上个性的发展。因此，后进生的个性矫正也只能依赖于集体。孤立地研究个性是不可取的。

其次，应当研究影响后进生个性发展的人际关系。人际关系是个性发展的影响源，因而是教育的真正对象。应当研究后进生的交往范围，所处群体及价值目标，在正式群体中的地位和在班集体中的自我感觉等。当然，还应当具体地研究他们学习后进的各种原因。

当我们这样研究后进生时，我们就会真正认识到，他们也是活生生的人，他们有各种内在需要，既有独特长处，也有影响进步的短处，他们的正当需要和各种长处，是矫正不良个性的成分，是重新取得进步的转折点，也是良好的个性心理品质的生长点。

第二，寄予集体期望。

既然后进生的个性结构中有潜在的进步成分，那么，教师和班集体应该确立坚定的教育信念：教育具有塑造、定向、感化的强大功能，每个后进生都有重新进步的现实可能。

班集体是一个大熔炉，它既具有锤炼优秀生的功能，也具有改造后进生的功能，这已为很多事实所证明。如果教师对后进生信心不足，教育就会显得苍白无力，可以说，教育刚开始就已经结束。

坚定的教育信念，才能产生热切的教育期望。教师和班集体对每个成员都寄予一定的期望，这是十分重要的，特别是对后进生更应如此。切莫嫌弃后进生，要一视同仁，真诚相待，热情爱护，尤其要用各种手段通过各种途径使他们感到，集体相信他们在学习等各方面都能够进步，并达到一定的水平。集体的这种期望又是持续不断的，从而使后进生懂得，集体是他们各种正当需要得到满足的场所，是进步的力量源泉。

学生是班集体的主人，当然这也包括后进生，因此集体在利益享受、权利分配上应该一律对待，在分配工作、参加活动、人际交往、完成任务等方面，对后进生更应高度信任，从而使后进生的内心与集体的脉搏沟通，以唤起他们原有的积极形象，促使他们逐步把教育期望内化为进步的抱负。

第三，重视班风陶冶。

教师应当重视教育环境的陶冶作用。陶冶本身是一种潜移默化的教育，能给人的思想、性格以有益的影响。应当在集体内部造成一种和谐、协调的心理气氛，并努力使后进生不感到孤独、拘谨，如此开诚布公，你来我往，互帮互爱，后进生就会感到人际交往产生的温暖，并逐步接受集体的价值规范和各种良好习惯。相反，如果气氛不良，就会造成后进生的紧张心理，他们在精神上经常处于高度"戒备"状态，这种气氛只能迫使后进生更加背离集体的价值目标。

建设良好班风，必须从调整人际关系入手。因为良好的班风是由良好的师生关系、良好的同学关系和良好的学习态度为主要标志形成的。应当努力建立民主平等的师生关系和团结协作的同学关系，同时培养多数学生树立正确的学习态度，激发他们旺盛的求知欲望，努力造成一种催人求知和上进的气氛，并逐步转化为班风。

良好班风能促进后进生的转化。班容、班貌、班纪、班规和班集体中的精神生活，都这样那样地感化和影响着后进生。后进生在这种环境中就会受到熏陶，并逐渐地改变着自己。

"榜样的力量是无穷的"。一般说来，在一个良好的班集体或者优秀的班集体中，好的和比较好的同学总居多数，在班内通过学生自我管理机构的工作，多层次地树立多规格的榜样能激励他们前进。

第四，开展伙伴帮助。

班集体内良好的和谐的人际关系，会造成一种伙伴之间亲密无间、相互协作、相互帮助、取长补短的气氛。这种气氛会造成一种局面，每当看到一个同学有困难或有缺陷的时候，集体就会伸出热情的手加以帮助。如果组成帮学对子或帮学小组，此时，后进生由于这种及时而真诚的帮助，就会有效地解开思想上的疙瘩，及时克服学习上的困难。

由于后进生往往从学习后进开始，因而伙伴帮助的重点应当是寻找学习中的薄弱环节，改进学习方法，突破某一学科，引起学习迁移，养成良好的学习习惯，以逐步取得进步。

第五，设置成功情境。

后进生已经积累了很多挫折经验，特别是在学习方面，甚至可能在某一时期连一次成功的机会也未有过，此时利用教育手段设置成功情境就十分重要。

事先点拨、提供机会、促进成功、公开展示、集体评价、激励前进，是设置成功情境不可缺少的环节。这样可使后进生在集体中显示自己的特长和看到自己的潜力，恢复积极的自我形象，从尝到一次成功后的欢乐开始，点燃求知欲和上进心的火苗。

当然，在日常教育中，对后进生的进步，尤其是学习方面的进步，即使微不足道，也要作出及时的肯定，要公开表扬。

第六，强化体验。

后进生的进步可能有多种开端，各种成功情境设置就立足于他个性中积极的部分。当后进生取得初步成功后，他的内心是欢乐的。但是这种体验由于在整个情感结构中不占主要地位，因而很可能是短暂的，稍纵即逝的。这样，就必须及时加以强化。

强化的作用在于扩散成功后的欢乐，使这种体验变得更为深刻，通过它看出自身的潜力，逐步领会进步的真谛，从而产生再一次成功的要求。只有在这时，继续创设成功情境和运用其他教育手段才会更有成效，因为此时成功的体验已开始内化为他的个性的必不可少的成分了。

总而言之，教育和转化后进生是我们每一个教育工作者责无旁贷的光荣任务。创设良好的教育环境，建设优良班集体，就是转化后进生的极好途径。

3. 从实践中产生的几点想法

在创建班集体、转变后进生的工作实践中，我产生了很多想法，现整理如下：

（1）关于"差生"的提法。我认为"差生"这个提法欠妥，把某学生看为差生，甚至有意无意地在班内公开宣布，这是违背教育学基本观点的，因为它从根本上否定了后进生进步的可能性，几乎是给这类学生判了"死刑"，这实质上是对教育的一种自我否定。

确切地说，在一个集体内，只存在后进生，或者可把他们叫"慢生"，这种提法是符合客观事实的。后进生是暂时的，他随着客观条件的改变，经过教育环境的感化是可以转化的，因为他们是后来的进步者，是进步慢的学生。

（2）关于把后进生当人。教师对后进生工作的观念陈旧，教育方法简单，导致工作收效甚微。其根本原因是没有把后进生当人，没有研究他们的需要，没有尊重他们的人格。

（3）关于集体的作用。人是个矛盾的统一体，是一个完整的世界，每个人的个性千差万别。人的个性要得到发展，一定要有良好的环境。就学校而言，就是要努力创建良好班集体，为后进生直至全体学生的个性发展提供有益的场所。没有良好的集体背景，停留于个别工作的水平，个性不会得到充分发展。相反会受到压抑。由此可见，良好的班集体是后进生重新成长的摇篮。轻视集体建设、轻视集体教育的倾向，往往是后进生转化工作不能奏效的重要原因。

（4）关于教育者的责任。教育是塑造人的活动，教育者的职责就在于通过建设教育环境，把自己的心奉献给每个学生，使他们不断进步。教育者不可以各种理由推卸自己的教育责任，更不能把后进生出现的原因全归结为开放、搞活后出现的消极影响。应当明白，后进生的产生正是因为我们教育工作不够科学所造成的。如果通过教育使后进生不再增加而趋减少，那么，这种教育才是社会主义所需要的教育。教育者应担当此重任，知难而进。

五、班集体建设的学习生活

班集体建设不能游离于课堂教学之外，恰恰相反，班集体建设水平的不断提高，全班学习水平不同的学生，也会随之各得其所，并在原有基础上得到不同程度的提高。优生更优，差生不断转化提高。否则，班集体建设就成了一句空话。

要提高学生的学习文化水平绝非易事，在某种程度上，要比其他教育活动的提高难得多。

学习，是学生的天职，或者说是一种特定的职业。班主任如何运用班集体这个特定的学习环境，有效地全面提高教育质量，这就是现实摆在班主任面前的一个重要课题。

素质教育的内涵十分丰富，不断提高学生的科学文化水平，是素质教育的一项重要内容。

为了有效地提高学生的学习质量，在班集体建设中，我不断探索，不断实践，采取了多种方法来实现全面提高学习质量的目标。

教室前面的一条标语就是："学得轻松，玩得愉快。"另外，我采取了下列方法：

（1）全面分析班级集体和学生个体的学习情况。

（2）调查。分析学生学习成绩升降的内外原因，只有掌握这一点，才能有的放矢，对症下药。我调查的情况如下：

内因：学习基础差，偏课，上课常走神，不听讲，常抄袭作业，不懂不问，不预习复习，不想学等等；

外因：学习环境影响（包括小组环境、班级环境、学校环境、家庭环境、社区环境等），伙伴影响，教师对学生的态度影响，教师教学思想、教学水平、教学方法、甚至教师的语言表达等影响。

情况明确，心中才有底。在自修课时，我就不要求所有同学一律在教室中自修。成绩好的，自觉的，我让他们到阅览室去看书，或去操场某个地方钻研。

（3）我的具体做法是：

①班主任牵头，召开班级教导会，参加对象是各任课老师。在会上，各任课老师通报自己所任教学科的情况。根据情况，筛选出共同点，然后归结出下一步的教学目标，主攻方向，班主任最后提出统一要求。

②在每堂课上，对学生也有具体要求，即老师提问后，要做到有三分之二的同学举手发言，我对学生讲明道理，回答对，固然很好，回答错了，也没有关系，只是说明在学习过程中还有思维障碍，或者还有一些不理解的地方。你回答错了，有时还会对班集体帮大忙呢！如果有不少人与你有同样的想法，纠正了你一个，不就解决了一大批学生的学习问题吗？教师一定要解除学生的一切顾虑，要求学生在课上一定要大胆发言。教学本身就是双向的。

有一次，英语课下课了，英语老师马上到我面前来告状说："老钱，今天你班英语课上得一点也不好，上课没有一个同学举手发言。"我当即发呆了，不会这样的。我就下班个别谈心了解，方知这个英语老师的要求太不切合实际了，谁回答错，就要罚抄50遍，这样一来，会的同学也不举手了。世界上哪有百分之百的一次成功呢？我就主动与这位老师交换了看法。教师在任何情况下，不能把学生的学习积极性人为地压抑住了，特别是对后进生。要记住：只有在师生心理需要相映衬、心理交流畅通的情况下，我们施加的教育、教学影响才会有效。

③解除包袱，轻装上阵。我对同学说，做错作业没关系，你做错的作业，只要不是抄的，这种作业的价值比你抄来的胜过百倍。学生一旦做错了作业，让他在毫无思想负担、精神压力的情况下讲出这道题目演算的全过程，让全班同学来"会诊"。事实上，对错误原原本本地叙述一遍，这本身就是学习。

我班的几何老师，批到我班的作业，总是摇头，错误率高，有的还要像改作文一样的批改，而批改另一个平行班的作业，则正确率高、速度快，但奇怪的是，考试成绩他班总是没有我班好。其中的奥妙就一目了然了。

④充分发挥每个学生的学习潜能。

我班有个姓何的女同学，考起几何来，不是零分，就是五六分。一次，在期中考试之前，我找她谈话，要求她把几何考好一点，她欣然点头同意，这是老师给她的力量和期望。期中考试揭晓了，她只得了 25 分，怎么办呢？戏要不要演下去。怎么演？我仔细分析了她的心理世界，毅然决定，召开一个"表扬大会"，后面黑板上出了大标题"为何×同学几何考了 25 分拍手叫好"的专题黑板报。大会开始了，有班委干部代表发言，有同学代表发言，发言内容，主要表扬她的刻苦精神，25 分来之不易，进步幅度很大。何×本人也发言，最后，我也归结了几句：号召全班同学向她学习，学习她的精神。

会后，她找我谈话，边说边哭："钱老师，只有你理解我，关心我，鼓励我，期中考试后，我只是等着你狠狠地批评我，根本没有想到，今天会开这样的会。钱老师，我考了 25 分，实际其中有两道题目，是我背着的。"我肯定了她的学习态度，学习精神，并再一次鼓励了她几句。没料到，她在毕业考试时，竟得了 87 分。可见一个人的学习潜能是巨大的，看你如何去开发、挖掘，调动起来。

⑤及时处理与任课老师的矛盾。英语课下课了，几个班委干部急忙到我面前说："钱老师，这堂英语课的纪律打了一个'优一'，因为课上两个同学在讲话"。我了解后，知道两个同学在私下议论英语，与讲废话决然不同。我出了个主意，叫班长以班委名义，写一封信给这位老师，大意是：第一，今天我们没有尽到责任，没遵守好课堂纪律，使你英语课上得不满意，我们有责任。第二，今后我们保证再不发生类似事件。第三，下星期英语单词默写比赛，我们一定全力以赴。第四，期中考试一定考出好成绩，让你满意。吃过中饭，7 个班委与 2 个讲话的同学，一起找到这位英语老师，集体行了一个礼，班长接着读书信，这位老师边听边笑，听完后，马上叫班长拿"班级日记"给她，她把"优一"改成了一个大"优"，并且还写了几句："这班同学很懂事。我感动极了。"事后在英语单词默写比赛中，年级前 10 名，我班占了 6 名，期中考试也名列前茅。可见，处理和迅速协调好任课老师与全班同学的关系，对班级的教学效果和教学质量的提高是至关重要的。

⑥自愿组成学习小组。先民主选举八位小组长，然后由学生自己选择到哪个小组长下面去当组员。由于这样组建，各小组的成员是不等的。排座位也作了相应调整，由原来的条条排座位变成块块排座位，这样有利于小组活动，有利于教师的教改实验。

座位是这样排的：

第一小组	第三小组	第五小组	第七小组
第二小组	第四小组	第六小组	第八小组

并且实行归口管理，每小组除有行政小组长外，还根据学科情况，设立数学小组长、语文小组长、英语小组长、物理小组长、化学小组长等，这些组长的职责，负责该组该学科的学习，并收发该学科的作业本，分科小组长由课代表管理，各课代表由学习委员管理。再加上组间竞赛，做到了学习有条不紊。收交本子纹丝不乱。

除上述方法外，我还成立帮教小组，补课学校，向家长报喜，邀请家长听课、上课，人人出试卷展评，制订个人进步规划等一系列的教学活动。

事实上，班集体中的科学的学习方法与途径有无数条，等待着班主任去开发利用。

我们在学习生活中的口号是：决不让一个同学掉队；决不拖班级后腿。

至于我班最终学习效果如何？我在前面几个问题中已有所表述。

在这里，我顺便还要提一下，在平时的学习生活中，要注重丰富学生的智力生活。我们传授知识，只是"智育"的一个方面，但不能离开培养和发展智力。最完善的教学乃是发展智力的教学，教学过程中实现智育的主要目的——发展智力，知识与智力是相互促进的，知识保证智力发展的最佳水平，而智力的最佳水平又促进掌握新知识的能力不断增强。因此，我们要着力想方设法丰富学生的智力生活。实践证明，当学生对学习有了兴趣，有了求知欲望，就能以极大的热情去学习。

六、班集体建设的班级活动

班集体建设中的根本目标、远景目标、中景目标、近景目标和其他各种因素的发展提高，都是通过活动这个中介来实现的。

1. 班会活动的种类

（1）研究班务，统一思想，健全集体凝聚力的民主班会；

（2）伦理谈话，知识讲座，增长才干的专题班会；

（3）围绕主题，开展活动，内外结合的综合性班会。

班会活动应当根据校情、班情，平时政治生活中的大事，围绕热爱祖国这个主旋律开展形式多样、内容丰富、适合学生年龄特点和认知水平的活动，每个学期要有计划地开展两次有准备的、有针对性的、高质量的班会活动，要提高活动质量，以收到预期的教育效果。

2．我常开展的几个班会活动

（1）我代表谁？这是由小到大，由点到面，逐步扩大的集体主义教育。即我代表自己，我代表小组，我代表班级……直至我代表中华人民共和国。

（2）我要……还是要我……这是主动和被动的教育。"我要"，就处处主动，做生活的主人，做生活的强者；"要我"则处处被动，做生活的奴隶，做自己的奴隶。其中的省略号，可根据班情选择活动内容。

（3）倘若大家都像我一样……这是识别是非，伦理教育的题材，省略号中的内容，也可根据班情选择而定。

在有一个班级，我还开展了"老脸皮是怎样形成的"教育活动，收到了良好的教育效果。

3．测试性班会或叫点题班会

我把"路在我的脚下"的一次测试性班会的情况介绍如下：

1985年4月5日，无锡市教育局领导来到我们初三（1）班考察班集体，并要我们以"路在我们脚下"为主题立即搞一次活动。一位老师宣布了这个题目后，女班长徐×稍加思索，就落落大方地走上讲台，她扫视了一下全班同学，很老练地开始布置任务，请大家出主意，想办法。并兵分两路：班委到教室外面去讨论主题班会方案；同学们在教室里分组讨论，然后相互补充。

接着，大家便热烈地讨论起来，只听得这儿说，路有成功之路，失败之路；那儿说，路有希望之路，五彩缤纷之路；还有什么幸福之路，开拓之路，城市的柏油马路．开满野花的山间小路等等。真是议论纷纷，热烈非凡，各抒己见。

不久，班委会的同学们回到教室，宣布了主题班会的初步方案，同学们积极地进行了补充，于是便紧张地分头准备起来了。大家感到应当紧紧围绕一条：我们脚下的路就是人生之路。它虽然漫长，但紧要之处往往只有几步。我们是20世纪80年代的青少年，正处于求知的好时光和变革的历史时期，正处于人生的紧要之处。因此，我们要把握人生道路上的方向盘，齐心协力地建设好班集体，让班集体成为我们成长的沃土，学习的乐园，向着我们共同的目标——社会主义现代化前进，努力成为跨世纪的合格接班人和建设者。

准备了45分钟以后，主题班会正式开始了。

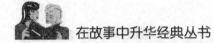

首先，由文娱班委指挥同学们唱"班歌"，接着由班长徐×讲了一段开场白："同学们，世界上有各种各样的路，有平坦的小路，有崎岖的山路，有布满荆棘的险路，有通向美好明天的幸福路，有使人迷糊的十字路，有充满希望的光明路，有到达共产主义社会的大路。朋友，你该选择怎样的一条路呢？在你选择道路时遇到各种情况又该怎么办呢？路就在我们脚下！"

紧接着黄×同学走上讲台，她说："如果把我们的班级比做一个人的话，我们走的就是建设班集体的路。我们的班级是踏着坎坷不平的道路前进的，依靠集体的力量，我们开拓了通向成功的道路……"在发言中，她还说了一句不尽正确的话："成功之路只有一条。"这时，主持人徐×说："黄×同学，你说成功之路只有一条，尤×同学一定会反驳你的，因为成功之路不止一条，请听尤×同学演唱的《成功之路不止一条》。"等她唱完之后，徐×又说："20世纪80年代的青少年应该选择怎样的路呢？我班同学作出了响亮的回答，下面请邵××同学发言。"

邵××同学发言的主要内容是：黄×同学说成功之路只有一条，那是从搞好班级的角度讲的，这也是正确的。但我们也要考虑到，每个人在同一个班级里所走的路也不是一样的。请让我们回顾一下自己的路，看看我们脚印的深和浅。让我们挽起臂膀，用坚实的步伐走向美好的明天。

有几个同学争先恐后地发了言。谢××同学说："……每个人的人生之路是自己走出来的，现在我们有个有利条件，老师给我们领路，一条条不平坦的路在你的眼前会变得平坦起来……"

一阵热烈的掌声过后，徐×先赞扬了谢××的发言，接着话锋一转说："同学们，当有人不认真学习科学知识，不听老师指点而误入歧途后，他又是怎样走上正确的路的呢？请看小品《改邪归正》，由沈××和陆×××表演。"这一节目的主要内容是：一个走邪路的少年，嘴里叼着烟，在路上碰到了一个有知识的青年人，他向这个青年借火柴点香烟。当这个青年在口袋里拿出火柴时，露出了很多钱，少年就起了贼心，把手伸向那位青年的口袋里，那位青年当场抓住了他，要送他到派出所去，他吓得连连求饶，表示一定改过自新。青年宽恕了他，批评了他的错误，并诚恳地开导了他，指出他不走正路是因为不认真读书，不懂得知识的价值，不知道尊重自己的结果。少年听了很受教育，终于改正错误，走上了正路。小品的演出博得了全班同学的掌声。

徐×说："有人选择了去保卫祖国的路，这是一条很有意义的路，下面请听董×演唱《战士的第二故乡》。"演唱后，徐×接着说："下面请我们学习班委李××发言。"

李××说："每个人都想搞好学习，学习成功之路也是靠自己走出来的。我们每个人走的学习之路也不同，有的人轻松些，有的人吃力些，我走的学习之路表面看似乎一帆风顺，其实根本不是这样。我觉得常常有风雨、雷电、困难阻挡着我，但是我没有退缩。我不十分聪明，但我能多动脑筋，吸取别人的经验，不断改进自己的学习方法。如努力抓住重点，多想重点之间的联系，经常整理提纲，记下自己容易犯的错误，提高时间的利用率等等。……总之，学习之路是一条充满艰辛的路。"

接着便是钱××的演唱《我们是同路人》；肖×和王×也表演了节目《脚印》。后来谢×作了发言，她说："……路是要靠自己走出来的，但走路要有目标，目标会给人力量，使人敢于攻克难关，攀登光辉的顶点……我认为，路在我们脚下，目标在我们心中，应该朝着光明的目标，百折不挠地走自己的路。"

"乡间的小路，一条充满泥土气息的路，它虽然有时泥泞，但朴实无华。"这是几个同学表演的相声《乡间小路》的中心思想。随后，主持人说："现在由我班的诗人张××朗诵他即席写的一首诗。张××同学，请吧。"张××同学走上讲台朗诵："路，通向一个目标的路，是五彩缤纷的路。路．印上每个人的脚印，记录了每个人的努力。路……"

至此，已有29人次上台发言或表演了节目，随后，由文娱班委尤×指挥同学们齐唱《我们要和时间赛跑》。演唱过后，徐×作了简短的小结后说："主题班会到此结束，下面请同学们评论一下这次主题班会，讲讲它的优缺点。"同学们都踊跃发言，发表了各自的见解。

最后一项议程是请来宾给我们提意见。来宾中一位老师在讲话后又当众向我们提了不少问题，这些问题都得动动脑筋，但同学们思维活跃，一一作了回答。来宾都比较满意。

总之，班主任要精心设计班会活动，使活动具有针对性、有效性。

成功的班会有以下特点：
（1）主题明确，具有现代性、针对性；
（2）内容充实，具有思想性、知识性；
（3）形式创新，具有灵活性、多样性；
（4）依靠集体，发挥自主性、创造性；
（5）巩固提高，注意实效性、教育性。

班会活动的功能，概括起来有自我教育功能，协调各种关系功能，培养独立能力功能，促进素质全面发展、培养个性的功能和强化形成班集体内部要素的功能。

我认为通过各种活动，使学生逐步做到：在思想上自强自励，在学习上自动自觉，在行为上自教自鉴，在生活上自治自理，做一个符合时代要求的好公民。

七、班集体建设的关系处理

在班集体建设过程中，班集体内部出现这样那样的问题、矛盾和冲突，这是不奇怪的。关键在于班主任老师面对问题、矛盾和冲突如何去处理。我认为，在诸多的问题、矛盾和冲突中，'班主任应摆正位置，沉着应付，千万不能有急躁情绪，在处理问题的全过程中应树立自身崇高的教师形象，成为学生模仿的对象，因为学生认识世界是从认识人开始的。在问题、矛盾和冲突到来之时，我们应当深入调查研究，把调查到的第一手材料作一番理智思考，然后作出准确判断，最后下一个是非结论。

班集体建设中，矛盾、冲突是多种多样的，是客观存在着的，是不断会出现的。诸如：学生与学生之间的矛盾；任课老师与学生之间的矛盾；班主任与学生之间的矛盾；班委干部与学生之间的矛盾；本班同学与兄弟班级之间的矛盾；班主任与家长之间的矛盾；任课老师之间的矛盾等等。班主任老师要科学地处理好上述各类矛盾，而且要处理得毫无后遗症，只有这样，班集体建设才会健康向前发展，否则，就会停滞不前，甚至倒退。

下面我举例一二。

我们班通过全体同学的一致认同，作出一项决定：就是无论谁（包括你自己）在讲台上讲话时，全班同学应立即放下手中的任何作业，专心听他讲话，这是一种文明行为，这是一种道德，这是出于对他人的尊重。

事后，有一位同学连续四次出现了这样的情况：学习委员布置学习任务不听；体育委员评讲班级广播操的情况不听；一个同学在上面讲个人进步的体会不听，这位同学只顾埋头做作业。第四次，班长在上面讲话，他照样做起作业来，班长在我耳边叽咕："钱老师，你看又是他在做作业。"我听着，怒火中烧，不假思索地走上前去，不顾三七二十一就把他的作业本当众撕了。这时，教室里气氛突然紧张起来，我就当即宣布放学回家。

这突如其来的情景出现了。放学后，我独自思考，如何把这种不良的矛盾起因，转变成良好的教育效果呢！

第二天早晨，自修课开始了。我站在教室门口，示意叫班长出来，班长走到我跟前，我对她说："今天早自修暂停，你去跟同学们说，下面由钱老师作公开检讨。"班长在不明白真意的情况下，走上讲台说："下面由钱老师作公开检查。"话刚落音，我迈着沉重的步伐走上讲台，说："同学们，昨天我做了一件对不起集体、对不起同学的事情，就是我凭什么理由要撕掉同学的本子，本子是同学们的学习工具，如果同学有不对，作为一名老师，应当耐心细致地做好思想工作，不应用这种简单、粗暴的方法来对待学生。昨天我回到家里，晚饭也吃不下，觉也睡不好，思前想后，是我做错了，因此，我特地买了一本新本子，赔给他。"我边说边走，当走到这位同学的跟前，我双手托起本子，向他鞠了一躬，并说："×××同学，我错了，请你原谅，现在我把本子赔给你。"这时全教室响起热烈的掌声，几位同学的眼角也湿润了。班长说："下面请×××同学讲话。"一阵掌声后，×××同学缓步走上讲台，好长时间才说："同学们，我多次违反了集体的规定，钱老师代表集体的利益，把我的本子撕了，钱老师做得对。今天，钱老师还……"他再也说不下去了。最后他说："请钱老师把这本本子奖给最近进步最快的××同学吧。"班长又开腔宣布了："下面，分组讨论发生在我们班的这件事。"

班级有来自各方面的问题、矛盾和冲突。如何处理好，里面大有学问，大有文章可做。

这件事处理的前前后后，使我充分理解了"榜样的力量是无穷的"的真正含义。以身作则、为人师表固然是榜样力量，班主任有错，敢于在全班同学面前认错，这同样也是榜样力量。

此事过后，我在班内的威信非但没有降低，反而大大提高了。

学校中存在两大不同性质的群体，即教师群体和学生群体。从教师的社会角色来分析，教师是成年人群体，是文化知识传授者，是学生的模仿对象。从学生的社会角色来分析，学生是未成年人群体，是社会化对象，科学文化知识的学习者，是教师的教育对象。马卡连柯曾说过："要尽量多地要求一个人，也要尽可能地尊重一个人。"

总之，当班主任在处理班集体中存在这样那样的分歧、矛盾和冲突时，要随时注意自己的职业思想，职业道德，职业行为，职业态度和职业语言，因为我们不要忘记自己有人类灵魂的工程师这个光荣称号。只有这样，我们才会在复杂多变的各种矛盾冲突中，永远站在制高点上。

在40年的教育生涯中，遇事繁多，甜酸苦辣，回味无穷，教育匪浅。现在我用"五个心"来概括我对教育工作的一片赤诚之心：

（1）接受工作任务有信心；

（2）对待学生有爱心；

（3）个别交谈要诚心；

（4）帮助后进要耐心；

（5）处理问题要公心；

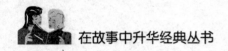

班主任要改变自我超越自我

◇ 魏书生

1968 年 9 月，我离开沈阳三十二中下乡到盘锦，1969 年 7 月领导便让我到学校教书，同时当了小学毕业班的班主任。

我成了班主任爱好者，我总觉得，做教师而不当班主任，那真是失去了增长能力的机会，吃了大亏。

我教了 24 年书，当了 22 年班主任。1997 年 10 月我任市教委主任兼党委书记之初，还当着班主任，后来很多人劝我，我只好恋恋不舍地离开了班主任的位置，只是每天到班级上一节课。直到今天，上课时，我仍旧盼望着自己不单是任课教师，而能是学生的班主任。

回忆 22 年的班主任工作，我支付给班级管理的时间不多，我当了 7 年多副教务主任，当了 11 年半书记兼校长。除此之外，我还做了以下一些实事：

分别为我所任的 38 个社会兼职（例如：全国教育规划领导小组成员、全国中语会副理事长，全国中学学习科学研究会理事长等）尽一部分责任。

在国内外海、陆、空中跑了 100 多万公里路，做了 1 100 多场报告。

在全国 31 个省市自治区讲了 650 多节公开课。

接待国内外 42 000 多人次到我们班级听课、访问、指导。

处理了 22 000 多封国内外来信。

写了 260 多万字的日记，发表了 100 多篇文章，出版了 3 本专著，主编了 22 本书。

我像个埋头种地的农民，我喜欢在自己班级的田地里耕作，但又不能不到别的地里去干活，仅 1995 年，我外出开会就达 172 天。这自然挤占了我本来可以用于班级管理的时间。

尽管如此，我的一届又一届的学生们却能够顾全大局，紧密团结，互相关心、互相帮助，组成了一个战斗的堡垒，大家形成合力，取得了大于分力之和的效果。

许多杂志、书籍都介绍过我班级管理民主化、科学化的具体做法，介绍过我们班的常务班长制、值周班长制、值日班长制、班级事务承包制、道德长跑、《班级日报》，抄格言、写座右铭、定量作业、控制"三角"、互助组、说明书、仰卧起坐、俯卧撑……

我总觉得，自己教书当班主任的一些具体做法不过是雕虫小技。要做一个好班主任，最要紧的不是急着去改变学生，而是先要改变自我。不要忙着去教育学生，而是先让自己多受教育。我常觉得，自己是自己的第一个学生，从改变自我，超越自我入手，班级工作就左右逢源，得心应手。

我注意从以下十个方面改变自我超越自我。

一、多改变自己，少埋怨环境

1978 年 2 月 20 日，我来到盘山县第三中学当教师。

面对的环境，并不尽如人意。两栋平房之间一个低洼的大操场，四周连围墙都没有，这便算是盘山县第三中学。

平房内部还没有顶棚。这样，一位教师讲课的声音便穿过了顶部的人字架，到达第二、第三乃至第四个教室，大家就这样互相干扰着上课。那时房顶还没有扣瓦，上课时抬头，透过木板缝可以看到白云蓝天，冬天下雪，有的雪花碰巧可以直接飘到室内来。除了教室，没有一个实验室。

刚到校，领导便分配我做班主任并教两个班的语文课。学生呢？也不尽如人意，初二（6）班还不错，初二（8）班可就难了。56 位同学全是男生，是从各个班级挑拣出来的学习后进生。他们爱玩，怕上课，有几位同学填学生登记表，连父母的名字都写不对，问他，他却埋怨："都怪我爸的名字太难写！"

面对这样的环境，我埋怨过，灰心过，也等待过，想等待环境好了，自己再好好教，自己再搞改革。

埋怨、灰心、等待的结果，是学生越来越难教，自己的脾气也变得更糟糕，一事当前，不是千方百计想办法战胜困难，而是先指责埋怨一番。用黄金般宝贵的光阴，换来一大堆无用的指责埋怨，这真是人生最悲哀的事情。

想等办学条件标准化了再改革；想等教师地位提高了，自己再安心教育；想等社会上厌学之风改变了之后，自己再认真教书；想等所有的人都努力工作之后，自己再努力。这样坐等空想的结果，不仅自己没有改变的希望，还可能因为自身的弱点使外界更不如意。

我体会到比较有效、比较实际的做法，还是先从改变自己做起。用七分力量去埋怨、指责环境，可能一丝一毫也不见效果，有时甚至会适得其反，助长别人的愚昧和自己的野蛮。但只要省下七分力气中的一分，用来改变自己，就能使自己发生变化。

埋怨环境不好，常常是我们自己不好；埋怨别人太狭隘，常常是我们自己不豁达；埋怨天气太恶劣，常常是我们抵抗力太弱；埋怨学生难教育，常常是我们自己方法少。

人不能要求环境适应自己，只能让自己适应环境，先适应环境，才能改变环境。

从这样的认识出发，我面对现实，千方百计改变自己的教育教学方法。不长时间，我任班主任的班级，班风有了明显的变化，那个全是男同学组成的班级的学生们也和我成了朋友，他们也帮着我搞教学改革，帮我设计公开课，学生们的学习热情出人意料地高。

教书不到半年，组织上便非要让我做教导处副主任，推辞不掉，我只好改变自己教书当班主任的方法，边研究负责1500多名学生的思想教育，边兼班主任教语文课的方法。1986年3月14日，市委组织部任命我做学校的校长兼党支部书记。学校被特殊批准为辽宁省重点中学，并更名为盘锦市实验中学。这几年，在国家教委及省市主管部门的支持下，学校办学条件有了明显的改变，新建了教学楼、实验楼和办公美育楼等三座楼房。不仅有了标准的理化生物实验室，还有了体、音、美专用教室，设备先进的电子计算机操作室、语音实验室。有了四通打字机、摄像机、复印机等设备。校园内还建了假山、喷泉、植物园……

昔日简陋的办学条件已成为历史的回忆，昔日不尽如人意的条件没有了，新的不尽如人意的事情又出现了：新上了许多设备，这些设备的保管、维修不精心；一些专用教室使用率不高；房子多，设备多，于是水费、电费、维修费也跟着成倍增长……

可见。人总要面对一个不尽如人意的环境，总要从改变自己做起，才能适应环境，进而使环境朝着如人意的方向改变一丝，改变一毫。

二、选择积极角色进入生活

一天夜间，凉风习习，我到校园内跑步，又到东边的小花园内练了一会儿气功，然后返回教学楼，恰逢毕业班的同学晚自习休息，同学们三三两两地步出教学楼。我进了楼，想观察一下同学们晚自习课间活动情况。不料在面对我班的走廊处，听到两位同学正在吵架，吵得十分难听。我做气功时的愉悦心情，顿时被气恼所代替，立即让那两位学生到办公室。

一见到我，他们立即害怕起来，看他们起初那样子，我本想大发雷霆，见他们害怕，我的气又消了。于是我想，面对犯错误的学生，一位教师真可以扮演十几种乃至几十种不同的角色。

我可以扮演一个大发雷霆的莽撞的角色，使自己生一顿气，也使学生生一顿气。

我可以扮演一个不负责任、听之任之的角色，结果学生愈来愈淘气，我的威信也越来越低。

　　我可以扮演有极丰富的经验的教师角色，给学生分析吵架的弊端危害，帮学生订出避免吵架的措施。使学生佩服得五体投地。

　　我也可以扮演对学生只会训斥、挖苦一通，别的方面一筹莫展的角色，使师生之间心理上有了隔膜。

　　我还可以扮演学生外祖母的角色，先施之以关心爱抚，后再进行教育指正。

　　我又可以扮演学生的严父、慈母、兄长、亲属的角色，使学生感到亲人般的温暖和爱护，在温暖中改正了错误。

　　我可以扮演学生的好朋友的角色，扮演和学生一起淘气的伙伴的角色，再现学生淘气时的心理，然后使其心悦诚服地同我一起将他的错误思想捆绑起来。

　　我当然也可以扮演生理保健医生、心理诊疗医生的角色，分析学生犯错误的生理与心理原因，然后帮助其排除障碍。

　　……

　　总之，我面前虽是两位吵架的学生，我却不只有两种处理这个问题的选择。选择的角色不同，决定着教育效果的不同。

　　我选择了严父与心理诊疗医生的双重角色，先施之以爱，继而给予具体细致的心理分析。他们听着我的分析，既没有吓得胆战心惊，又对错误有深刻的认识，对自我进行了有效的解剖。他们心悦诚服地受到了教育，并学到了控制自己错误的方法。我也为自己角色选择的成功而涌起一股欢乐。

　　我经常觉得，日常生活中，我们无时无刻不面对各种角色的选择。面对同一件事，我们可以扮演多种角色；在生活这个大舞台上，我们更扮演着多种角色，我们千万不能把自己封闭在一种角色里出不来。

　　选择积极的角色这个道理，我也经常跟学生讲。

　　我问学生："老师在大家面前是什么角色？"

　　"是我们的班主任，语文教师。"

　　"在全校师生面前呢？""是校长。"

　　"在我校32位党员教工面前呢？""是书记。"

　　"老师出了学校，走在大街上呢？""是行路人。"对了，这时我就不能把自己封闭在班主任的角色里。若走在大街上，对面来了人，我非要给人家当班主任，那不自找麻烦吗？

　　"到了十字路口，红灯亮了，我没看到，还往前走，这时就扮演什么角色了？""老师，那您就是违反交通规则者了。"既然是违反交通规则者，就不能想，我和交警支队长、大队长都是好朋友，警察批评我，我不服。而应该扮演好违章者的角色，老老实实地挨批评，接受处罚，以后真心诚意地改毛病。

"老师到商店里呢？""您的角色就是顾客了。""在优秀售货员面前呢？""老师是被热情接待的顾客。""在刚和爱人打完仗，装了一肚子气的售货员面前呢？""老师您完全可能成为出气筒。"

对了，把这些事都想通了，真的遇上那样的售货员，就不会想不通，就能想出当好出气筒需要多么宽阔的胸怀，需要多强的忍耐力，需要多丰富的心理学知识，这样把她的气给顺下来了，我们还增长了人生经验，丰富了知识，岂不一举两得？倘不愿进入这个出气筒的角色，她出气，你不让，她骂，你也吵，双方都不痛快，每人弄一肚子气，胸怀还容易变得狭隘。

"对医生来说呢？""您扮演患者的角色。""对邮递员来说呢？""您扮演住户的角色。""对政治家来说呢？""您扮演一张选票的角色。""对化学家来说呢？""您扮演化合物的角色！"

我算是获得荣誉比较多的教师，多次和党和国家领导人合影，先后和党的三任总书记合影9次，多次出席在中南海怀仁堂、人民大会堂召开的会议。人民大会堂的会议不要说在下面坐着，主席台上面我已经坐过5次了。有几次正部长级干部都安排在我后面坐。有一次，我一回头，国务院发言人袁木在我后面坐着呢。此时，我就不好说："袁老，您这么高的地位，怎么能坐魏书生后面呀，咱俩换一换吧。"你要求也不可能换，这样安排自有这样安排的道理，无须惴惴不安，很坦然地演好教师代表这个角色就是了。

但日常生活中就绝不能总惦记这会了。日常生活中，我想得最多的，就是我跟卖冰棍的老大娘，跟卖白菜的老大爷，在人这个意义上是完全画等号的，咱一点不比人家高多少。我总想，地球上不少麻烦事都是有人总想高人一头造成的。高人一头，还是人吗？它想成为不是人的东西，在老百姓头上，老百姓就不让，于是便斗争起来。

总想着自己在人格上和最平凡的劳动者一致，这样便能演好自己"人"这个角色。如果非要说自己和卖冰棍的有什么不一样，那就是咱比人家工作条件好，咱比人家人生机遇好。既然这样，那就该更加勤奋地学习，更加努力地工作才对。

1991年暑期，我去西藏讲学归来，要赶到哈尔滨参加全国中学学法研究会第二届年会。我请西藏的一位同志给我买7月26日由成都飞哈尔滨的机票。不料，一到成都，说是没有这天赴哈尔滨的飞机。我非常着急，因为哈尔滨2000多人的大会，350人的讲习班，146人的代表会都在等着我，因我是全国中学学法研究会的理事长。没办法，我只好 26 日改飞沈阳，到沈阳已是晚上 9 点多钟了，我赶到沈阳站买了一张站票，好不容易挤上了火车。

这时站在拥挤的车厢里，我便想，此时我的角色是"挤火车者"，怎样演好这个挤火车者呢？站在那里研究人们的表情，研究旅客们的动作，研究旅客语言和他们职业、性格的关系：这样研究着，使我忘记了疲劳，感觉兴味盎然。正在高兴时，左边来了一个人使劲撞了我一下，我觉得撞得有理，我站在过道中，人家要走过去，不撞我怎么办，我朝人家笑笑。又过了一会儿，右边又来了一位，照我脚面踩了一脚，我觉得踩得也没什么不对，便连说没关系，没关系，说得他也不好意思起来，只好来了一句："对不起。"

倘若不寻找积极的角色来扮演，明明是挤火车者，却不肯安心，总是牢骚满腹，一百个不平，一千个不满，甚至埋怨："人民大会堂主席台还有我的座位，怎么坐火车反倒连个座都没有？"这不是自我折磨吗？

在火车上对乘客而言，我是挤火车者，在沈阳市内我只是五百万市民之一，对全人类而言，我只是五十亿分之一，微不足道的一粒沙子。换个角度，有什么不微小呢？地球在太阳系还算个东西，太阳像西瓜那样大，地球毕竟有豆粒那么大。到银河系呢？还有豆粒那么大吗？不也成了一粒尘埃了吗？

变换角度思考问题，选择积极的角色进入生活，容易成为一个成功者。

三、多互助

1984 年 11 月，我在桂林"漓江之秋语文教学周"上做完大会报告后，赶到杭州，讲了一天怎样当班主任。紧接着，又应上海《语文学习》之邀，在上海向千余位教师汇报自己教语文的观念与方法。当时上海市教育局杭韦局长自始至终听了我的报告。

第二天，我又应邀到上海师大，在大会上谈当教师的体会。散会以后，一些学生围住我说："魏老师，听您一谈，当教师真是又轻松又愉快，我们也盼望快毕业当教师，当班主任。请您给我们写一句最重要，最最重要的话，来表述怎样才能当好班主任。"

我想了一会儿，便写了这样一句话："坚信每位学生的心灵深处都有你的助手，你也是每位学生的助手。"我到过祖国各地许多师范院校作报告，从祖国北疆的齐齐哈尔师院、东北师大，到南方的广东教育学院、深圳师范学院；从西部的新疆大学、陕西师大，到北京师大、北京师院……散会以后，都有很多学生围着我，让我写当教师、当班主任应该记住的最重要的一句话，于是我便把上面这句话，一次又一次地写在大学生们的日记本上。

这是我教书当班主任以来，感受最深的一点体会。

这是我教书当班主任的一条最根本的原则。

我坚持这条原则时，工作就顺利，就成功。

我忘记或不自觉地违背这条原则时，工作就受挫折，就失败。

1991年有人问："魏老师，您又当书记，又当校长，还当两个班的班主任，教两个班语文课，除此之外还有29个社会兼职，每年要外出开4个多月的会，在校还要不断接待全国各地的客人，还要处理四面八方寄来的信件，还要写书，写稿件。您靠什么带班教课呢?"

说心里话，如果没有学生的帮助，我早就不能带班教课了。

1987年10月，我去香港考察，未及返校硬去参加党的"十三大"。当时我正任两个毕业班135名学生的班主任，并教这两个班的语文课。我外出期间，学生轮流管理班级，语文课全凭学生自学。20多天后我开会归来，请同学们表决，是否可以占用一一节自习，补一补语文课，两班同学全都强烈反对。为什么? 他们感觉老师不在家时，自己进入了老师助手的角色，能管理好自己，能学好语文。

1991年，毕业的两班学生人数比上届还多，达到146人。我跟大家谈心说："老师依靠什么当班主任，依靠什么教语文? 就依靠在座的各位助手，在座的146位同学都是我的助手，都是我的副班主任，都是我的语文助理教师。大家都成了老师的助手了，那么我直接支付给同学们的时间再少些，我们的班级也能管理得井井有条。反过来，同学们倘不是老师的助手而是对手，那就坏了。我这个人很笨，不会和人家作对，不要说146位对手我对付不了，就是一位对手，我都对付不了，我害怕人与人之间的对立。"

其实，师与生之间真都能建立起互助关系。

十几年来，我一直要求全校专任教师和兼课的校长主任们，都要和一位学习困难的后进学生交朋友，建立"互助组"。

我跟老师们讲："咱们不要埋怨学生难教，教师埋怨学生难教，就像医生埋怨患者的病难治一样，医生埋怨患者得的病太重，就不给治了，那他的医疗水平不会高。医生的医疗水平是在治疗疑难杂症的过程中提高的。教师的教育水平也是在把难教的学生教好的过程中提高的。从这个意义上讲，后进学生帮助了咱们，帮咱们提高了教育水平。当然咱们也帮助学生提高了自我教育能力，所以咱们这个组织叫"互助组"。

其实，细细想来，人世间好多事都是这种互助关系，帮助别人的同时，你已经得到了帮助。

要做到"坚持每位学生都是自己的助手，自己也是每位学生的助手"不容易。

班主任常常觉得那些班干部、好学生能帮自己做工作，而那些淘气的学生，就不是助手甚至是工作的阻碍了。这样思考问题，就真的容易把助手逼到对手的位置上。

教师必须坚信，学生不管多么难教育，他毕竟是青少年，他的内心深处一定是一个广阔的世界，而世界必然是假恶丑与真善美并存的世界。

十多年来，我在全国各地反复劝说青年班主任，一定要具备挑动学生自己斗自己的本领。当教师挑动学生内心深处真善美与假恶丑开始斗争、抗争的时候，教师就在学生的心灵深处找到了自己的助手。凭着这些助手的力量，去管住学生内心深处的假恶丑。

不管学生多气人，多淘气，当他站在你面前时，你都要坚信，他的内心深处便潜在着你的助手。你要穿透学生那使人生气的外表，看到他那广阔的内心。

生怎样，而要力争站在学生心里，站在学生真善美那部分思想的角度，提出：我们需要怎样，我们怎样做能更好。这样学生会感到你不是在训斥他，而是在帮助他，你真是他的助手。

一旦和学生建立了这种互助关系，就会进入左右逢源的教育境界。

四、少互斗

1974 年初，寒流滚滚，"无命"运动逐渐升级，又推出了一个新的运动，号称"批林批孔"运动。

当时我正在企业，眼见自己的工厂——盘锦地区电机厂，被一个又一个政治运动冲击得千疮百孔，产品、设备、人员在盘锦都是数第一的，可由于忙着搞运动，弄得工厂总摘不掉亏损的帽子。

那时我被确定为厂级领导的接班人，工厂的规章、制度、年计划、年度工作总结、五年规划都出自我之手。我对无休止的政治运动深深厌恶，兼之我对孔夫子有好感，便提出对孔夫子应"一分为二"，"孔子毕竟是中国历史上最伟大的哲学家、思想家、教育家。"

今天看来，这些话无可非议，但在当年却犯了大忌，我成了对抗运动的典型。从盘锦地委、地区工业局党委到工厂，成立的专门针对我的调查组、专案组的成员就有 19 人之多，实在是浪费了不少人力。

我写的日记、文章、稿件共 60 多万字都被保卫科、政工科搜去，某位党性高的领导从中找出了"否定文化大革命"、"攻击革命造反派"、"鼓吹唯生产力论"等各种各样的"反动言论"共 108 条，串连在一起，便大叫："魏书生有一个完整的反动思想体系，绝不是一般的问题。"

于是他被停职反省，紧接着是大会小会批判。最多的时候，一天要挨三回批判。那时的批判实际是不讲道理的扣帽子，有的人没文化但还很左，于是使用漫骂代替扣帽子，什么难听骂什么。记得有一次停电，厂里便点着蜡烛一直批到深夜，批判者换着班去吃饭了，魏书生一直在那饥寒交迫地坚持着。散会后，身和心都在深深的痛苦之中。这时，他的小屋予的小气窗被推开，一位老干部悄悄递进一包东西，他接过来，她便走了。我打开一看，原来是几个还有热气的包子。

他挨批判后，下车间劳动。两年以后，"四人帮"就折腾完事了。他们一倒台，他的那些"反动言论"就都不成立了，于是又当了干部。这时有人问我："你能饶了他吗？""谁呀？""给你挑出 108 条反动言论的那个官呀！""不饶怎么办？""他批你，你现在也该批他，让他难受难受。"我说："算了，这样批来批去哪一年算完，还耽误了干正事。""那你怎么想？""我衷心希望他能成为党的好干部，人家成了党的好干部了，对他的妻子儿女、父母亲朋，对党和人民的事业都有好处，咱自己不是也多了一个知己吗？"

这样尽可能地少互斗，使我节省了不少时间。

如果有谁问我："魏书生，这十多年来，你的工作负担越来越重，为什么你的精神上却总显得很轻松？"真心诚意地说，那是因为我没有对手。这些年来，我没有和哪个人作过对，没有整过哪一个人，即使对于有很多缺点的人，我也是能救则救，救不了置之不理，也决不害他，决不逼着他犯更多的错误。

八年以前，有人告诉我："咱们学校老师对你都挺好，了解你的为人。一所学校有那么一位老师总嫉妒你。"我说："应该嫉妒我呀，我才教了 6 年书，就被评为特级教师，确实使人嫉妒。"

"嫉妒就嫉妒吧，他还给你造谣，编瞎话，他太对不起你了。"

我说："要说对不起，是我对不起人家。"

"你们以前认识？你做了什么对不起他的事？""不，以前我们素不相识。""那你有什么对不起他的？"

我说："正因为素不相识，人家却肯舍出一部分脑细胞来给咱造谣。倘没有我，人家用这点脑细胞学习，工作，干点什么不好，人家冒着降低人格的危险给咱造谣，容易吗？"

"当年的批判，起了帮我认识社会、开阔胸怀、磨练意志的作用。今天的谣言，当然更能起激励我前进，促我努力的作用。人家帮助我进步却浪费了自己的脑细胞，还降低了自己的人格，难道不是我对不起人家吗？"

后来我和这位老师见了面，我满怀歉意，很自然地和人家相处，以致他由过去的造谣说坏话，变成背后经常说我的好话了。

我想，在人世间，尽可能人与人不要斗起来，不要对立起来，这样对双方都有好处。

文革"中我这样说，便被批判为"鼓吹阶级斗争熄灭论"。现在也仍然有左得可爱的人，说我阶级斗争觉悟不高，说"宁可人负我，不可我负人"，是纵容了阶级敌人。我总想，对正常的人来说，我们日常接触到的，基本都属于好人，都属于人民内部矛盾。大家忍一忍，让一让，相互都会变得比昨天开阔，有缺点的人也会受到感动。如果对周围的人非要立足于追究，整治，不依不饶地无情斗争，那就容易把好人也逼成阶级敌人，"文革"中的教训难道还不够沉痛吗？

有的做出成绩的青年班主任，很难过地同我谈心："我们也愿当班主任，愿搞改革，为班级管理做出了成绩，起初很高兴得到了肯定，受到了褒奖，但紧接着嫉妒也来了，闲话也来了，谣言也来了。我们真忍受不了这东方式的嫉妒，魏老师您说，我们该怎么办？"

我真不知告诉他们该怎么办，我只好讲自己挨批判，遭嫉妒的经历。讲自己尽可能容难容之人，尽可能化对手为助手的观点。我想，在东方式的嫉妒最近几百年不可能根绝的情况下，我们只能够通过改变自己的观念，求得心理的平衡，以不耽误自己的工作。倘若真的跟低层次的人斗起来，那不仅会耽误了自己前进的路程，更可悲的，会降低了自己的人格。因为在通常情况下，跟低层次的人争辩，你须用低层次的观念，低层次的动作表情，以及低层次的语言，才显得相称。你愿意这样做吗？

独木桥上二人相遇，谁也不肯相让，先退回来让对方过去，于是二人在桥中对立着，坚持着，都想当胜者，其实此时，他们已经都是失败者了。首先他们都已成了鼠目寸光，低层次的人；其次，他们都已失去了想要得到的东西，抢先过去的那段时间，并且不知已失去了几倍于那段抢先过去的时间。

节省互斗的时间，应该是人们研究的生活艺术。

五、多学习，少批判

1979 年，我开始搞班级管理自动化的实验，引导学生增强自我教育能力，引导班干部管理班级，我的好多事务性工作都由班干部去做了，同学们很高兴，班级凝聚力明显增强，纪律好起来，学习成绩提高也较快。

我大部分时间忙于全校学生的思想教育、纪律管理，班级工作大部分由学生做，效果尽管好，个别专家却来指责："这符合凯洛夫的'三中心'吗？这么搞还要老师干什么？"

人家批我，也触发了我那根批判的神经，于是也批判人家。我说："凯洛夫是苏联人，没有教育实践经验，写完了《教育学》之后才当了一年中学校长，为什么他写的书，过了这么多年，我们中国人还非要奉若神明不可呢？"

为了使我的批判有理有据，我确实用了不少时间，浪费了不少精力。待

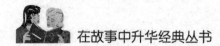

到自己批判累了，还耽误了不少正事时，才猛然醒悟：自己"文革"中得的"批判"病又犯了。

"文化大革命"中，《人民日报》曾发表过《七亿人民都做批判家》的社论。于是乎一些喜欢批判的人手舞之足蹈之，上蹿下跳，四面出击：天地君亲，江河山川，花鸟草虫，古往今来之人，国内国外之事，几乎无所不批。大字报铺天盖地，帽子棍子充斥人生的各个角落。直批得是非颠倒，黑白混淆。

其中一些以批判家自居的人，实际是一群迫害狂，嫉妒狂。自己写不出像样的东西，便拼命批判别人的作品；自己不会搞什么像样的建设，便千方百计对别人建设好的东西进行批判。这倒很像非洲的一种树，永远长不成材，但毒性很大，也不许别人成材，在它周围数尺之内，寸草不能生存。

遗憾的是，不仅仅几个批判家失去了做人的尊严，做人的意义，更有害的是一些本来善于做实事，善于学习的人也被"做批判家"的口号所毒害，沾染上了"凡事批三分"的毛病。

良知提醒我要治疗凡事好批判的人的病，因为这病的危害很多：

（1）培养了吹毛求疵的坏毛病。据说衡量批判家水平高低的重要标准，就是看敢不敢批大家都认为真善美的东西，敢不敢批大学问家都认为正确合理的东西。倘从浅薄的角度去挑真理的毛病，当然也不是挑不到，只是这样挑的结果，只能养成一种从太阳中寻找黑点的病态心理。

（2）能变得孤独。当以批判家的眼光看周围的人时，必然疏远了和周围同志的关系，自造了一个封闭孤独的自我。个人如此，国家亦如此。"文革"中，我们又是批美帝，又是批苏修，又是批西欧老牌资本主义，又是批复活的日本军国主义，地球上几乎都批遍了，于是产生了孤独感。为了掩饰孤独，便天天吹牛，说："我们的朋友遍天下。"所谓遍天下，其实算来算去只有两个：一个越南，一个阿尔巴尼亚。后来这两个朋友，一个拼命骂咱们，另一个打咱们的时候毫不手软。

（3）容易学坏。每天寻找不好的东西进行批判，如果头脑没发昏，批的真是假恶丑的话，那就容易应验一句话："久在河边站，哪能不湿鞋？"不能设想，满脑子装满了别人缺点错误的人，自己反倒有许多优点长处。

（4）失去学习机会。忙着去寻找别人的缺点，自然无暇顾及人家的长处，自然就失去了学习吸收别人的优点长处、吸收营养的机会。

（5）浪费生命。偶见严肃的批判家在建设中发现问题不得已而批之，但他们首先是建设者。纯粹以批判成家者如姚文元之流，本来有才华，只因以批判为职业，除留下骂人、批人的文章外，没留下像样的东西。对别人的害处且不论，这样做岂不是白白浪费了自己的生命？

对批判的弊端逐渐的加深着认识，我便努力医治自己喜欢批判的毛病，不断叮嘱自己要以吸收的眼光面对人生，面对社会，面对宇宙。

还是在中学读书时，我便想：任何真理都有一定的时空范畴，如果多走了一小步就会成为谬误。那么反过来，是否存在它的逆定理：任何谬误在一个极特殊的时空范畴内会成为真理？我想证明这个逆定理的存在。

我在学习教育理论时，既学孔夫子、陶行知、凯洛夫这些为学术界肯定的教育家的著作，也看蔡元培、杜威等争议较大的人的一些观点。有道理的吸收，大的方面没道理的，想想它在哪一个特定的条件下可能有些道理。我提出教师要为学生服务的指导思想时，就曾从杜威的儿童中心主义观点中受到启发和鼓舞。

与人交往时，从吸收的角度出发，益处也很多。对周总理、雷锋、华罗庚，我们理所当然地要吸收他们的高尚品质与横溢的才华。对周围普通的同志们，也应该想方设法学习他们的长处。即使对那些短处很多，错误很多，大家都瞧不起的人，我也叮嘱自己：少看他的短处，多看他的长处，这样于己于人都有利。我总想，别人有短处，我没看到，自己并不失去什么。别人有长处，自己没学来，就失去了充实自己的机会。再退一步讲，就是对蒋介石、林彪这样历史已有定论的奸雄，也不可全盘否定。在历史上他们对我们的国家、民族都做出过不同程度的贡献，总还有他们个人在认识上、能力上一些值得肯定的方面，把他们坚决、果断、机智等方面的长处吸收来，总比全盘否定更有利些。

用学习吸收的观点看待别人，看待学问，看待事物，会使人变得强大，乐观，胸怀开阔。我喜欢这样想："不管你有多少缺点，不管别人对你的评价如何，反正我要学习你那条长处，就把它拿来变成我的。"

一位班主任有什么样的观念，常常影响到学生。倘班主任喜欢批判指责，一班学生纷纷效仿，大家互相批判指责起来，一个班级就会分崩离析。倘互相批判不要说一个班级，"文革"中一个个家庭夫妻反目，兄弟为仇的例子不是多得很吗？班级乱了，谈何管理，谈何学习？

我总引导学生多学习，少批判，大家互学长处，长处越来越多，大家关系越来越融洽，班级就好管理了。

六、多抢挑重担，少推卸责任

1991 年 7 月 17 日，我自成都飞抵西藏贡嘎机场。

踏上高原，感觉置身画中，阳光明丽，草翠山青。高原上的山石草木都比平原的看上去清晰、明亮，大概是空气稀薄，且又很少有污染的缘故。

刚到，人们都劝我多休息，说是报上登了："赵本山到西藏说小品要打氧气，冯巩来说相声，刚下飞机便进了医院。"拉萨孔繁森副市长对我说："休息几天再讲吧！这里的空气只及平原的60%多，中央某领导来视察，一下飞机便进了医院，出院后没视察就飞回了北京。你讲课时间长，消耗体力大，一定要多休息几天，体力恢复了再讲。"

我说，还有别的会等着，只能休一天，第二天就开始讲吧！

"那怎么行，累坏了怎么办？""累坏了我就不讲了，就休息嘛！"

第二天，在拉萨市政府礼堂，我开始讲课。讲了20分钟没不行，30分钟还可以，一小时感觉良好，中间没休息，一直讲到中午。上午感觉挺好，下午又讲了半天，这一天我讲了教育改革的指导思想。

第三天，我讲了一天，讲的是怎样管理班级，怎样做一位好班主任。

第四天，我先给西藏的学生们讲了两节语文课，接着又谈怎样教语文。

第五天，我讲怎样当校长、书记，怎样管理学校，一直站着讲，讲到1点过10分。我说："各位老师，我明天早上5点钟就要奔飞机场离开西藏，这是我第一次来拉萨，拉萨市容还没看，请允许我到此结束，剩下半天时间游览，行吗？"全场老师都笑了。但大家还不放过我，要照完相再走。于是各个单位轮流合影，到2：15，我才走下讲台。

下午，参观了大昭寺、小昭寺和市郊的古寺。

晚间回到日光宾馆，一看房间里坐满了人，等着我座谈。谈到半夜12：05，送走了副市长、教体委主任、副主任等领导和教师。

第二天早晨，5点钟，孔繁森副市长、主任等领导又起来给我送行。孔副市长说："在拉萨这样的高原地方，连讲3天半课，这么繁重的劳动，西藏当地人也讲不了，你能承受得了，有什么秘诀吗？"

我想了想，回答说："要说有秘诀，就只有一个，那就是，平时多抢挑重担，少推卸责任，多干活，少闲着，这样，体力就好，适应能力就强。"

我从在农村当班主任至今，共当了22年班主任。22年来，我从没有请过一天病假，也没花过党和人民一分钱药费。有人问我不得病的原因是什么，我觉得原因也在于平时多干活，少闲着。

在老区开会，去宾馆、剧场，有个四五里路，我都是步行，有人看见了，问："魏老师，怎么不骑自行车呀？""我在锻炼，在占便宜。"

到新区开会，往返20公里，倘时间允许，即使是数九寒冬，我也爱骑自行车去。有的领导遇到了，问："魏老师，怎么不坐车呀？"我们学校有3辆东风大卡车，有面包车，还有伏尔加轿车（1991年市领导又把我的伏尔加给换了1辆桑塔纳）。见我有车不坐，有人便说："典型难当呀！魏书生得注意自己的形象，给国家省汽油。"在全市干部大会上作报告时，我讲自己的观点："在骑自行车开会这个问题上，我真的一点都没想党和国家的利益。那我为什么骑车不坐车呢？实在是出于自私自利的目的，想占一点小便宜——白捡一次锻炼的机会。20公里路，一边骑，一边练气功，进真气，排病气，有点小病，排没了，还增强了体质。"

人就是这样，有动的机会，有锻炼的机会，不能白白丢掉，要紧紧抓住。生命在于运动，多锻炼，才有较强的体质。

工作也是如此。我多次和青年教师谈心："每月给你200元工资不变，面前放着两副工作担子，一副100斤，一副200斤，挑哪一副占便宜？"有的青年教师说："当然挑100斤占便宜。"我问："为什么？"答案是省了力气。我觉得不少青年人能力差，工作平平，原因恰在这个观念上，工作挑轻的，力气是省了，增长力气的机会也放过了。

人的能力强是工作多逼出来的，铁肩膀是担子重压出来的。有的青年人推卸掉了领导让他担任的班主任的担子，自以为是占了便宜，实质是把机会、把能力推出去了，把自己变得无能力。另一部分青年人抢挑重担，抢着当班主任，抢着当比较乱的班级的班主任，他便抢到了一个增长能力、锻炼自己、显示自己才干的舞台。在这个舞台上，他开头的表现不会很出色，但随着实践机会的增加和学习的深入，他定能成长为成熟的班主任，一定会具备驾轻就熟管理班级的能力。而推卸了班主任重担，推卸了乱班班主任重担的人，一定不会有当好班主任的能力，一定不会有当好乱班班主任的能力。

同样，一年又一年上班工作，倘若一个人工作量不足，有充分的剩余时间没法消磨，便只好用闲思，或用忧伤，或用牢骚，或用闲话，或用百无聊赖的心绪，或用自责懊恼的感情，或用玩扑克、打麻将来消耗掉剩余的时间，一年又一年重复着自己低水平的工作。

抢工作干的人呢？如同没有时间叹息的蜜蜂，忙于工作，忙于学习，忙于提高，忙于自我更新。几年过后，便是一个能力强的班主任了。

我们的社会正朝着公平合理的方向发展，少劳不少得，多劳不多得，无能的人不少得，能力强的人不多得的可悲现实正在改变。再过九个月就到下一个世纪了，下一个世纪一定是有能力的人大有作为的世纪，一定是教师受到尊重、地位得到大幅度提高的世纪。

为了适应明天的需要，我们今天就该储备能力，增长能力，而增长能力的有效途径便是：多抢挑重担，少推卸责任。即使不是为了明天，仅仅为了使我们今天活得有价值，活得少一点懊悔，多一分自豪，我们也该多抢挑重担，少推卸责任。

七、提高笑对人生的能力

一位班主任积极乐观，笑对人生，容易使学生受到感染，容易使学生性格开朗、乐观。

我曾用开朗、乐观的态度处理过较复杂的问题，结果使复杂的问题简单化，很容易大家便相互理解，相互谅解了。

我也有过情绪不好的时候，这时，鸡毛蒜皮的一点小事处理起来，也会变得复杂。小事变大，无限上纲，搞得人人自危，情绪紧张，同学关系很不正常。

我便叮嘱自己，要笑对人生，做一名乐观的班主任，是为了学生，也是为了自己。

有人问："现在学生厌学，教师难当，经费难筹，学校难办，怎么能笑得起来呢？"我反问："难道愁眉苦脸，就能把那些困难吓跑了？"

我常想，生活像镜子，你对它笑，它就对你笑；反过来，你板着面孔对待生活，那就天天都有值得生气的事情。你若对着镜子哭，它当然也对着你哭。

"有那么多困难整天缠着你，笑得起来吗？""那就要看笑的水平高不高啦？"我想，笑是一种胸怀，也是一种能力，一项技术。应钻研这门技术，不断提高自己笑的能力，不断提高学生笑的能力，这样，教学效率就能高。当然，笑还有其他好处，诸如，笑能使心理经松、思维敏捷、强身祛病、延年益寿、增进团结、吓跑困难等等，就不细说了。

从哪几个方面努力能提高笑的水平呢？

（1）首先要多做实事。人在一件又一件地不断做实事的过程中，心里会产生自豪感、快乐感。至少在忙着做实事的时候，没有时间烦恼、忧虑。另外，对别人、对集体、对国家有益的，实实在在的事做得多了，无愧于人生，无愧于他人，无愧于集体，无愧于国家，才能笑得起来。

（2）对别人要一片好心，与人为善。能助人时且助人，没有能力相助时，也决不贬低人，决不嘲笑人，更不能绷紧了弦，看着睡在身旁的人都像赫鲁晓夫，然后总惦记着批判别人，斗争别人，整治别人，那样的人生绝不可能快乐。与人斗，其实绝不可能"其乐无穷"，而只能是其苦无穷。在人世间，应该是宁可人负我，不可我负人。这样，别人由于你的存在而快乐，你自然也就容易笑起来。

（3）要看到自己的长处，特别要少想一些自己无法改变的弱点。个子高就想个子高的长处，个子矮就想矮的优点。实在有难以改变的弱点，如先天耳聋，则努力发现自己视觉、触觉方面的长处。或扬长补短，或扬长避短。

眼前事业受挫时，就想想过去自己取得成绩时的心态和过程。这样就有可能由悲观转为乐观，进而激发新的开拓进取精神。

（4）要看到自身的渺小。人若把自己看得太重，便会产生过分的自我保护心理，名誉啦，地位啦，财产啦等等。要保护那些不符合实际的名誉和非劳动所得的财产，就容易产生重重苦恼。这时不妨，弥取一点虚无主义的态度，想一想在广阔的宇宙空间，一个人只是一粒沙子，甚至是比沙子还小的尘埃，实际上也确实如此。从漫长的人类历史长河的角度来看，一个人活一辈子，七八十岁，也仅是整个人类历史的数万分之一，是极其短暂的一瞬。这样，名誉、地位、财产这些身外之物，就更显得微不足道了。为了实现更高层次的人生价值，即使失去再多名誉、地位、财产，也不足惜，也能以乐观的态度对待这些问题。

（5）对待人生的不幸要用笑来使它减半。有人说："戴着镣铐跳舞是阿Q精神。"我认为阿Q精神胜利法的本质是：用自我安慰来为自己的软弱与无能作辩解。如果我们为了使自己坚强起来，为了使自己减少忧虑，节省下时间来多做实事，为了使自己具备多方面的能力，而对眼前的不幸采取幽默和无所谓的态度，那有什么不好呢？戴着镣铐跳舞显然比戴着镣铐哭泣更有利于自己的健康。丢了一大笔钱，本来就已不幸，若再苦恼一天，只能使不幸加倍，倘再因此病倒，岂不使不幸翻了三番？倒不如丢钱之后，想不幸中之幸，"算啦、毕竟没丢太多……"迅速摆脱苦恼，查找原因，亡羊补牢，积极乐观，使不幸至少不再增加。倘处理得好，由此激励自己开创一个新的项目，开拓一个新的增加财富之道，还有可能变不幸为幸事。千里马不被伯乐发现，本来已是不幸，倘若因此而悲观丧气，牢骚满腹，甚至破罐子破摔，则不仅使不幸加倍，而且会失去千里之能。反过来少想或不想这些，甘做无名之辈，积极进取，充实自我，开朗乐观，笑对人生，多做实事，埋头苦干，等待机遇，则很有可能被大众发现。即使终生不被发现，默默无闻，自己也应开朗乐观，积极进取，快乐地走完一生，享受大马拉小车的轻松自得的乐趣。面对不幸，哭只能失去得更多，笑则至少能抑制不幸的增加，还可能减轻损失，使不幸减半。

（6）做感兴趣的事情。生活中常有一些猝不及防的烦恼事，好友偶然产生矛盾啦，工作突然遇到挫折啦，明知烦恼不对，可又笑不起来，心被烦乱缠绕，怎么解脱？有效的办法是挑一件自己平时感兴趣的事做。你爱美术，此刻就画画；你爱书法，此刻就练字；你爱看书，就挑一本最感兴趣的书看；你爱打拳，就去打拳；你爱下棋，就去下棋。这样，一件或几件感兴趣的事做过之后，负责烦恼的脑细胞失去了工作机会，不知不觉处于抑制状态，快

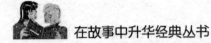

乐的心境重又恢复，重又笑对人生。

（7）唱几支歌。愁的时候，烦的时候，最好听听音乐，唱几支歌。可唱凄苦的歌，也可唱欢乐的歌。几支凄苦的歌，全心全意地唱过之后，胸中凄苦往往也随之排遣出去。再唱几支欢乐的歌，唱的时候要努力做到全身心都沉浸在歌词描绘的境界里，大脑荧光屏上放映歌词中的丛林、鲜花、奔马、海浪、阳光、山谷等等。这样很容易使人重新快乐起来。

（8）拖拉法。世人用拖拉法，贻误了不少该做的事。我们也应该用这个办法把愁闷拖少拖无。遇到生气的事，不妨这样告诫自己："这些闲气一小时以后再生吧！"烦闷向你袭来时，你这样暗示自己："上午先做几件事，等下午再抽时间烦闷吧！"拖到下午，能拖再往后拖。再比如你想发脾气，并且知道发脾气不对，当气满胸膛难以抑制时，你命令自己："数15个数以后再发火！"15个数数完了，倘还能抑制住，则5分钟、半小时以后再发火。这样一拖，常常就能想出比发火更高明的处理问题的方法。

（9）冥想。愁闷心烦之际，还可微闭双目，内视鼻尖，以鼻对口，以口问心，气沉丹田，浑身放松，大脑入静，能静则万念俱空；不能静则开始冥想，以一念压万念。可以想自己以前到过的印象最深的、曾经流连忘返的风景区：如桂林的大榕树、月亮山、漓江水……再细一些，置身于桂花丛中，桂花的叶、花瓣的色彩，花蕊的形状、味道……还可以冥想自己骑着黄鹤，悠闲自得地云游于白云蓝天之间，这时再低头看沙盘一般的江河大地，于是顿感宇宙之浩茫，人生之须臾，便容易心自安详气自宁。这样想来，常常能使烦恼愁闷一扫而光。当然这方法也不是每一个人，第一次用就百分之百地灵验。第一次可能只管一两分钟，练的次数多了，就随时做随时灵了。

（10）善于寻找欢乐。生活中不是缺少欢乐，而是我们缺少发现欢乐的能力。有的人寻找忧愁的能力很强，总埋怨生活给他的欢乐太少，以致自己老板着脸孔过日子。大家想一想，许多革命前辈，志士仁人，为了人类的进步事业，背井离乡，妻离子散，有的身陷囹圄，有的甚至献出了宝贵的生命，生活对他们是太不公平了，可他们在牢狱中仍积极乐观地同腐朽势力作斗争，有的在赴刑场时，仍能高唱《国际歌》。他们高度的乐观主义精神，应该永远鼓舞着我们笑对人生，笑对生活。想想慷慨捐躯的先烈，我们个人的忧愁烦恼便很容易烟消云散。再想想"文革"中被迫害致死的刘少奇、陶铸、彭总、贺总……我们还有什么值得斤斤计较的呢？对比过去，看看今天，确实是到处莺歌燕舞，值得高兴、值得欢乐的人和事何止万千！

提高笑的能力，其方法当然绝不仅以上110种。我想，我们人类应该有一门专门的学问来研究"笑"，有专门的著作来谈笑。三国魏邯郸淳便编撰有

《笑林》，可惜后来亡佚了。我们今天应该重新编辑一本《笑林》，如果能编辑一本《笑学》，设立"快乐"专业那就更好了。人生苦短，人好不容易才获得一次在地球上生活七八十年的机会，人生值得高兴的事情又这么多，如果不学会笑对人生，那真是永远无法挽回的损失！

八、选一位控制教师发怒的同学

在广阔天地种地的时候，在农村教书的时候，我基本是个乐天派。现在分析起来，可能那时社会忧患太多了，"一打三反"，"清理阶级队伍"，"大批判"，"揪斗牛鬼蛇神"等等，等等。红太阳继续革命的理论鼓舞着林彪、康生和江青们不断想出名目繁多的点子，挑动中国人无休止地窝里斗。

客观世界本已有这么多的忧患，倘主观世界再寻烦恼，那人间真是没意思透了。于是便千方百计保持自己心态的正常，少发火、少折磨自己，多干实实在在的事情，品尝做实事的乐趣，以求心理平衡。那时什么都看家庭成分，自己不是红五类出身，造反派不向咱发火就不错了，咱怎么好向造反派发火呢？

在工厂，开头两年顺境，发过两次脾气，到了"批林批孔"，自己也挨批的时候，自然又没有了发脾气的资本。

到学校教书，有一种解放了的感觉。客观上，"文革"终结，政治解冻；自己又有了理想的工作，心情愉快，半年之后，做教导处副主任。教导处两位主任，一位主抓教学，我自然便分工抓学生政治思想教育工作。那时4个年级，26个教学班，1558名学生。"文革"刚刚结束，学生纪律不好，打架斗殴的事时有发生。那时学生打仗很凶，枪刺、砍刀、匕首都会用上。有一次，一个班级为了备战，竟然拿了20多把铁锹、铁铲。有一次，学生打起来，我跑去看时，失败者已躺在地上，腹部已被扎了5个窟窿，正流着血。还有一次，很霸道的学生，没有什么前因，便往人家的头上砍3刀，待我跑来，砍人者已逃，我只好领着受害者去医院缝合。面对这样混乱的局面，我的耐心受到了挑战，并且失去了抵抗力，于是发火、发怒，脾气变得暴躁。

到了1979年3月，自己带实验班还兼负责学校学生管理工作时，这毛病仍没改。

一次，学生在教室里闹，每人拿条绳子，你抽我，我抽你，你捆我，我捆你，屋里弄得乌烟瘴气，桌椅东倒西歪。我看了，气不打一处来，破门而入，满脸怒气，学生一见，顿时惊呆，不知所措。我本应理智、清醒地问清事情的来龙去脉，帮学生分析利弊得失和控制不再重犯的方法。但人在发怒时，一般不会这样做，一般都会找发泄怒气的方法，发泄得越厉害，心里便越痛快。于是学生成了我发泄怒气的对象，我狠狠地训了这些同学一顿，又让他们在教室前面站成排，责令他们将打人的绳子高举过头，有的同学累得汗流满面，我还是不肯饶恕。当时自己也知道这样做不对，这样做增强了学生的逆反心理，但处在愤怒中的我，也像劣迹学生处在激愤状态时一样，不顾一切了，对抗就对抗下去，非把你压服不可。

这以后，再和这几位同学见面，心里总是疙疙瘩瘩的，他们躲避我，我也不自然。

每次发过脾气之后，都使学生的自尊心、自信心受到了伤害，我自己也陷入情绪陷阱之中，懊恼后悔。深深尝了发脾气的痛苦之后，我认识到：人在发脾气、愤怒时，是智能较低下的时候，往往做出愚蠢的判断和荒唐的决定。要做好工作，为了集体，为了国家，也是为了学生，更是为了自己，必须控制自己的情绪，少发或不发脾气。

发脾气的人大都尝过发脾气的苦头，大都有控制自己的愿望，平心静气时充满战胜自己的信心；一旦情绪的怒涛翻卷，薄弱的意志大坝便被冲垮。怎样在冲垮前，便请人帮助堵住？我向学生讲了自己内心的冲突，请同学们帮忙控制自己的情绪。除了请大家帮忙外，还请一位同学具体负责。当他发现老师的脸色多云转阴时，便及时提醒、劝告。我表示决心说："只要这位同学一提出警告，老师一定听从，立即控制住自己的情绪。"

王迎同学自告奋勇，愿意负责控制老师发怒。这位同学的母亲是我在电机厂时的师傅，从小我便熟悉这位同学。在他的眼里，我不只是老师，更多的还是熟人、是朋友、是兄长，即使我当了他的班主任以后，他也常常和过去一样和我开玩笑，随随便便，想说啥就说啥。王迎为人单纯、又直爽热情，心地善良，做什么事，说什么话，喜欢直截了当，不会转弯抹角。他负责控制我是再合适不过了。

有一天，校内两个班级发生斗殴，我把几位蛮横的学生找到办公室。批评他们时，还不太服气，双方又争吵起来，强者又向弱者伸出了手。一气之下，我采取了过分的措施，狠狠惩治了霸道的学生。风波压下去了，我同被惩治的学生谈了心，他理解了老师，我们成了朋友。但由过分措施而产生的内心不快却缠绕着我，我离开办公室，向自己班的教室走去，想排遣一下不良的情绪。

那时自己刚接班不久，学生还没有自治能力，学生们像是给老师守纪律，给老师当长工，给老师学习。教室南面的4个大窗户对着操场，北面的一个窗户对着140米长的走廊，我通常从走廊的窗户往里望，这个窗户便成了我和学生监视和反监视的前线。

我还没走到窗边，便听到屋内乱哄哄，刚到窗外，便见4位同学在教室打粉笔头，还有十几个人助威，搅得别人无法自习。我本想到自己的班级轻松一下，改变烦躁的情绪，不料自己的学生也是这么不争气，烦躁愈加烦躁，怒从心头起，冲进门去，想大发雷霆之怒，狠狠惩治那几个人。学生见我出现，立即惊呆了，正闹的几个人见我怒容满面，一个个不知所措。我正要大吼一声，王迎同学站了起来，笑着看我——在这种气氛中，也只有他还敢笑。我一时竟忘了过去的许诺，问："你站起来干什么？"他又笑着，不自然地挠了挠头，说："老师过去让我帮助您控制发怒，'不知道今天还算不算数？"

是啊，过去当着全班同学面说的请人家控制我发怒，今天又当着大家面提这个问题，我能说不算数吗？我咽了几口唾液，稳定了一下情绪，硬是压住了自己到嘴边的话。为了缓和一下紧张的空气，我请王迎同学到外面。我们在走廊里一块商量处理乱子的办法，在融洽的气氛中解决了问题，使几位违纪同学从内心产生了想战胜自己的愿望。

王迎同学多次有效地控制住我，使我不发脾气，渐渐地爱发怒的脑细胞利用率低了，能力也低了。每当回忆起这些，我便充满了对王迎同学深深的感激之情。

九、发展自己的长处

1990 年，辽宁省中学历史教研会在我们盘锦市实验中学召开，会场内的横幅上写着："学习魏书生教改经验，深化历史教学改革。"

会议总结的那一天，领导找我说："魏校长，你给讲一讲吧！"我说："会议代表中很多人都是名牌大学毕业的前辈，我又是历史教学的外行，哪有资格讲。""会议中心议题就是历史教学怎样学习魏书生经验，你不讲怎么行？"

推辞不过，只好上台。这次发言，我只讲了发展长处的问题。

就课堂教学的形式而言，衷心希望大家千方百计发展自己的长处，千万不要都来模仿魏书生的"六步教学法"。有的老师擅长讲授，他讲历史课，好、中、差学生都非常愿听，兴趣浓，注意力好，边听边理解边记忆。老师讲的知识入耳入心，在大脑皮层上留下较深的痕迹，学生考试成绩好，那就证明这位老师的"讲"是成功的，他还应该讲下去，还应该发展"讲"的长处，讲得更生动、形象、科学、系统，讲得更有趣，更吸引人，更迷人。他不应该看了魏书生上课，很少自己讲授，于是也不讲授了，也去组织学生讨论。那样丢了自己的长处，再学一种方法，即使成功，也多用许多时间。

有的老师擅长写，字写得漂亮，还会绘画，板书设计极吸引人，学生像欣赏艺术品一样，欣赏研究他的板书，在欣赏研究的过程中，学生很容易便理解了历史事件复杂的起因，记住了历史人物，大事年表等知识。学生学历史兴趣浓、成绩好，显然老师"写"的长处起作用了。这样，老师当然应该

91

继续发展写的长处，写得更科学、更艺术、更迷人，而无须看魏书生一堂课有时只有十几个字的板书，于是自己回去也很少板书了。

也有这样的老师，不善讲，有人听课就脸红；不善写，练了十几年字，字还是写得歪歪扭扭。但他不自卑，因为他有一个长处，善于个别辅导。无论教什么班级，好、中、差学生一经他辅导，都学有动力，学有目标，学有方法，学有兴趣。他教不长时间，各类学生都有明显进步，这就说明他的"辅导"功夫过得硬，他努力发展辅导这方面的长处，写出论文、写出专著，那么，尽管他讲得不好，写得也不漂亮，但他都完全可能成为辅导方面的专家，成为特级教师。

我接着说："能不能说擅长唱的老师就可以在课堂上唱起来呢？"

会场上一阵笑声，大概是觉得不可能吧。

这时省历史教研室崔主任站起来说："我就接触过这样一位老师，善于唱，把知识点编成唱词，一上课就唱给学生听。教学效果非常好。"我想学生上这样的课一定感觉是一种享受，课前盼望着老师快些来，课上听着老师讲，欣赏着老师的唱，思考着老师的唱词，下课了，不愿让老师离去，考试成绩高。这位老师能因为学魏书生的"六步法"，发现魏书生上课并不唱，于是他便也抑制了自己"唱"的长处，由一位有特长的老师重新变为平常的老师吗？这样学习显然是片面的，还不如不学。

我不是主张不向别人学习，而是主张坚持自己的长处，学习的目的是为了发展而不是抑制自己的长处。一个人有很多长处，当然好。长处不多，只有一点儿，只要努力发展，同样能取得突出成绩。

一个人瞧不起另一个人的时候，喜欢把人家的长处说成是雕虫小技。且不说雕虫原指篆字书法这门艺术，单是引申义——微不足道的技能，真要努力发展也能有突出成绩。如在小器物上雕刻这些小技能：在桃核上刻舟，在枣核上刻人物，在牙签上刻山水，都给人以多方面的启示。一位中国微雕艺术家在国外表演，外国友人当场拔下一根头发，请求在上面刻字，艺术家顷刻之间，在头发上刻了"碣如东海，寿比南山"8个字，外国友人在放大镜下看了这8个字，喜不自禁，当场拿出5万美元酬谢。

我18岁下乡，19岁当班主任时，跟几位年龄大的学生只差一两岁。没经过师范训练，不会做班级工作，我承认自己的不足，但又不能自卑，便努力寻找自己的长处。

我发现自己的长处是善于商量，班级纪律不好，找班干部一起商量，大家帮我想了许多办法。用这些办法维持纪律，班级秩序比以前好多了。我不会开主题班会，又和学生们一商量，大家帮我想出了提高班会质量的好办法。

个别学生学农劳动时不积极，我和学生们商量出了开展劳动竞赛的办法，极大地调动了学生的劳动积极性。

凭着商量的长处，我这个从没带过班的人，居然使班集体有了极强的凝聚力。后来，离开农村，到工厂，又回到学校教书，当班主任，我一直记着自己这一点长处，并努力发展这一点长处。

后来，当了书记、校长，我也是凭着商量这两个字，最大限度地调动全体教职员工的积极性。6 年多来，大家齐心协力，使学校面貌发生了较大的变化。

不仅同自己的学生商量，给外省市的学生上课我也依靠"商量"这两个字，顺利地完成教学任务。

8 年多来，我给中苏边界的黑河市的学生上过课，也给南宁、桂林、广州、深圳的学生上过课；给西部城市乌鲁木齐、拉萨、兰州、重庆的学生讲过课，也给东部济南、南京、上海、厦门的学生讲过课。

应该说，给学生上课，要比向老师汇报教改情况复杂得多，困难大得多。

有一次，教研部门的领导跟我说："魏老师，您把明天要讲的课文题目告诉我们，我们组织学生先预习一下，讲课成功的把握不是更大吗？"

"我从 1981 年 9 月起，讲公开课就从来没让学生预习过，这次也不破例为好。"

"那失败了怎么办？"

"失败了我也没负担，本来我就应该实实在在地向老师们袒露一个真诚的自我，露出缺点毛病，才能得到老师们的帮助。"

"您是没有负担，可是我们有压力呀。"

"为什么有压力？"

"明天听课的人很多，老师们从四面八方赶来，最远的山区老师，用了 3 天时间，换了 4 次车专程赶到这里，倘失败了，我们组织者要受责备。"

在洛阳，老师们告诉我："明天有 1600 人听课。"在武汉，是 1900 人听课，在哈尔滨，2000 人听课。到郑州，马正老师告诉我："明天在郑州大学礼堂的舞台上讲课，下面是 2000 个座位，票还不够分，在过道上又加了 200 个小方凳，听众 2200 人，刘副市长也来听课，不预习行吗？"

我心里比较踏实，原因在于我有"商量"的长处。

1989 年国庆节，我到北京参加全国劳模会。刚到京，北师大张鸿苓教授和北京教育学院刘全利主任便到住处找我："你给我们讲公开课吧！"我说："事先不是说好到京后的第三天讲课吗？""第三天是给全市语文教师代表和教研员讲，上课的是普通中学的学生，今天下午重点中学的老师想听听你怎么给重点中学的学生上课。"

我说："讲就讲吧，我现在正讲第三册教材，从中找篇课文吧。"

"不，老师们想听听学生刚入学，你怎样调动他们自学积极性，就讲第一册教材。"

"那我没带教材怎么办？"

"不要紧，下午到会场就有了。"

下午1：50，张教授给了我一本教材，我匆匆忙忙备了8分钟课，20进会场，上课的学生是北京师范大学实验中学的学生。我便实话实说："同学们，我上午10点多赶到北京，10分钟以前才拿到教材，没备好课就上课来了，怎么上，咱们商量着上吧！"同学们一听都笑了，学生愿意接触没有架子，和他们说心里话的老师。

"今天我们讲小说《最后一课》，大家说说学一篇小说，要完成几项任务？"同学们很热烈地发言。"好了，我们完成这样5项任务。""大家首先做哪件事？""60分钟完成5项任务行不行？""分析人物形象这项任务，是老师讲好？还是学生干部讲好？是大家讨论好？还是分头查资料好？"

实验中学的学生非常聪明，尽管我课备得不好，但在同学们的帮助下，教学任务还是准时完成了。同学们都嫌时间过得太快，不愿下课，下课时团团围住我，问长问短，让我给签字……

在西藏，我给学生上完课，第二天，我要走时，学生们又赶来看我，送我。在乌鲁木齐，课讲完了，要下课时，学生一齐要求我"压堂"。在厦门上完课，学生喊："老师，我们要求拖课。"我问："什么叫拖课？"学生说："拖课就是到下课时间也不下课。""原来如此，我们北方学生管这叫压堂。""咱们压堂多长时间呢？""老师愿压多长时间就压多长时间。"于是我便用十几分钟讲一讲人脑潜力开发的方法。

也有时讲完课刚回到盘锦，便接到各地师生的来信。安徽的听课学生，四川听课的学生寄来了问候信，兰州的学生寄来了祝福卡……

于是有的老师问我，课前你和学生素不相识，到了舞台上师生才第一次见面，才宣布这节课讲哪篇课文。你是凭什么秘密武器在这么短的时间内和学生沟通了感情，在这么短的时间内获得学生的理解与信任的。

其实，我真没有什么秘密武器，如果非要说有，那就是我这两个字的长处，多和学生"商量"。

一位当班主任的，如果凡事都和学生商量，一定容易成功。商量，就不全是教师说了算，即使我们正确的主张办法，如："我们应到客运站劳动"这件事，你用不容置辩的命令口吻，学生就不愿意接受。用商量的口吻呢？就好接受多了。再让大家商量商量劳动的好，那么学生的劳动积极性就更高了。

我心中理想的德育

◇ 朱永新

近年来，一些存在于青少年学生之中的人格扭曲、道德沦丧现象，向全社会敲响了警钟。从浙江金华的中学生徐力杀母，到中央音乐学院的大学生陈果自焚，从北京的 14 岁男孩残忍地杀害同学的妹妹，到江苏徐州的违纪学生疯狂地砍死校长的四位亲人"……·面对这些令人发指的事件，人们不禁要问：我们多年的教育究竟有没有深入到孩子的心灵？我们的德育怎么了？

鲁洁教授在《教育的返本归真》一文中写道："20 世纪的一切都说明人类患上了'分裂症'。在物质方面，人类已达到造物主的水平，几乎已经无所不能，可以无所不为；但是在精神和道德方面，在自我认识、自我把握等方面，却是如此的发育不良，水平低劣。""缺乏大智慧的中国人其实是用小智慧在毁灭自己，这就使人类处境特别危险，就像一个刚满周岁的孩子拿起一把子弹上了膛的手枪。"鲁老师讲的返本归真，一条重要的途径就是重视德育。

古今中外的教育家都十分重视德育，都把德育置于一个特殊的崇高地位。德国著名的教育家赫尔巴特曾说："道德普遍地被认为是人类最高的目的，因此也是教育的最高目的。"著名的物理学家爱因斯坦在应《纽约时报》教育编辑之约发表的《教育声明》中指出："用专业知识教育人是不够的。通过专业教育，他可以成为一种有用的机器，但是不能成为一个和谐发展的人。要使学生对价值有所理解并产生强烈的情感，那是最基本的。他必须获得对美和道德上的善有鲜明的辨别力。否则，他——连同他的专业知识——就更像一只受过很好训练的狗，而不像一个和谐发展的人。"

我国现代著名的教育家陶行知先生也曾说过："道德是做人的根本一环，纵然你有一些学问和本领，也无甚用处。否则，没有道德的人，学问和本领愈大，就能为非作恶愈大，所以我在不久以前，就提出'人格长城'来，要我们大家'建筑人格长城'。只有这样，才能使学生自觉地创造真善美之人格。"古今中外教育家对德育重要性的论述当然远远不止这些，但是我们仅从这三位教育家的论述中，就可以看出，他们把德育放到了，一个至高无上的

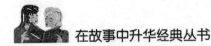

重要地位，德育的确应该是整个教育的灵魂。

一、重视让学生在自然的活动中养成德性

理想的德育，应该重视在自然的活动中养成学生的德性，让学生在游戏和丰富多彩的自主活动中体验和感悟道德的境界。

德育，最重要的是研究人的德性的形成规律。人的德性必须在自然的活动中形成，这是德性形成的一个基本规律。抽象的道德戒律光靠说教是不能深入人的心灵的，是不能为人所掌握的。

如在以往的家庭中，一般都有两三个子女，这些子女在良好的家庭教育氛围中，就会自觉地认识到自身的权利、义务和责任等。如吃苹果，几个小孩就会自觉地遵从优先法则，年龄大的要自觉少吃点儿，给年龄小的多吃一点儿。又如做家务，每个人都会自觉地分工合作，使每个人的权利、责任、义务得到统一。这本身就是一种自然而然的道德实践。这样自然的活动就可以让孩子学到许多道德规则，不少道德问题就已经解决了，无须父母的反复说教。但在当今社会，绝大多数孩子是独生子女，这些子女缺少相互交流的机会，上学前被关在"铁笼子"里，孩子们大多时间与外面的世界隔绝。上学后，尽管生活在一个集体的环境中，学生从七点钟到校，到下午五六点钟放学回家，其间的大部分时间也主要是忙于上课和做作业，仍不能随便交流和活动。

有一点可以肯定，这种学生缺乏一种和别人相互交往的基本品德，他不知道怎样去处理矛盾，不知道怎样去面对挫折，不知道怎样去处理冲突，这些基本的德性不是靠简单的说教就能奏效的。在我们的德育工作中，我们一直热衷于搞道德教育课题，把道德教育文字化、大纲化，其实，这样的道德教育效果是很脆弱、很苍白无力的。道德教育应该存在于活生生的生活中，在孩子与孩子的交往中，在孩子们与老师们的交往中德育才能收到良好的效果。在现实生活中，我们经常会发现文化和道德相脱节的现象。社会上有一些人尽管文化素质不高，但是他们的道德境界却很高，乐善好施，助人为乐，勤于奉献。这些人德性的形成原因肯定有其不同于学校道德教育的部分。从这里我们也可以看出，知识和道德虽然有着一定程度的正相关性，但是没有绝对的必然性。所以，学校道德教育的开展必须要创造良好的教育条件和环境，即能创造自然的德育活动，在活动中去培养学生的良好品行。

苏霍姆林斯基在其教育中，就十分注重让学生在自然的活动中培养自己的品行，使学生心灵在自然的环境中得到净化，人格得到陶冶。苏霍姆林斯基曾在《关于全面发展教育的问题》一书中描述了他把学生置身于自然环境和自然活动中进行教育的经历。他说："经历了学校生活的第一个秋季，我们

就深信：赞叹火红色的硬果的野蔷薇，欣赏还挂着几片黄叶的枝干匀称的小苹果树，心疼被初冬的寒风吹僵了的西红柿——这一切都在唤起儿童对有生命的美好事物的亲切、爱护的态度。在儿童心里，一株植物变成了有生命的东西，这个生命在凛冽的寒风中会索索发抖，于是孩子就想保护它抵挡严寒。……教育者的最重要的任务，就是要使儿童、少年和青年形成关于人的美，关于人的思想、情感和体验中的高尚和神圣的东西的观念。我们要使这些观念成为有血有肉的东西——用高尚的道德行为的生动的实例来充实它。"遗憾的是，现在在我们周围，这样拨动心弦的德育已经很少很少了。

二、重视让学生与书本为友，与大师对话

理想的德育，应该重视让学生与书本为友，与大师对话，在人类优秀文化遗产中净化自己的灵魂，升华自己的人格。

读书，是孩子们净化灵魂、升华人格的一个非常重要的途径。前面强调在自然的活动中培养学生的德性，主要是侧重从感性的角度让学生感受和领悟道德的准则。通过读书来净化学生的心灵，则是强调把道德的体验、道德的感悟升华为道德的理性层次，上升到一种自觉的境界。

其实，许多的文学著作和社会科学作品本身就具有强大的感染力，渗透着一种无形的德育力量。例如你去讨论什么是美，什么是善，那么去看看雨果的《巴黎圣母院》、《悲惨世界》，去读读《简·爱》、《钢铁是怎样炼成的》、《平凡的世界》等名著。通过阅读这些优秀的作品，必然会给学生以强烈的心灵撞击，学生会把书中弘扬和推崇的道德境界作为自己的一种自觉追求。因此，实施有效的道德教育，一定要建立起"书香社会"，建立起"书香校园"，让学生养成热爱读书的一种习惯。如果一个孩子热爱读书，那么他会从书籍中得到心灵的慰藉，从书籍中寻找到生活的榜样，从书籍中得以净化自己的心灵，书中的人物往往就成为他生活的旗帜，书中的道理往往就成为他人生的坐标。

令人十分遗憾的是，我们现在的绝大多数学生却很少有时间去读课外书。尤其是中学生，整日被"正统"的教科书所包围，这不能不说是我们教育的失策。学生阶段是人生读书的黄金时光，学校要采取一定的措施，鼓励学生去多读书，读好书，要让学生大致浏览和把握人类文明中最经典、最精华的内容。这已经不仅仅是一种单纯的读书行为，它对学生良好德性的养成具有深远意义。

三、重视培养学生健康的生活情趣和才艺

理想的德育，应该重视培养学生健康的生活情趣和才艺，丰富学生的精神世界。

在美的氛围中推进善的教育、健康的生活情趣和才艺对品德的发展是非常重要的。过去，我们往往把一些生活情趣和才艺技能化，看作是与道德无关的东西，我们很容易忽视它们在德性养成中的作用，如绘画、书法、音乐、舞蹈等。其实，真善美是一个有机的整体，德智体美劳也是一个不可分割的整体。我们只是为了论述的方便，才人为地把它们分离。真正的教育是整体的、和谐的、兼容的。古人要求才子佳人不仅要熟读四书五经，还要精通琴棋书画。古人之所以提出这样的要求，是因为他们已经意识到，这些健康的生活才艺绝不仅仅是一种技能，而且在人的德性养成中具有陶冶功能。我们可以理解，当这些健康的生活情趣和才艺充满一个人的生活空间的时候，他还有时间去勾心斗角吗？还会去胡作非为吗？所以我们与其给学生规定诸多"不准如何如何"，还不如把这些高雅健康的东西充实到学生的生活之中，让学生自然地不去"如何如何"。

苏霍姆林斯基在这方面的德育实践非常值得我们借鉴。苏霍姆林斯基曾经提出了丰富学生精神生活的三点措施：一是在启发和吸引学生完成各门学科学习任务的同时，一定要让学生还有一门自己特别喜欢的学科，让他们在这门学科上超出教学大纲的要求，自己去钻研更多更深的问题；二是要设法使每一个学生都有一样自己最喜爱的劳动项目和科技活动项目，使他们在业余时间去搞自己的发明创造和科学试验；三是使每一个学生都要有自己喜爱的书籍，热爱课外阅读。苏霍姆林斯基认为，如果我们的学生把自己的整个身心投入这些活动，如果我们的学生都具有丰富的精神生活，他们还有什么值得我们担心的呢？因此，培养学生某方面的才艺，绝不仅仅是一种技能，它对人的德性养成具有重要作用。

四、注重用真实、感人的道德形象激励学生

理想的德育，应该注重为学生寻找生活的榜样，用真实、感人的道德形象激励学生，培养学生的英雄主义精神。

有人说，当今是一个没有英雄的时代。许多人越来越感觉到，像雷锋、张海迪、孔繁森这样的英雄离我们越来越远，很难使学生在心目中树立时代的英雄形象，很大程度上影响了道德教育的开展。因为一个人德性的形成，很大程度上取决于他心目中的英雄，很大程度上取决于他生活中的榜样。当我们研究世界上伟大的人物时，就可以发现，他们的成功轨迹中都有形无形地刻印着英雄的影响痕迹。正因为如此，我们才有必要呼唤英雄，并尽量让我们的孩子走近英雄。如果仅就人的生物性而言，人是很容易懈怠、很容易满足、很容易停滞的。但是当一个人在心目中树立了崇拜的英雄形象，他就可以找到自己与英雄的差距，通过英雄的形象给自己前进的力量，给自己克

服困难的勇气，增添热情、激情和活力。通过英雄的激励，给人以奋发的冲动。如果教师能够有意识地引导学生树立起心目中的英雄，那么这样的德育效果要比教师在课堂上口干舌燥地讲解效果要好得多。

法国著名的作家罗曼·罗兰在《贝多芬传》序中说：传记中这些人几乎都经历过一种长期的磨难——或是悲惨的命运，让他们的灵魂在肉体与精神的苦难中磨折，在贫穷与疾病的铁砧上锻炼；或是因目击同胞受着无名的羞辱与劫难，而使自己的生活为之戕害，内心为之破裂，他们永远过着磨难的日子；他们固然由于毅力而成为伟大，可是也由于灾患而成为伟大。所以，不幸的人啊！切勿过于怨叹，人类中最优秀的人和你们同在。汲取他们的勇气做我们的养料吧；倘若我们太弱，就把我们的头枕在他们的膝上休息一会儿。他们会安慰我们。在这些神圣的心灵中，有一股清明的力和强烈的慈爱，像激流一般飞涌出来。甚至无需探询他们的作品或倾听他们的声音，就在他们的眼里，他们的行述里，即可看到生命处于患难时的那么伟大，那么丰满，那么幸福。

如果我们每个人能够不断地在英雄们的膝上休息一会儿，感受到英雄的气息，能够不断以英雄作为我们生活中的榜样，那么，每个人的人生会因此变得伟大，因此变得精彩。其实，英雄并不是高不可及，每一个人都能够成为英雄。如果每个人能够不断地从英雄身上吸取力量，不断地从英雄身上受到启迪，不断地以英雄主义的情怀对待人生，那么，自己也终究会成为英雄。在我们的德育中，教师应该有意识地用英雄去改造学生，用学生家乡、学校中亲切感人的榜样去教育学生，让学生以一种崇敬的心理去对待英雄，用英雄的高尚德行感化学生，内化为学生的道德修养。没有英雄的时代，也很难造就一代英雄。

五、科学合理地设置循序渐进的德育目标

理想的德育，应该科学合理地设置循序渐进的德育目标，使其兼具现实性和理想性的双维视角，形成层次递进、不断完善的德育目标体系。

学校道德教育的一个重要问题就是目标定位问题，即在每个阶段要让学生必须掌握什么样的道德规范和准则。一般来说，道德教育大致可以分为三个层次。第一个层次是必须的层次，这是在现阶段最基本的道德教育目标，它要求学生遵守社会的基本公德，是道德的底线；第二个层次是弘扬的层次，这是以集体主义、爱国主义、人道主义、见义勇为、尊老爱幼等为基本内容的德育目标；第三个层次是追求的层次，这是以马克思主义世界观为基础，以共产主义理想为目标的德育体系。这是德育的最高层次和境界，它不要求每个学生都能达到。这三个层次是相互联系、由低到高的递进关系。我们的

德育只有遵循科学的层次目标体系，才能使德育工作落到实处。

但目前我们的学校道德教育中却明显存在层次不清的问题，甚至与科学的德育层次目标体系恰恰相反，严重影响了道德教育的效果。如要求小学生做共产主义的接班人，至于什么是共产主义，小学生一无所知；我们要求初中生热爱社会主义，要求高中生发扬集体主义，然而在大学，许多大学生却连基本的公德都做不到，因而不得不进行基础道德补课。因此，科学合理的德育目标的建立必须从学生的实际出发。

苏霍姆林斯基就非常注意从学生的实际出发来加强学生的道德教育。他所在的帕甫雷什学校在每年迎接新生入学时，总是在一进大门的墙壁上挂着这样一幅大标语："要爱你的妈妈！"当有人问他：你为什么不写"爱祖国""爱人民"之类的标语时，苏霍姆林斯基回答说：对于7岁的孩子，不能讲这么抽象的概念，而且如果一个孩子连他的妈妈也不爱，他还会爱别人、爱家乡、爱祖国吗？爱自己的妈妈易懂易做，为日后进行爱祖国、爱人民的教育也能打下基础。

所以，中共中央颁布的《公民道德建设实施纲要》中提出了"爱国守法、明礼诚信、团结友善、勤俭自强、敬业奉献"的基本道德规范，着力培养一代又一代的有理想、有道德、有文化、有纪律的社会主义公民，目标定位是比较准确合理的。

德育心理学的研究表明，学生的年龄特征制约着德育内容的广度和深度。从广度而言，不同的年龄阶段应有不同的德育内容；从深度而言，不同年龄阶段的同一德育内容也应有不同的程度。

如日本某小学，为培养小学生尊重别人的道德品质，在整个小学阶段都反复进行这方面的教育，但对各年级的要求是不同的。一年级的主题是"相好"，二至六年级的主题分别是"和睦"、"不造谣中伤"、"体谅"、"尊重人格"、"大家幸福"。一年级的目标是"不欺负轻视别人，同学之间团结友爱"，二至六年级的目标则分别是"能考虑对方的立场，不以自我为中心"、"不在背后说人家坏话和做令人讨厌的事"、"知道别人的优缺点，不刺伤别人"、"理解人的尊严，尊重自己，也要尊重别人"、"同学之间能互相了解，齐心协力，谋求幸福"等。日本这所学校在德育目标的制定和施行方面的成功之处，非常值得我们借鉴学习。

总之，我们学校的道德教育应该建立起一个由低到高，不断发展，既有理想，更具现实性的目标体系。

六、重视心灵的沟通，建立起温馨的对话场景

理想的德育，应该重视心灵的沟通，建立起温馨的对话场景，使心理健

康教育和心理咨询活动能在学校的教育中安营扎寨。

德育和智育不同，假如我们反对在知识的传授中实行单向传递，那么德育更是绝对不能实行单向灌输的。道德的教育是在润物细无声中进行的，是在教师和学生平等的心灵沟通中进行的。上海著名特级教师冯恩洪早在20世纪80年代就提出"淡化教育痕迹"的德育理论，认为过去的德育过程角色分工太明确，认为教师是教育者，学生就是受教育者。其实，在知识方面，教师也许会比学生丰富一些，但从道德的角度而言，教师和学生在道德方面更应该是平等的，甚至有些学生的品行可能会超过教师。

学生们最不满意在课堂上和办公室里用两种声音说话的教师，最不满意用那些连自己也不相信的东西来征服学生的教师，最不满意那种盛气凌人、以教育者自居的教师。他们会用自己的眼睛去观察，用自己的头脑去思考，他们欢迎没有教育痕迹的交流，欢迎没有心理距离的对话，欢迎促膝谈心的气氛。总之，他们希望教师成为中间人（学校和社会之间）、引导者、商讨者、唤起者，成为自己的朋友；而不希望教师成为间隔者、强令者、教训者、监督者，成为自己的"先生"。在德育过程中，教师必须和学生有一种平等的沟通、一种平等的探讨，一起在教育教学活动中培养德性。

德育尤其需要一种宽松、宽容和温馨的环境。对学生偶然的错误和闪失，不要过分求全责备，即使是教师，偶尔也会有背离道德的言行。在学生形成良好品行的过程中，尤其需要教师的鼓励和表扬。鼓励和表扬的力量远远大于批评和处分的力量，学生在接受教师表扬和赞赏中，他会自觉地把自己的优点无限放大发挥，对自己表现出强烈的自信，极力使自己成为优秀，一些不良的品行会在不知不觉中消除。

但在现实教育活动中，许多德育教师常常扮演的角色却是"警察"，他们最常用的"武器"就是批评，班会经常开成"批斗会"，批斗某一个同学的不良行为，批斗某一种倾向，把学生的缺点无限放大，而很少去发现和挖掘学生身上的闪光点，推动学生内心中那种积极向上的内在力量。那些经常受到教师批评和处分的学生，很可能只看到自己的缺点，找不到自己的优点，并会产生一种"破罐子破摔"的思想，放弃本身一些固有的良好品质，一直处于一种消极的防备状态。

美国的教育心理学家盖杰和伯令纳在《教学心理学》一书中指出："对于教师来说，表扬是最易使用和最自然的、有效的形成动机的方法。"他们还说："有时，教师忘记了他们对于学生的评论是多么重要。我们看到一些教师从不对学生说一句好话，这种行为是不可原谅的！"这对那些只会充当警察角色的教师不是最好的忠告吗？

此外，加强德育还有必要充分重视学生的心理健康教育。过去，我们经常把学生的品行问题和心理问题混为一谈。两者固然有密切的关系，但是毕竟还是不一样的。很多人在生活中所犯的错误往往被看作是德性问题，实际却是心理问题，如学生拿别人的东西，就一直被看作是品德问题，但是据研究，许多都是一种心理障碍问题，因为许多学生根本不缺少这些东西，但是他通过拿别人的东西而获得一种满足感。如果把这些由于心理问题而犯的错误曝光于大庭广众之下，作为品德败坏而进行处理，则会大大挫伤学生自尊心和人格的正常发展。教师必须从学生的心理和行为等角度正确分析学生产生问题的原因。这就给我们的教育提出了新的要求，要普遍地对学生进行心理教育。

教育部近日印发了《关于加强普通高等学校大学生心理健康教育工作的意见》，要求各地教育部门和各高校把加强大学生心理健康教育工作当做进一步加强和改进高校德育工作、全面推进素质教育的重要举措来抓。通过大学生心理健康教育，帮助大学生树立心理健康意识，优化心理品质，增强心理调适能力和社会生活的适应能力，预防和缓解心理问题。帮助他们处理好适应环境、自我管理、学习成才、人际交往、交友恋爱、求职择业、人格发展和情绪调节等方面的困惑。通过心理健康教育，提高高校德育工作的针对性、实效性和主动性，健全学校德育工作的管理体系。这充分说明，我国已经开始重视心理健康教育在学生道德品质发展中的作用，不仅仅大学应该加强心理健康教育，中小学生也同样需要加强心理健康教育。

七、教给学生自我教育的方法

理想的德育，应该教给学生自警、自诫、自励等自我教育的方法，使学生在陶冶情操、磨砺意志的过程中形成"不教之教"的自律习惯。

德性的养成归根结底还是要靠学生的自我教育。苏霍姆林斯基说过："真正的教育是自我教育。"的确是这样。在我看来，"不教之教"是教育的最高境界，是通过学生自己教育自己。

这里包含两个重要观点。

一是德育要注重学生良好行为习惯的养成。很多东西都是习惯成自然。叶圣陶先生说过，教育就是习惯的养成，教学就是养成学生求知的习惯，德育就是养成学生求善的习惯，教师要在学生求善的过程中不断地鼓励和强化，使学生的求善倾向不断地定型化，形成特有的道德品质。此外，让学生进行"道德长跑"是培养学生良好德性的另一个重要途径。一个人做点儿好事并不难，难的是一生做好事，不做坏事。而要做到这一点，就要不断让学生给自己警策。这需要教师帮助学生养成一种自我教育的习惯，能够不断地让学生提醒自己。有许多人经常在自家的墙上或书桌上写上自己的座右铭，古人在胸前的玉挂上刻上自己的座右铭，随时提醒自己应该如何做人，这些都是自我教育的方法。此外，写日记也是一种非常有效的"道德长跑"方式。通过日记，可以不断反思自己的所作所为，可以使自己不断得到新的感悟。

学生不可能永远接受教师的教育和指导，他们终究要长大，终究要离开教师，因此，真正的道德教育应该达到"不教之教"的效果，要尽可能让学生独立地生活，让学生能够时刻反省自己的言行举止，不断完善自我。

八、在全社会形成"做人为本"的共识

理想的德育。应该在全社会形成"做人为本"的共识，建立起家庭、学校和社会三位一体的德育合力网络。使各种力量形成时空交叉影响的德育优势力量。

早在20世纪80年代，中曾根康弘首相曾批评日本教育中"智肥德瘦"的倾向。而时至今日，我们的教育活动中仍然笼罩着"唯智主义"的阴影，还普遍存在"一俊遮百丑"的现象。家庭、学校、社会关注的都是学生的学习成绩，"分分分，学生的命根；考考考，教师的法宝"。学校中的英雄都是分数英雄，而对学生的人格成长和德性的养成往往不太重视。许多家庭的教育，甚至就是反德育的。如许多家长在教育自己的子女时，以自己几十年的经验告诫自己的子女，不要相信任何人，不要轻易帮助别人，等等。诸如此类的教育对学生良好品行的养成产生了不利影响，也许几年的学校道德教育效果就在父母的几句话中毁于一旦。

我们应该反思一下社会因素在学生道德教育中的作用。现在让学生去找一个游戏房和网吧很容易，但是如果找一个让教师和家长真正放心的场所还真是不容易。以前众多的青少年宫等重要的德育基地，现在许多都变成了游戏娱乐场所。抗战前夕，爱国学生惊呼"中国之大，已经摆不下一张安稳的书桌了"；而现在，真正让老师家长放心的有益学生身心健康的活动场所倒也不是很多。

此外，社会媒介在学生的德性发展中的宣传、渗透和感染作用也没有充分地发挥出来。我们目前的媒体为吸引观众或读者，提高经济效益，很多都充斥着色情、暴力等内容，缺乏正确的引导，产生了许多负面效应。

《中国青年报》曾报道了三名19岁罪犯的犯罪经过，他们的作案手法就是结合了《福尔摩斯探案集》和《加里森敢死队》的犯罪手法。当记者问这三个学生，学校是否组织学生评论一些小说、电视或电影时，罪犯之一韩旭回答说，学校根本就不管这些事，进入了高中，学校只管学习，学生有啥思想。根本没有人管。高中毕业时，韩旭对人生、理想等许多问题不清楚，但

是很少遇到谁在思想上给予他正确的帮助。韩旭的父亲是位工程师。他在写给上大学的儿子的信中却说："积我三十年经验，不要对人轻易说真话。"这三个青年走上犯罪道路，不正是大众媒介、学校影响、家庭教育的消极因素共同作用的恶果吗？

因此，提高道德教育的效果，有必要建立家庭、学校、社会三位一体的德育合力网络，使各种力量形成时空交叉影响的德育优势力量。家庭是人们接受道德教育最早的地方。道德教育必须从娃娃抓起，要在孩子懂事的时候，深入浅出地进行道德启蒙教育，循循善诱，以事明理。父母要通过自身良好的言行举止影响孩子，学校必须加强与学生家长的沟通，帮助家长提高教育水平，形成良好的家庭德育氛围。学校还应该注意社会信息传播的内容和方向，抵制和消除不良的信息影响，对社会环境的各种影响作出选择与调节，力求创造良好的社会氛围，以使受教育者朝着社会所期望的方向发展。

"世界上有两种伟大的事物，我们越是经常执著地思考它们，我们心中就越是充满永远新鲜、有增无已的赞叹和敬畏——我们头上的灿烂星空，我们心中的道德法则！"（康德）道德的升华是人类不断向文明进化的载体，抓好学生的德育工作是每个教育工作者一项神圣的使命，也是整个社会的共同责任。

拖课就是到下课时间

◇ 李镇西

一、用"法治"取代"人治"

1999年3月26日至4月10日,我到华东出差。整整半个月,班风良好,秩序井然。学生在我不在的情况下自己管理自己,班级各项工作和活动照常开展——其间,我班还参加了学校的广播操比赛,获初中部第一名,学校二等奖。

其实,这样的情况,在我和我班学生看来是太平常不过了。我每次出外或外出开会,哪一次不是这样的?因此,一些老师夸我班的学生"乖",我说:"这一切都是制度决定的。"

所谓"制度",就是我班的《班规》。

本来,由于种种或偶然或必然的原因,当初分班时,我班的调皮学生的人数是全年级之冠;但是现在,无论是自习还是午休,无论是做卫生还是做课间操,无论升旗仪式还是校外活动,这些调皮学生基本上也能遵规守纪,与集体意志保持协调。所以现在这个班的日常工作基本上不需我操心,一切都交给"制度"。

我朋友常常说我这个班主任当得"很潇洒"。应该说,如果仅就管理而言,我的班主任工作目前是比较轻松的。甚至可以这样说,有了"制度",我这个班主任似乎都是多余的了。

不然,我现在除了备课、上课,还要找学生谈心,而社会工作又这么多,常常出差、开会,还有不少阅读和写作任务,如果不是"制度",我纵有三头六臂,也是无法承受这些"重负"的。

很多同行说我有办法,其实我的办法就是四个字——民主治班。

但是,十几年前,我却不是如此"潇洒"。同现在相当一部分班主任一样,从早到晚,我几乎将班级所有大小事务包揽无余:从抓早读迟到者到观察是否每一个学生都戴了校徽,从与学生 起搞大扫除到陪着学生上每一节自习课,从收电影票费到拎着缺一条腿的课桌四处找木工师傅……什么事情都"亲自抓",自己当然很累,但内心深处也不无自豪:苦虽苦,但我班的班风总算是一流的,我也总算对得起自己的学生啊!——的确,无论是"未来班"还是后来的班级，都获得了包括"市级优秀班集体"称号在内的各种荣誉。

但有时学生却不"理解"我。我记得1985年，我班上一个叫彭艳阳的女生曾对我说："我们班好是好，可这一切都是您一个人在支撑着啊！"

正是来自学生的批评，使不堪重负的我开始反思我的班级管理模式。通过学习和思考，我逐渐认识到，我过去的班级管理模式实际上是"人治"。而且不只是我，长期以来，中学的班级管理模式也基本上都是这种靠班主任"一元化领导"的"人治"。这种管理方式不仅落后低效，而且往往产生一些教育负效应——

因为"人治"，教师很累：上至贯彻落实各级领导的教育意图，下到布置督促检查每天的清洁扫除，班主任日理万机，巨细无遗，可谓"事必躬亲"、"呕心沥血"！

因为"人治"，学生很苦：一切听命于班主任，创造精神受到束缚，主人翁意识受到制约，自觉性越来越弱，而依赖性却越来越强。

因为"人治"，教育不可避免地表现出较大的随意性：对学生的批评、表扬往往因教师当时的情绪或对学生潜在的主观印象而表现出程度的差异或方式的不同，这也使教育的威信在学生心目中降低。

因为"人治"，班级成了班主任的影子：班风的好坏主要取决于班主任个人素质的高低，而教育者所期望的学生的参与精神、主体意识、民主观念等等渐渐淡化以至泯灭。

因为"人治"，师生关系成了"君臣关系"：教师和学生之间只是绝对的教育与被教育、管理与被管理，教育出现了失误也难以及时纠正，这样，我们多年来提倡的师生平等互助的新型关系则成为一句空话。

于是，从1987年9月开始，我尝试着一种崭新的班级民主管理模式："法治"管理。

必须声明的是，这里的"人治"、"法治"只是为了便于说明两种不同的班级管理思想而采取的一种类比说法，而非真正意义上的"人治"、"法治"，因为对于一个班级来说无所谓"立法"，而且班级与国家毕竟也是不可同日而语的。

我之所以提出班级"法治"，最初是受陶行知"学生自治"思想的启发。

在读《陶行知教育文集》时，我对他的写于1919年"五四"时期的《学生自治问题之研究》一文特别感兴趣。他写道："这篇所讨论的学生自治，有三个要点：第一，学生指全校的同学，有团体的意思；第二，自治指自己管理自己，有自己立法执法习法的意思；第三，学生自治与别的自治稍有不同，因为学生还在求学时代，就有一种练习自治的意思。把这三点结合起来，我们就可以下一个定义：'学生自治是学生团结起来，大家学习自己管理自己的手续。'"陶行知还具体谈到学生自治的四点好处："第一，学生自治可以为修身伦理的实验。……在自治上，他们可以养成几种主要习惯：对于公共幸福，可以养成主动的兴味；对于公共事业，可以养成担负的能力；对于公共是非，可以养成明了的判断。……第二，学生自治能适应学生之需要。我们办学的人所定的规则，所办的事体，不免有与学生隔膜的。有的时候，我们为学生做的事体越多，越是害学生。因为为人，随便怎样精细周密总不如人之自为。……这就是说，有的时候学生自己共同所立的法，比学校所立的更加近情，更加易行，而这种法律的力量，也更加深入人心。大凡专制国家的人民，平日不晓得法律是什么，只到了犯法之后，才明白有所谓法律。那么，法律的力量，大都发现于犯法之后，这是很有限的。至于自己共同所立之法就不然，从始到终，心目中都有他在，平日一举一动，都为大家自立的法律所影响。所以自己所立之法，大于他人所立之法；大家共同所立之法的力量，大于一人独断的法。第三，学生自治能辅助风纪之进步。……按照旧的方法，学生有过失，都责成少数教职员监察纠正，其弊端有两种：第一种是少数教职员在的时候，就规规矩矩，不在的时候就肆行无忌；第二种是学生们以为既有教职员负责，我们何必多事，纵然看见同学为非，也只好严守中立。……我们要想大家守法，就须使各人的行为，对于大家负责。换句话说，就是要共同自治。第四，学生自治能促进学生经验之发展。……我们德育上的发展，全靠遇了困难问题的时候，有自己解决的机会。所以遇了一个问题，自己能够想法解决他，就长进了一层判断的经验。问题解决得越多，则经验越丰富。若是别人代我解决问题，纵然暂时结束，经验却也被旁人拿去了。所以在保育主义之下，只能产生缺乏经验的学生；若想经验丰富，必须自负解决问题的责任。"

我这里所以大段大段地引用陶行知的原话，一方面固然是因为他对"学生自治"的论述实在是太精辟太精彩，同时也因为他的这些观点至今有着强烈的现实意义。班级民主管理，并不是我的发明，其思想源泉是陶行知先生的"学生自治"理论。

当然，我们不能脱离时代简单地套用陶行知先生的观点，而应结合我们今天的教育实际予以创造性地运用。正是在这样的思考下，我提出了以"法"治班的思想。

传统教育学在班级管理中更多的强调班主任的个人权威，其合理性至今不可否认，任何一个集体都离不开一定的权威，而教师在班集体中的主导作用更是必不可少的；近年来，越来越多的教育者呼唤培养学生的自我教育能力，这也颇有见地，因为从某种意义上说，管理只是手段，教育才是目的，而"真正的教育是自我教育"（苏霍姆林斯基），离开了学生的自我教育，真正的班集体是很难形成的。由此可见，对于一个优秀的班集体来说，教师的个人权威与学生的自我教育都是不可缺少的。二者不应该互相分离，而必须有机融合于一个统一体，这个统一体便是班规。班规——教师的个人权威，通过班规便不再仅仅是教师的气质、才华等个性对学生的吸引，而已转化成集体的意志；学生的自我教育，通过班规也不再仅仅是学生要求上进的自觉性，而已转化成参与班级管理的义务和权利。这样通过一定的"制度"（班规），班集体所有成员都成了管理者，又都同时是被管理者，班级管理便由"人治"走向了"法治"。

而且，班级"法治"管理的意义绝不仅仅是治理班级本身，从我们长远的教育目的来看，它是让学生通过这种形式受到真正的民主启蒙教育。正如陶行知在《创造的儿童教育》中所说："在民主生活中学民主。专制生活中可以培养奴才和奴隶，但不能培养人民做主人。民主生活并非杂乱得没有纪律，人民只可以在民主的自觉纪律中学习做主人翁。"

我的"法治"管理，正是让学生"在民主生活中学民主"。

二、把教师的权威融入集体的权威

《班规》正式实施不久的 1987 年 11 月 29 日，学生为参加学校 12 · 9 歌咏比赛在礼堂排练。

大家正兴致勃勃地练着，可担任领唱的罗晓宇同学不知何故不愿领唱了。我先是反复耐心给她做工作，同学们帮着也劝说，可她仍然不愿领唱。这可把我急死了，想到离比赛只有几天了，现在换人肯定是来不及的。最后我实在控制不住自己，勃然大怒，猛拍钢琴，呵斥道："你不唱就给我滚出去！"

话一出口，我就意识到自己过分了：万一罗晓宇真的"滚出去"了，这歌还怎么练呢？

还好，我这一吼还真管用：罗晓宇虽然满脸不高兴，但总算唱了起来……

排练结束后，我把罗晓宇留下来谈心，她说她刚才不想唱是因为排练前与一位同学闹别扭，情绪不好。我一方面教育她要以集体利益为重，同时，又真诚地向她道歉："刚才我实在是太急了，冲着你发那么大的火。真对不起，请原谅李老师！"

她也真诚地说："不，还是怪我当时使性子……"

我想，这件事也就算解决了。

谁料到，我第二天早自习走进教室，见黑板上赫然一行大字："李老师昨日发火，罚扫教室一天！"我心里一惊：这些学生还真够认真也真够大胆的！转而又是一喜：学生们勇于向老师挑战的精神难能可贵，实在不应挫伤。再说，《班规》刚刚实施，对班主任从严、从重要求必将提高《班规》的权威性——这实际上也是班主任真正的权威之所在！

不过，我得再"考验考验"学生们依照《班规》惩罚老师的勇气究竟有多大。于是我半开玩笑、半认真地同他们"谈判"："李某人当然不敢不依'法'办事。但请问，李老师这个月发了几次火呀？"

学生们想了想说："一次……"

"对嘛，《班规》上的规定是'发火超过一次'，可我并未'超过一次'呀！"然后我有些得意地说，"今天是11月30日，我只要今天不对同学们发火，嘿嘿，我这个月就不会'超标'！"

学生们一下哑了，可能是觉得我言之有理吧，他们不再与我争辩。

可是，李崇洪同学站了起来，他左手拿着《班规》，右手指着上面的条文大声说："李老师说得不对！您发火是没超过一次，但您昨天用不文明的语言侮辱了罗晓宇——您叫她'滚出去'，这可应该受罚啊！"

他这一说，学生们便嚷了起来："就是嘛！该罚！该罚！"

于是，我做出一副无可奈何的样子，笑着对大家说："好，好！我认罚。看来，面对《班规》，我想赖账也不行！今天放学后，由我扫教室，而且保证教室清洁分数达到10分，否则重扫！"

当天下午放学时，我正在市里开会，但我仍然提前匆匆赶回学校。当我走进教室时，看见宁玮、赵琼等几个住校女生正准备打扫教室。我赶紧冲过去夺下她们手中的扫把："你们不能扫！今天该我一个人扫！"

她们却死死地捂住扫把不放。赵琼说："李老师，您真的要一个人扫？"

我说："不是我要一个人，因为这是《班规》的规定啊！"

"哎呀，您太认真了！"宁玮说，"那这样吧，李老师，我们和您一起扫，好不好？"

"不可能！"我强行把她们赶出教室，把门关死，一个人在教室里干得满头大汗。

第二天一早，我又早早走进教室，做早扫除。

当时的情景真是别有趣味：教室里灯火辉煌，学生们书声琅琅；教室外，大雾弥漫，我在窗台上一丝不苟地擦拭着玻璃窗。学生们不时抬起头，向我射来敬佩的目光。

那天早晨第一节课下课后，学生们纷纷到《学校清洁卫生评比栏》看我班的教室卫生评分，结果当天的分数是满分10分！

这下在全班引起了强烈反响："李老师太好了！""我读小学到现在，从来没见过老师一个人扫教室！""李老师真高尚！"

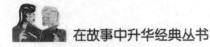

我却感到深深的遗憾：学生们对我的行动赞不绝口，这说明在大多数学生的头脑里，我并不是依"法"受惩，反而是"放下架子"平易近人因而令人崇敬的英雄。如果学生真是这样的认识，那么，我的教育只能说是失败的！

在下午的班会课上，我真诚而严肃地对全班同学说："纪律面前，人人平等。既然同学们违纪都应该受罚，为什么老师可以例外？这与'高尚'丝毫不沾边！前不久报上登了江西省前副省长倪献策因触犯刑律而被捕入狱的消息，我们怎么没有说'倪献策真高尚啊，犯了罪竟亲自坐牢'呢？如果你们认为同学违纪受罚是理所当然，而老师违纪受罚就是'高尚'，那么，你们就仍然没有树立起'面对纪律师生平等'的民主观念！"

在这个班以后的两年多中，我又因各种"犯规"而五次被罚，我很少再听到有人说我"高尚"，大家都觉得很正常、很自然。

有了集体权威，我似乎放弃了班主任的"个人权威"。我追求着一个目标，把教师个人的权威融入学生集体的权威，其意义已不仅仅是体现出教师个人的教育艺术与管理水平，而更重要的是，要使我们的教育真正充满社会主义的平等意识与民主精神。

课堂辩论：该不该要惩罚

从 1987 年我第一次在班级实行民主管理以来，每接一个新班，我都要"从零开始"地引导新生制订《班规》。每一个班的学生情况不完全一样，所以，制订的《班规》中某些具体的条文也不完全一样，但是《班规》的"可行性"、"广泛性"、"互制性"的基本原则和民主、平等的基本精神却是完全一致的。

1997 年 9 月，我调到成都石室中学，接手初 2000 级三班班主任，又开始在班上引导小同学们制订《班规》。这次，在要不要"惩罚"的问题上，学生中产生了不同的看法。

本来，这个问题在我实行民主管理之初就犹豫过，"惩罚"在教育中的确是个敏感的问题；但无数教育者的实践都证明，教育不能动辄惩罚，但离开了一定的惩罚，教育将是苍白无力的！

但我这个观点决不能强加给学生，关于《班规》中要不要惩罚，还是应通过讨论甚至辩论，由班上学生投票决定。而且，多年来我已养成了一个习惯：凡是自己在工作中遇到什么难题，我就将难题交给学生。因为我坚信，五六十颗大脑无论如何也比我这一颗大脑聪明！

于是，我利用一节班会课搞了一次讨论。在讨论中，赞成惩罚的学生（简称"赞成派"）与反对惩罚的学生（简称"反对派"）几乎势均力敌，谁也说服不了谁。这时，学生们都把目光投向我，想让李老师来做最后裁决。

我毫不怀疑我在这些十一二岁的孩子心中的权威地位，只要我说出我的意见，至少大多数人都会赞同。但是，我不能把自己的看法强加给孩子们，而还是应该在尊重他们的前提下引导他们。

　　恰好这时，崔涛同学发言了："我有一个建议，我们的《班规》暂时不要惩罚，试行一段时间看看。如果需要惩罚，我们再加进去。"

　　崔涛的建议，不但说出了我本来想说的话，而且赢得了多数人的同意，于是我说："还是那句老话，班集体是大家的，班上无论什么事都应大家商量着办。既然多数人都同意崔涛的建议，那这个问题就暂时这样定了吧！"

　　孩子毕竟是孩子，相当一部分学生的自觉性不可能很强，这就使班上有些时候的纪律不能得到保证。凡遇上违纪情况，我们都是按《班规》批评教育，但对一些学生显然力度不够。有一天上习课，纪律很不好，班委招呼几次都不起作用。放学以后，班长向启找到我："李老师，看来不要惩罚是不行的，还是应该在《班规》里加上惩罚的内容。这样，纪律才有强制性。"

　　我说："好，我们再开一次班会课，就这个问题搞个辩论，怎么样？"

　　班会开始了，我让向启向全班总结了一下近期班上的纪律情况，然后在班上就"是否在《班规》中加上惩罚内容"举手表决。结果，"赞成派"显然人数大大增加，"反对派"的人数则要少得多。按理说，就凭这个表决结果此事便可定下来，但是我想通过辩论让每个人都来深入思考一下这个问题。

　　于是，我叫"赞成派"和"反对派"各坐一边，准备辩论。

　　先是邹冰代表"赞成派"发言："我认为，《班规》里应该有惩罚，因为最近一段时间班里的情况已经证明，没有惩罚是绝对不行的！"

　　"反对派"的林媛却站起来反驳："惩罚只能让违纪同学行动上受约束，而不能让他们真正心服。"

　　向启立刻站了起来："如果要让每一位违纪的同学都心服，是很难做到的，但是，我们的纪律决不能迁就这些同学！"

　　张杨从另一个角度谈了她的看法："李老师最近为我们读了《爱的教育》，书中的老师对学生从来不惩罚，因为他爱孩子，信任孩子。我想，我们班也不应该要惩罚，而且也应该有'爱的教育'！"

　　她的话音刚落，就有"赞成派"的同学反驳她："对违纪同学进行惩罚与爱的教育并不矛盾，惩罚也是一种教育。《爱的教育》中，那位一贯不守纪律的弗兰提最后不也被开除了吗？请问，这不就是一种非常严厉的惩罚吗？"

　　但"反对派"仍然据理力争："违纪的同学毕竟是少数，但如果《班规》里规定惩罚就是对多数同学而言，这公平吗？"

　　"赞成派"："对于多数遵守纪律的同学来说，根本不必担心惩罚。国家法律规定抢劫杀人就要劳改或枪毙，可杀人放火的毕竟也是极少数，请问这又公平不公平呢？"

"反对派"："我们不否认惩罚会让一些违纪同学有所收敛，但这同时也让人产生逆反心理。我们为什么不用说服和感化来让他们口服心服呢？"

"赞成派"："开学以来的班风已经证明，对少数同学来说，仅仅靠感化和说服是不起作用的。而且，我们在采用惩罚的同时，也可以继续对他们进行说服教育嘛！"

同学们希望听听我的意见，我说："同学们的辩论很有意义。不管赞成惩罚的，还是反对惩罚的，都是在真诚关心我们班集体的建设。因此这场辩论的意义已不仅仅是决定是否'惩罚'，它更重要的意义在于同学们通过辩论已经不知不觉地在进行自我教育，在尝试着以班级主人的身份思考民主治班的问题了。至于对是否在《班规》中加进惩罚内容的问题，我个人的意见是，咱们再尝试一段时间的'无惩罚'《班规》。我相信通过今天的辩论，少数经常违纪的同学一定也受到了教育；我更相信他们已经在心里暗暗下决心改正自己的缺点了。咱们再试试不要惩罚吧！当然，如果多数同学都认为现在就非加进惩罚不可，我服从班上大多数人的意见。"

说实话，理智告诉我，对于没有良好行为习惯的学生来说，应该通过纪律惩罚强制性地让他们养成良好习惯；但感情告诉我，如果不要惩罚就能让每一个人具有良好的纪律风貌，那多好啊！

最后，同学们举手表决，多数同学赞成暂时维持现状，过一段时间，再根据情况修改《班规》。

但下课以后，班上特别调皮的学生却找到我："李老师，我们要求《班规》有惩罚，不然，我们老是控制不住自己。如果我们想到违反了纪律将受到惩罚，可能会随时提醒自己遵守纪律的。"

这些一贯违纪的学生居然要求惩罚，实在令我高兴。但我仍然对他们说："刚才班上已通过的事，我怎么能随便改变呢？不过，你们愿意接受惩罚，这说明你们有着强烈的改正缺点的愿望。希望你们随时提醒自己做一个守纪律的同学。"

我对教育中的惩罚是这样看的，第一，教育不能没有惩罚，或者说惩罚也是教育的一种方式；第二，惩罚不一定是体罚，对学生任何形式的体罚都是应该反对并禁止的；第三，教育中的惩罚最好是学生自己对自己的惩罚，这样带有自我约束色彩的惩罚实际上是学生自我教育的一种形式，我认为应该提倡。

这场辩论刚刚过去不久，现在我班的《班规》仍然是没有惩罚的。不过，我想，如果过一段时间绝大多数学生感到非要惩罚不可了，那么，被惩罚的同学就不会感到自己的受罚是老师、同学和自己过不去，而是自己和班集体过不去，甚至是自己和自己过不去。

我和学生们都等待着下一次班会的集体裁决……

三、面对"制度"的监督

1999 年 4 月 12 日，我回到了离开半个月之久的学校。

星期一照例要举行升旗仪式，我一到操场，远远地就看到了我班整齐的队列。走近了，学生们以热烈的掌声欢迎我。看到了学生们可爱的面容，我感到非常亲切；学生们的脸上露出兴奋的笑容，他们也为我的回来而高兴。

升旗仪式结束后，班长胡夏融递给我一个纸包："李老师，您走了以后，我按有关规定在班上搞了一次对您的评议，请同学们对您投了一次信任票。这是结果。"

胡夏融所说的"有关规定"，是指《班规》第 44 条："每月全班以无记名形式对班主任工作进行一次信任投票，信任票未获半数，罚独自扫教室一次；连续两次未获半数，由班委向校长写投诉信。"

我打开纸包看了看，里面的 59 张纸条上写满了学生们对我的评议。因为是"无记名"，所以当然都没有署名。

学生们是根据胡夏融提的四个问题对我进行评议的：1. 你是否给李老师投信任票？2. 你认为本期以来，李老师的工作有什么值得肯定的地方？3. 你认为李老师最应该保持的优点有哪些？4. 你认为现在李老师还存在哪些需要改正的缺点？

结果，全班 59 个学生中，有 57 个人投了信任票。

学生们认为我本期工作中值得肯定的改进有："在多媒体教室上语文课"、"进一步减轻了语文学习的负担"、"让同学上台讲语文课"、"进一步放手让班委管理班级"等等。

学生们认为我最应该保持的优点有："很民主"，"十分幽默"，"对同学平等，一视同仁"，"不轻易批评同学"，"语文课很有吸引力"，"不歧视差生"，"对同学很亲切和蔼，很少对同学发火"等等。

学生们给我提的意见和希望有："不要让我们和家长一起开家长会"、"不要经常出差"、"有时上课站姿不正"、"有时错批评同学"、"有一次下课拖堂没有受罚"、"不要点名批评同学"、"和我们一起玩的时间比以前少了"等等。

第一节正好是我的语文课，在学课文之前，我用了几分钟的时间谈同学们对我的评议。我首先感谢同学们对我的信任，特别感谢那两位没有给我投

信任票的同学，因为他们提醒了我，我的工作还没有让所有同学满意。然后，我就同学给我提的意见诚恳表态："我无条件接受同学们的批评，努力改正缺点，进一步改进工作！"

由于这堂课我就学生对我评议多讲了几分钟，所以教学时间就特别紧，以致下课铃响起时，我都还没讲完，于是我不得不拖了几分钟的堂。

刚一下课，刘星岑同学就走过来说："李老师，你拖堂了！"

我一愣，正想表示歉意，但脑子里突然转了个弯，说道："是的，我拖堂了。但是郭晓君同学没有追究我。"

我这里所说的"郭晓君"，是按《班规》分工专门负责监督我的一个女同学。当时，我是这样想的：不错，按《班规》上的规定，我拖堂是应该受罚；但是，追究我的应该是郭晓君而不是刘星岑。刘星岑的认真和勇敢无疑是值得赞赏的，如果我听从了她的批评并接受惩罚，虽然也会让同学们感动，但这只能助长郭晓君的"玩忽职守"——以后，她很可能会更加掉以轻心：我对李老师的监督严格不严格关系不大，反正有同学们帮我监督李老师。而其他学生对我的监督往往是偶然的（比如今天的刘星岑）。这样一来，造成了执"法"过程中的漏洞，而《班规》上所确定的对班主任的民主监督便极容易成为一纸空文！所以，我现在不想对刘星岑认错并受罚，因为我想给以后的教育埋下伏笔。

刘星岑听了我的话，好像马上就去找郭晓君了，不知当时郭晓君的态度如何，反正我一直没有受罚。

两周以后的一次班会上，我和学生们定期对《班规》上的班务分工进行评议。学生们对工作负责、执"法"严明的同学提出了表扬，对不太负责的同学也提出了批评。但在被批评的人中没有郭晓君。

于是，我发言了："我认为，有一个玩忽职守的同学应该受到批评，她就是郭晓君！"

我谈到了前次我拖堂的事："我当时的确拖堂了，但郭晓君同学为什么没有按《班规》罚我呢？可能是因为她胆小，不敢惩罚我；可能是因为她粗心，没有发现我犯这个错误；可能是因为她对李老师很信任，认为李老师严于律己因而不会犯错误；也可能是因为她工作不负责任，即使知道了我拖堂也懒得管；还可能是因为她想维护我的'威信'而袒护我……不管是哪一种原因，我们都不应该原谅！所以，我正是想以我的'不认错'给她一个教训，也给全班学生一个提醒：班主任是靠不住的；唯有民主监督，才是最可靠的！"

没过多久，我上课又未按时下课。这次，郭晓君同学毫不客气地走上来对我说："李老师，你拖堂三分零十六秒！对不起，我将按《班规》罚你。"

"美玉"也需精雕细琢

◇ 祁秀兰

和往常一样，上完两节课我回到了办公室，可刚一进门班上一个学生随后跟了进来，很委屈的对我说："老师，我觉得很不公平。"追其原因，他说："今天早读的时候班上的英语科代表欺负我。""为什么?"我问。他流着泪说："早晨我一来就告诉她啦，昨晚的单词我没背会，早上提问别点我的名，可他故意叫我，让我在全班同学面前丢脸，这不明摆着欺负我吗?"听了他的话，我安慰了他几句，就让他回去了。后来由于那几天事情太多，忘了这件事，直到有一天，科代表小柯来我办公室问作业，无意间我提到班上的几位同学，说他们需要单独布置作业，"差生!"小柯那种不屑的口气以及那种蔑视的眼神让我惊呆了，一时间真令我窒息。那一刻我才明白了那位同学为什么找我告状，而又为什么流泪。班上确实有一小部分同学，他们成绩优秀，常受到老师的表扬，但他们却也存在"尖子生"所特有的一些毛病。

小柯是英语科代表，当然她学习成绩在班上名列前茅，优秀的成绩使她常常得到老师和同学赞扬，她在别人面前更是光彩照人。然而在她身上却同时孕育着那种自负、自居的心理状态，不良的心态却让她的"光彩"大打折扣，成为一个名副其实的"阴阳人"。所谓"阴阳人"，在这里指小柯作为班上的尖子生，她展现给大家两种心理状态。即积极向上追求知识的良性心理状态和妄自尊大、自傲自负的消极心理状态。而正是这不良的、消极的心理状态却逐渐吞噬着这样一个成绩优秀的学生。作为教育工作者，除了教书还要育人，这就要求教育者要及时了解和帮助这些"尖子生"们，帮他们成为真正健康的人，成为社会有用的人。

"尖子生"是教师的宠儿，是学生心中的英雄。他们懂事理、有礼貌、学习认真，但他们并非完美无缺，虽然是块"美玉"，也同样需要教育者的精雕细琢才能成器。了解"尖子生"，首先得了解他们所共有的一些心理特征：

（1）自负心理：自傲自负在尖子生中表现得较为普遍。他们往往目中无人，唯我独尊，常把自己凌驾于集体之上，与同学关系不太融洽。

（2）自居心理：尖子生处处显示自己与众不同、高人一等，且争强好胜，总爱用自己的优点去比别人的缺点，结果总比别人强。所以，他们妄自尊大，不喜欢参加集体活动，独来独往，常沉浸在个人的内心世界里，易形成清高的心态。

（3）虚荣心理：由于老师的信任和偏爱，致使他们看不到自己的缺点，更看不到别人的优点，当受到批评时，却显得非常警觉敏感，不是虚心改正，而是固执己见，钻牛角尖，这是虚荣心在作祟。

（4）蛋壳心理：长期处于"金字塔尖"的"尖子生"，很少品尝到失败和受批评的滋味，一旦受到打击，就情绪低落，悲观失望。形成外表光亮坚厚，实则不堪一击的"蛋壳心理"。

小柯同学作为班上的"尖子生"，尖子生的自负、自居心理在她身上表现得淋漓尽致。长此以往，势必对他们的成长不利。作为教育工作者，我们有义务也有责任帮助他们走出这些心理上的误区，以使其能尽早成才成器。我们不妨对其从心理上做以下调整。

（1）自我内化。苏霍姆林斯基曾说过："真正的教育是自我教育。"必须让其意识到自己的缺点，指明其改正缺点的必要，让他们革除陋习，发愤图强。

（2）淡化"尖子生"意识。在日常的教学过程中，老师应适当淡化他们的"尖子生"意识，既不能偏袒他们的短，又不能夸大他们的长。使他们通过与同学的平等相处，看到别人的优点，认识到自己的缺点，以使他们能取长补短。

（3）增强"尖子生"的意志力。对"尖子生"，老师不能搞特殊，要一视同仁。对其所犯错误不可忽视，更不可迁就，应严肃批评教育，对一些"尖子生"担任学生干部，决不对其搞"终身制"，合理轮换，让他们适应一下"能上能下"的机制，以使他们能经得住考验。

（4）爱心教育。孔子曰："人非圣贤，孰能无过；过而能改，善莫大焉。"更何况是处于青春期的中学生，用情感去滋润他们，以爱心去浇注他们。让他们合理的正视自我，树立远大理想，有着崇高的人生目标。只要我们老师细心地去雕琢，让这些"尖子生"再接再励，形成良性循环，何愁其不成器呢？

对优秀生培养的几点思考

◇ 张芝莲

班级授课制下，真正走进每一个学生的心灵，只能是一种"理想状态"，毕竟教师的精力是有限的，教师的视线常常被几个"问题学生"所牵引，各方面都比较优秀的学生往往给人一种"安全感"。正是这种安全感，使"优秀生"的一些不健康心理被掩盖了：清华大学保送研究生刘海洋不能说不"优秀"、云南大学的马加爵至少是一个学业上的成功者、武汉某重点中学奥赛学生因未能保送而出走、复旦大学的研究生跳楼……这样的例子似乎很多，使我们不得不重新审视和关注"优秀生"问题。

一个优秀学生能否成才取决于他是否具备良好的个性品质。许多优秀学生在关键时刻"失常"或"大失水准"究其原因均属于个人心理品质不完善、个人意志品质不是很强之原因，这主要是我们平时对他们"一好全好"的一种不完整的认识。所以我们对优秀生的培养首先应该培养他们的"平常心"。优秀学生拟定计划、选择策略、作业往往比一般学生要迅速，如果因为这样而认为自己高人一等，瞧不起别人，必然会滋长骄傲浮躁的情绪，在认识事实的过程中"轻敌"，导致认识肤浅，自以为是，最终会忽略或缺乏研究事物的一般手段和方法，阻碍自己思维的发展。另外，由于认识事物的过程不是一帆风顺的，其间少不了很多"挫折"，如果因为挫折而一蹶不振，将会影响一个人的终身发展。从这一意义上来说，我们应该在教学过程中增强对他们的挫折教育，鼓励他们勇于突破障碍，培养忍劲。第三，科学素养是任何一个科学家和专业技术人才所必须具备的品质，我们应该给学生介绍科学家一丝不苟、实事求是、任劳任怨、勇于探索的科学作风，介绍科学上的一些重大发现，通过故事让学生明白科学家是怎样洞察事物发展过程中的细微变化而有所发明和有所发现的。同时还得介绍一些由于不尊重自然规律、不具有科学态度而给国家和个人造成一定损失的事例，使他们从中接受经验和教训。另外，一些优秀生总是有一种十分根深蒂固的观念：我是优秀生，社会、家人、教师、同学对我好是理所当然的，至于如何回报他人，另当别论。我之所以优秀，完全是因为自己比别人聪颖。这样造成优秀生在思想、道德、行为出现种种的不良现象，特别是在他们遇到挫折时，心理承受能力较差，以致出现了各种偏差。我认为平时教师要多一双慧眼，关注优秀学生的细微变化，及时发现问题，讲究教育方式，用谈心、鼓励、家访等方法给予正确引导。对于优秀生言行举止傲慢、目中无人的现象，教师要善于施计，巧妙利用课外资源，引导他们学习，并让他们在学习中受到教育和养成谦虚谨慎的学习作风以及脚踏实地地向更高的目标攀登奋进的良好品质。

优秀学生在群体中的作用是无法取代的，他们可能是全班同学的凝聚点，有着强烈的"向心"作用，成为众多同学努力追求的目标和方向，但优秀生在学生群体中没有明确的界定。拥有一批优秀学生，的确是教师的幸运和自豪。但在欢喜的同时，别忘了多关注优秀生的心灵，多与家长沟通，多一些细致、全面的心理辅导，必然使优秀生更加优秀，这是我们所期望的，愿我们拥有更多的优秀生。

加强对优秀生的管理

◇ 钟兰英

回顾六年的班主任工作，我发现，对各方面比较差的学生的管理较严，而对品学兼优的学生的管理有些放松，致使在一些好学生中出了问题。如：有的自私，只管自己，不管别人；有的只能接受表扬，受到批评就灰心丧气；有的借着"权势"瞎批评同学……事物总是处于发展变化过程中，品学兼优的学生也不例外，如果放松对他们的管理教育，他们也会朝相反的方向发展。因此，我觉得，加强对优秀生的管理教育，是老师特别是班主任老师值得研究的一项课题。

好学生发生问题的表现形式虽然不同，但究其犯错误的根源，无外乎是内因、外因两个方面在起作用。从他们本身看，思想不成熟，经不起挫折，理论根基浅，拒腐能力差，进步的动机不纯，目的不明确。另外，学校领导、老师、特别是班主任对他们的管理教育不严、方法不当也是重要因素。我认为，可以从以下四方面来加强对优秀生的管理教育。

一、辩证地看待优秀生

优秀学生基本上可以分为稳定型和摇摆型两种。前者能正确对待和处理在学习成长过程中遇到的困难和问题，自我修养较好，应注意引导帮助他们逐步确立为共产主义奋斗终生的坚定信念，使其思想境界不断升华；后者表现为思想基础不牢固，他们上进的目的性较强，一旦受到挫折，目的没有达到，思想就会出现波动，要注意调动积极因素，帮助他们端正争当优秀生的动机，引导他们向稳定型发展。当然，在管理教育中，要讲究工作方法，以鼓励为主，批评要恰当、适时，防止急于求成、一蹴而就。

二、把握住管理教育中的几个环节

1. 考察关

在培养优秀生以树立典型时，应注意全面了解考察，做到心中有数。

2. 宣扬关

宣扬优秀生的事迹时，要坚决反对和防止"假、大、空"，要实事求是，

注意分寸，不夸大，不掺假，不任意拔高。

3. 荣誉关

一部分优秀生当荣誉、赞扬的话接踵而来时，就像走进了一个五颜六色的万花筒，感到头晕目眩，由此沾沾自喜，飘飘然起来，应做好表彰以后的思想工作，积极帮助和引导他们树立正确的荣誉观，即把荣誉作为学习进步的新起点，不断进取，向新的高度冲刺。

三、正确处理管理教育中严与爱的关系

对优秀生的管理教育，要从有利于健康成长出发，爱护其学习、上进的积极性，但又要严格要求，做到严得合理，爱得真诚，爱要以严格要求为基础，要真正关心帮助他们，做到放心不放松，表扬不忘批评。

四、搞好帮教工作

先进帮先进，有利于先进学生之间的相互了解，相互学习，相互促进，取长补短，共同提高，有利于相互团结，发挥先进层的群体作用。先进帮后进，可以有效地防止先进后进两脱节的现象，在互助中先进学生可以不断向后进学生传授知识和先进思想，做好后进生的转化工作，以带动越来越多的学生一道成长进步。

优秀生优良个性特征的培养

◇ 冯庆香

从心理角度讲，个性特征包括能力、气质（秉性或性情）、性格。优良的个性特征应该是：性格温和、热情、奔放；举止优雅大方，神态温和端庄，谈吐幽默；对人忠诚，礼让关怀……

知识经济时代，人类社会丰富多彩，人们的需求各具特色，这使得显露在外的个性特征更直接地影响优秀生的健康成长，培养优秀生优良的个性特征也势在必行。

在优秀生培养计划执行过程中，给我留下深刻印象的是李明明同学。他学习刻苦努力，做事一丝不苟，在优秀生行列中，他的学习成绩从没有掉下前三名。尽管成绩名列前茅，但性格上的缺陷使他自己并不快乐。他性格孤僻，害怕交往，上下学独来独往，课间顾影自怜，就连坐座位也是自己紧挨在老师讲桌旁边。他觉得自己像茫茫大海中的一叶孤舟融不进那个团结的班集体。自己不愿投入火热的生活，还抱怨别人不理解自己，不接纳自己，同学们背地里给他起个"怪人"的绰号。

观察一段时间后，我确认他的表现属于心理疾病中的"孤独症"。老师的责任感呼唤着我必须想办法挽救这个性格上有严重缺陷的同学，走进他的心灵深处，把他从孤独中解救出来。

首先，我多方面分析他产生孤独的原因。内因：主要是内向个性所致，把个人的兴趣转向深邃的内心，不愿与外界的事物、人和环境交往；外因：从其他同学那里得知，他以前的个性不这样，上初中时特别活泼开朗。中考那年，他妈妈突然去世，给他精神上极大的打击，加上不久后继母的进门，使他判若两人，成了现在这个"怪人"。

其次，多角度寻找对策。（1）利用师生的特殊关系，我主动与他接触，告诉他不应该害怕孤独。诗人布洛克说得好："一个懂得孤独或至少在孤独中思考过自己的人才会更加心胸坦荡，也更能理解别人不理解的事情，最终沿着坦诚的路走出孤独。"（2）联合班委在班内动员起来，找性格开朗的同学课上同他坐在一起，共同讨论问题；课下拉着他一起做操、踢毽、跳绳，让他充分体验、融进班集体的快乐。（3）与他的家长联系，尽量增进两代人之间的相互了解。要求他的父亲在学习上多关心帮助孩子，日常生活中多关怀体贴孩子，让他再重温往日家庭的温暖。（4）最关键的是有计划地让他自己多和别人交往，缩小和同代伙伴的差异。告诫他交友要发自内心，从心灵上动员起来，才会有真正的心灵沟通；另外，"投之以桃，报之以李"，要求他从文化修养到兴趣爱好各个方面与同学相互学习，只有对别人信任才能取悦于人，才能获得对方的信任。

经过一年的努力，我终于看到李明明个性特征上质的飞跃：教室中他在滔滔不绝地给同学们讲欧洲足球；体育课上能听到他幽默的话语和开心的笑声；走起路来健步如飞，昂首挺胸。

除孤独这样的例子外，心理紧张、焦虑，处理问题能力欠缺，傲物自视，情绪波动大等问题在优秀生身上也屡见不鲜。这提醒广大教师，在新课程改革大势的推动下，我们应从传统优秀生培养的标准中跳出来，用多智能理论培养优秀生，让他们以健康的人格走向社会。

特长教育促进全面发展

◇ 赵志红

幼儿天生有着强烈的好奇心和求知欲，培养和发展孩子广泛的兴趣和爱好，可以极大地满足孩子的好奇心和求知欲。特长教育恰好能培养和发展孩子广泛的兴趣和爱好。通过多年的特长教育实践，我发现特长教育可以带动孩子的全面发展。

特长班报名时，文文的家长给孩子报了美术班。可以看出，文文并不喜欢画画，总是消极地"应付差事"：上课时，他懒散地趴在桌子上，眼睛里透出一种不情愿。画画时，两手"左右开弓"但只画一个，如果要求他再画几个，他就没精打采地说："我不想画了……"

培养孩子的兴趣和保护孩子的自尊心、自信心同样重要。孩子的心理承受能力比较差，在遇到困难和挫折时容易半途而废，这就要求我们在教育教学活动中要讲究方法。面对孩子的反应，我虽然内心焦急，却不能让自己在孩子面前表现出任何不悦。我俯下身子，一面纠正孩子的握笔姿势，一面满怀期待地对文文说："文文，老师特别喜欢红色的苹果，你帮我画一个，好吗？"孩子不好拒绝老师的请求，就又画了一个，我得寸进尺，继续说："啊！文文画的真棒！你再给爸爸、妈妈画几个吧……"就这样，文文一步一步落入我的"圈套"。

在老师的关注、引导和期待中，文文渐渐地喜欢上了绘画。"兴趣是最好的老师"在文文身上得到了体现，文文的绘画水平提高很快，文文也在点点滴滴中发生着变化：以前相对漠然的眼神被见面时友好的招呼代替；从孩子的坐姿和孩子的眼睛可以看出，以前处于"漫游"状态的思绪被聚精会神所取代；在别的孩子对他作品欣赏的目光中，文文感受到自豪、快乐和满足。

同样的例子在舞蹈特长教育中表现也很突出。例如，本来内向、少言的幼儿，通过在舞蹈班的锻炼，肢体动作舒展、优美、节奏准确，对音乐的感受力和表现力增强，而且也带来了性格上的变化，孩子变得开朗、大方、自信，连表情和眼神也可以传达出与众不同的信息。

经特长教育后，幼儿的成长、变化带给我很多思考。他们提高的不仅是绘画、舞蹈的技能技巧，还培养了孩子良好的课堂常规、学习习惯以及人格、性格、心理上的健康发展，而这些对他们一生的成长都有益。

幼儿时期是人一生中发展最为迅速的时期，在幼儿期，使孩子获得全面、充分的发展，将会为其一生的发展奠定良好的基础，使孩子拥有"一技之长"，将会促进孩子的全面发展。

培养孩子的"一技之长"吧，帮孩子成就多彩的人生！

不妨"借"鲶鱼一用

◇ 赵俊英

军事班的学生聪明、好学，但在中考前的最后几次月考中，他们的成绩明显下降，而且变得毫无斗志，变得安于现状，变得毫无激情，变得没有竞争意识，变得不向命运挑战，俨然成了一只只温水里的青蛙，丝毫没有意识到温水的温柔陷阱。如何让学生赶快从温水里跳出来，不做温水里的青蛙，改变军事班的现状是当务之急。

一个偶然的机会，我看到了一个"鳗鱼的故事"。古时候日本渔民出海捕鳗鱼，因为船小，回到岸边时鳗鱼几乎都死光了。但是，有一个渔民，他的船和船上的各种捕鱼装备，以及盛鱼的船舱，和别人都完全一样，可他的鱼每次回来都是活蹦乱跳的。他的鱼因此卖的价钱高过别人一倍。没过几年，这个渔民就成了远近闻名的大富翁。直到身染重病不能出海捕鱼了，渔民才把这个秘密告诉他的儿子。在盛鳗鱼的船舱里，放进一些鲶鱼。鳗鱼和鲶鱼生性好咬好斗，为了对付鲶鱼的攻击，鳗鱼也被迫竭力反击。在战斗的状态中，鳗鱼生的本能被充分调动起来，所以就活了下来。所有的日本孩子自幼就被灌输了这样的信念：只有勇于挑战，才能拥有成功和希望。

这个故事给我很大的启发，在军事班里能否也"借个"鲶鱼一用，激起他们的斗志呢？在上晚自习课的时候，我从其他班请来了几名相当有实力的学生来军事班听课。对这几位同学来说，进军事班听课是他们的梦想。第一、军事班有优秀的教师。第二、军事班有良好的学习环境。第三、军事班是尖子班。第四、军事班的学生聪明好学。所以，在回答问题时，这几位"鲶鱼"不甘示弱，表现非常的积极，出乎意外的是他们的回答比军事班的同学要认真、精彩得多。这样军事班里就像真的进了几条"鲶鱼"一样，激起了不小的波澜。尤其是那些尖子生，感到震惊，感到压力，感到自己的不足，感到了竞争的激烈。

通过"借"鲶鱼，军事班同学的积极性被调动起来了，他们挑战自我，挑战同学，班里出现了你追我赶的学习风气。鳗鱼的故事给我们的启发：要勇于挑战，只有在挑战中，生命才会充满生机和希望。彩虹总在风雨后，在2004年的中考中，军事班的平均分取得90.75的好成绩，优良率97.50%，优秀率70%。全班升入高中深造。

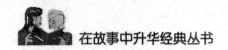
优秀生培养之我见

◇ 戚灵可

世间的万物中，既有优质的，也有劣质的。在成千上万的学生中也是这样的，既有优秀生，也有学困生。但值得注意的是：在教育界重视学困生的转化工作已蔚然成风，然而对优秀生的思想教育却无人问津。因为在教师的心目中学困生的缺点与不足是明摆着的，许多教师为了提高他们的学习成绩，几乎到了废寝忘食、呕心沥血的地步；而优秀生早已成为教师心目中的乖孩子、好孩子，他们的不足之处易使教师忽略。在长期的教育教学中，我认为一个好的班级，如果只是重视学困生，而不顾及优秀生，这样，不仅对班级无益，也是对优秀生不负责任。因此，对于优秀生教师不能偏爱，要像对待其他学生一样，一视同仁。马克思认为，事物是一分为二的，人也是这样。俗话说："人无完人，金无足赤。"优秀生也有他的长处与不足，作为教师决不能忽视对他们的教育。在我从教的十年中，我发现大多数优秀生存在自傲自大的心态。由于深受教师的厚爱，又在同学中威信很高，容易滋生自满情绪，进而在思想上盲目骄傲，甚至目中无人。要做好他们的思想工作，必须有目的有计划地观察他们的表现，并根据他们的个性特点，分配学习任务，让他们正确认识自己、评价自己、调节好自己的心态，向更高的目标挺进，不断完善自己、锻炼自己。

例如：我们班有一位学生名叫王涛，他在每年的期末考试中都名列前茅，渐渐地产生了自满情绪，认为没有他不会做的题，也没有人比他强。我曾经多次同他谈话，"胜不骄，败不馁"，可他认为老师指出他的缺点是有意挖苦他，简直听不进去。为了更好地帮助他矫正这种不良心理，我对他采取了挫折教育。每次留家庭作业或检测时都给他出一些有难度的题，让他知道也有他做不了的题，同时多让他参加一些数学竞赛，知道还有比他强的人。从而使他懂得"强中更有强中手"，"三人行，必有我师"的道理。受到挫折教育后的王涛，认识到了自己自傲自大的不良思想，深深感受到老师的教育是好的，下足决心改正过去不良行为。从此以后，他刻苦学习，不骄不躁，学习成绩更是锦上添花，并且还荣获了天津市小学数学竞赛三等奖，是我厂唯一获奖的学生。总之，作为一名教育工作者，在做学生思想教育工作的过程中，不仅要抓好学困生的转化，还要抓好优秀生的培养，要及时根据他们表现出来的异常心态，因人制宜，灵活施教。只有这样，才能显示教育的奇效，获得成功教育的契机。我相信，只要教师的工作到家，优秀生才能鹤立鸡群，立足于不败之地。

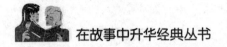

相信自己

◇ 桑文娣

"谁想当小老师，带着大家把《春晓》这首诗读一读？"话音刚落，已有很多同学举起了小手，只有李雯没有举手，在座位上静静地坐着。"李雯，你不会读这首诗吗？"我用鼓励的眼光看着她，"试试看，好吗？"大家一听我的话，便一起喊起来，"李雯，加油！……李雯，加油！"一次又一次的鼓励，她终于站到了讲台上，"春眠不觉晓……"声音显然有些微颤，但对于她来说已经很努力了，随之同学们给予了热烈的掌声。这掌声就意味着胜利，"李雯，你真棒！"她的脸上露出了灿烂的笑容。

李雯是一个很文静的孩子，聪明、好学，唯一的不足就是胆量太小，不够相信自己。课下的时候，我找她聊天，"你愿意上学吗？""愿意。""那上课的时候不仅要注意听讲，还要给自己展示的机会，大胆一点儿，用你的行动告诉大家你是最棒的！""我就是害怕说错或说得不好同学们会笑话我。"看着她那认真劲儿，我说："只要相信自己是最棒的，不管别人怎么看，你肯定会做得更好。"她也连连点头。在今后的日子里，我不断给她创造机会。比如，晨读时领读，上课带大家读儿歌，担任卫生组长等。大家都对她一次次的表现赞不绝口，我的内心也有些得意。

社区童车比赛要开始了首先选队员，以举手的方式来决定，有九位同学入选，还差一个怎么办呢？正在我着急的时候，李雯带着一封信找到了我。"老师，我也想参加。"看了信以后我明白了，上午她之所以没有勇气举手，是怕得不了第一怎么办？是这块石头压在她心里。当天我凑巧碰到她的家长，家长说孩子回家告诉了她选队员的事，可是她没举手，当时家长很生气。我问道了李雯平时在家的情况，妈妈说："她很乖巧，就是觉得都应该做到最好。这次参加赛车我希望她能得到锻炼。老师，您看行吗？我已经跟她讲好了。""行，我也给她鼓鼓劲，正好缺她一个。我觉得孩子之所以不够自信的原因，就是你对孩子的期望太高，孩子觉得没有把握，就不敢轻易地相信自己。"我把自己的意见跟家长进行了交流，李雯是个好学生，只要孩子努力了，就应该给予肯定。无论做什么事情都要给孩子足够的空间。让她自己觉得能行，不要老按着家长的意愿要求孩子，多与孩子交流思想，及时了解她心里是怎么想的。这样，孩子的自信心就会慢慢地建立起来了。"看来家长的角色也是举足轻重的。"妈妈说。

是啊！自信，是每个人成功的第一前提。无论是学习方面，还是生活方面，建立孩子的自信，不仅需要老师的鼓励，而且需要家长的耐心教导。让孩子全面健康地发展是我们义不容辞的责任。

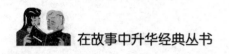

为学生梳理心情

◇ **聂荣臻**

作为一名教师，最大的心愿，就是拥有一批学习自觉、求知欲强、成绩突出、遵守纪律的优秀学生，他们能给老师带来"安全感"，让老师不必担忧。然而，这样的优秀学生在"优秀"光环的遮蔽下，有的却产生了一些不健康的心理。

我班有一位学生叫周玲，她好学上进，学习成绩一直特别优秀，是一个让老师放心的学生，也是同学们学习的榜样。班干部、科代表、三好学生……各种头衔和荣誉集于一身。

上学期，班里转来一名新同学叫刘晓，期末考试，她考了第一名，成绩超过了周玲。这个学期刚开学的一节班会课上，我让同学们畅所欲言，说说新学期的打算。周玲第一个举起了手，而且双眼含泪，显得很激动。她一字一句地说："我一定要超过刘晓！第一名应该是我！我就是比她强！"周玲的话让我震惊，我从来没有想到，她会把第一看得这么重，在她的心里，"第一"可能就是她的专利。在整个假期里，带着这种心情，她是在一种怎样痛苦的心理煎熬中度过的。这样下去，她的心中将只有不满和不快，永远体会不到学习的真正幸福与快乐。

一个成长中的孩子，有自信心、上进心的确是一件好事，但是，如果她的心里只看中"第一"，一味地争强好胜，不能与同伴分享成功与喜悦，那将是一件很可怕的事情。这说明，她的理想是狭隘的，她的心理也是不健康的。我很为这个孩子担忧。

在一次课外阅读课上，我借了一本早已准备好的《成长的问题》，坐在周玲旁边，寻找借口，和她讨论起来。她思维敏捷，说得头头是道。在我的引导下，她思路的列车渐渐驶入了我预设的轨道。聪明的她，终于明白了我的良苦用心，于是，我开始和她谈心。我发现，她的童心是那样天真，那样纯洁……

渐渐地，我发现她变了，眼神中多了些快乐，少了些忧郁；多了些自信，少了些敌意。她性格开朗了，和同学的关系也融洽了，真正成了一个快乐的小天使。

　　像周玲这样的优秀学生，由于长期生活在鲜花和光环之中，在思想、道德、行为上就容易出现种种不良现象，特别在他们遇到挫折时，心理承受力较差。所以，作为老师，平时我们要多一双慧眼，关注优秀学生细微的变化，及时发现问题，用适当的方法给予正确引导。让他们更多地接触社会、拓展视野、锤炼意志、开阔胸怀。教师还要善于施计，为学生梳理心情，巧妙利用课外资源，引导他们学会学习，并让他们在学习中受到教育，养成良好的学习习惯，脚踏实地地向更高的目标攀登。

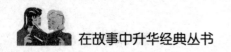

让每个学生都能说"我行"

◇ 马淑霞

使用有趣的材料，运用多种呈现方式，是创设问题的情境，激发学生学习兴趣的行之有效的方法。但仅有这些还远远不够，能不能把孩子们学习的自信心真正培养起来，让每个学生都能在不同的水平上说"我行"，"我能成功"，是培养学生学习积极性的更加根本的问题，也是我们实施素质教育，使每位学生都能得到发展的核心问题。

"我虽然口才不那么好，但我的写作能力不错，天铁周刊上有我的大作呢。""我的'金点子'特别多，比如我想发明一种空调衣服，可以根据气候调节温度。""考试我不行，可修修补补，我可就内行了，不信，哪天你的玩具汽车坏了，让我来，一定成。"……当班主任老师请同学们介绍一下自己的优点，谈一下自己的潜力时同学们纷纷"推销"自己。这是前不久我在"我能行"主题班会上看到的课堂情景。

如何帮助学生建立积极的心理状态，形成自我教育的内部动力机制，开发自我潜能，这是摆在全体教育工作者面前的一道大课题。"没有什么比成功更能体现满足的感觉，也没有什么东西比成功更能进一步鼓起追求成功的信心。"从这一信念出发，我有了"不求生生满分，但愿生生成功"的想法，开始实施"成功教育"教改尝试，在短短两个月时间里，同学们变得爱提问题，爱回答问题，动手能力也提高了，更重要的是，他们个个都变得自信，个个都爱说、都能说"我行"。

围绕"你行，我行"为中心内容，我在班上组织开展了"别人能做到的，我也能做到"、"别人说我行，努力才能行"、"不但自己行，还要帮助别人行"、"你行、我更行"等系列主题教育活动，增强学生自信心，树立成功感。同时，学校开展一系列课外活动，使学生的特长得以发挥，在一点一滴的成功中逐步走向大的成功。

"成功教育"使课堂气氛显得特别活跃。我在教学中始终坚持民主教学，微笑进课堂，给学生以期待，还学生以成功。坚持"低起点、小步子、多活动、快反馈"策略，使学生层层有进展，处处有成功。在一节数学课上，一位女同学每次都踊跃举手，可都没轮得上她，但她不灰心，临下课时，她终于有了机会，当她认认真真回答问题时，同学们热烈鼓掌，称赞她说得好，她也高兴地笑了。这一幕，也许同学们会记忆很久，也许会对他们做人起到一点作用。对这个同学来讲，无疑是有了一次难忘的成功的体验，自信心也一定会由此更强了。这样的例子不胜枚举。

成功教育的开展，给学生以雄心、信心、恒心，激发了同学们的求知欲，树立了成功感。一位家长告诉我，过去总嫌女儿字写得不好，接受了我的成功教育建议后，改为夸奖："字写得不错嘛，这样认真，以后一定会写得很漂亮……"从来被指责批评的女儿愣了一下，然后哭了起来，从此，孩子变了，每天到家第一件事就是踏踏实实地写作业，然后认认真真地练半小时字，前不久，在全校书法比赛中，还获得了二等奖。事情就是这样，对学生适时、适度的评价，有着不可低估的教育功能，而这种教育是潜移默化的，也是深入人心的。

对学生评价的过程，也常常是教师自身不断激励的过程，学生的反馈以及所表现出来的越来越主动的、充满自信的、积极学习的态度，同样也是对老师的一种评价和鼓舞。在这种相互评价、教学相长的过程中，必然实现着素质教育，必然会使每一个学生都能自信地说："我行！"

小小发明家

◇ 王春梅

一天上午，我伴着清脆的上课铃声走上讲台，刚要讲课，突然一个学生气喘吁吁地从外面跑进来，手里还拿着一个小树枝，我还没来得急开口，同学们便七嘴八舌地责问她了："老师不让拿棍子！""谁让你把树枝带到教室的？"她好像没听见学生的问话，竟然拿着树枝向我走过来，我严厉地说："你拿树枝干什么？扔到垃圾桶里去！"她小声说："老师这是我在外边捡的，我想送给您当教鞭。"听完她的话我先是一愣，随后便开始自责，我急忙笑着说："谢谢你！"

她是我们班最不起眼的学生，而且性格孤僻，不善与人交流，经常独自坐在属于她的角落里，我想我一定伤害到了她幼小的心灵，我的心中充满了悔意……

下课后我把她叫到一边，问她："你为什么送老师教鞭呢？"她红着脸说："因为您老是用笔当教鞭，所以我就想给您做一个教鞭，我知道这个教鞭不好看，等我再给您做一个好看的教鞭。"我鼓励她说："虽然这教鞭不好看，但老师看到它也高兴，老师相信你一定能做一个又漂亮又好用的教鞭。"她怀疑地望着我，我笑着对她点点头。

为了调动学生的注意力，上课时我经常用各种颜色的粉笔板书、配图，而讲课时我又总是手舞足蹈，花花绿绿的手一不小心就把脸或衣服弄脏了。孩子们经常笑我的"花脸"。我也经常笑着说：没办法，都是粉笔惹的祸，如果谁能发明不染手的粉笔就好了。

一天清晨，我和往常一样走进教室，突然发现讲桌上放着一支戴帽的粉笔——带着一个深蓝色的彩笔帽。我悄悄地拿起它，写下了这节课的课题。学生写字时我在教室里来回巡视，突然我发现一个彩笔盒里有一支与粉笔上的"帽"相配的深蓝色彩笔。又是她，我抑制不住内心的喜悦，拿起带"帽"的粉笔对同学们说："我发现咱们班有一个小发明家。你们知道她是谁吗？她就是：李——春——"我故意拉长了声音。"啊？"同学们不约而同地发出惊奇的呼声。我接着说："这支不染手的带'帽'的粉笔就是她发明的，我相信，只要她努力学习，多观察研究，将来一定能成为一个伟大的发明家。"这时教室里响起了雷鸣般的掌声……

从那以后我惊喜地发现上课时她的眼睛格外明亮，课间也比以前活跃多了。感谢这把"教鞭"和这支带"帽"的粉笔。是它们帮助我开启了一个女孩孤寂的心灵。我想这把"教鞭"和这支带"帽"的粉笔也会是一个发明家启蒙的种子。

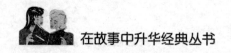

一个学生的故事

◇ 张义生

他是老师眼中一个很有特点的学生：

初中时获得过全国物理竞赛二等奖；高二时参加高三年级的物理竞赛，名列第一；高三时获得全国物理竞赛天津赛区二等奖，数学竞赛三等奖。

他善良、随和，科任老师说他是最好的科代表。

他平时考试成绩一直中等，即使优势学科也没进前十名，外语始终在及格线徘徊，其他学科时起时落，年级名次到过五十，与第一名相差近百分。

他仍是老师们的关注，因为大家有个共识——这个"偏才"有特点，培养好了，将来会有些成就。

作为班主任，我和他说的最多的就是"你脑子好使，将来适合做个研究性工作，必须进个好大学，千万别耽误了自己。"每次他都不好意思地笑一笑，不说话。他知道我的潜台词——得有个好分数，可你目前的分数不行。

我了解他的几个不足：

（1）课上不太听讲，有时走神儿，但每次被老师点名回答问题，都能过关。

（2）课下作业不足数，每次考试基础题得分率明显偏低。

（3）爱鼓捣电脑，周六、日耗费时间较长。

（4）每次考试后都表示要"痛改前非"，但最多十天，外甥打灯笼——照旧。

高三了，我和他的家长只好对他实行全程"监控"。没过多久，他的电脑被"封杀"了两个月——他不但仍然偷着玩，还用在显示器上放凉奶快速降温等方式来应付父母的检查。

最后一个学期开始了。一次长谈后，他表示要做最后的努力。我再次加大监督力度。

几次考试下来，他成绩回升，可也只在中游。

高考成绩公布了，高出重点线 10 分。我既高兴又意外，后来我们之间的一次谈话才让我明白了些。

问：你是不是沾了这回考试题偏难的光？

答：不是，大家都一样，我只是比以往认真了，准备也充分了不少。比如最后几个月下工夫吃透教材上的例题，注意它和高考题的联系；做题适度，及时进行检测和巩固。

我的心态比较好，第一天数学考完了，我也觉得不好，但想自己不行，别人也不会好到哪去。所以转天的考试发挥很正常。还有就是觉得对得起自己的努力了，淡化结果对我的发挥反倒有了帮助。

问：你有遗憾吗？

答：有！就是英语。平时功夫不够，最后也没补上多少。一个学科，一个特点，光凭脑子好使不行。偏科是很可怕的事，平时一定要跟上。再说，我脑子也不好使，只不过比别人爱琢磨。

问：入高中那年你如果去了市重点中学，成绩会比今年好吗？

答：肯定不会。我的生活自理能力不强，已经习惯了这里的生活，除了学习，其他的心都让父母操了。还有老师和父母沟通特别好，很及时，给我帮助很大。我比较懒，就得让别人多管着。我很感谢父母和老师，也希望自己以后有个好的发展。

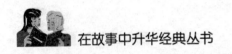

老师因你们而骄傲

◇ 董肇平

学生因学校的培养而成才，学校和老师因学生的成才而骄傲。

每次下厂参观实习，我都很兴奋，因为各厂都有我熟悉的大、中专学生。让我记忆深刻的一次是，我作为公司"职工代表团"的成员去炼铁、炼钢厂参观考察，那火热繁忙的生产现场立刻展现在眼前。所到的高炉车间、转炉车间、连铸机生产线、主控室等，"董老师，您好"，各处都有我的学生们热情地与我握手、交流。他们当中，有的已是厂长助理、车间主任、炉长、技术员、生产调度长、技术标兵、公司和天津市劳动模范等。此刻，我心中荡漾起一种幸福和自豪感，随行的公司和厂领导及同行感叹道："董老师，这都是你的学生吗？"，我荣幸地答道："是的，他们都是中专85级和88级冶炼班的学生"，大家羡慕地称赞道："你的学生们真优秀啊，个个出色，太棒了！你真是桃李满铁厂啊"。此时，我作为他们的班主任——职业学校的老师，感到十分的欣慰和光荣。

职业学校的培养目标是直接为企业输送生产组织、操作与技术管理的合格人才，我从事职业教育二十多年，为突出职业教育特点，我作为班主任，在班级管理、学生教育方面，注重围绕"学生成长、成人、成才"的主题而拓展工作，进行了有意的尝试和探索，实践证明非常具有实效性，其主要做法是：

（1）注重正确的导向作用，即：意识－→行为－→行动模式。学生入校后，首先要培养他们"热爱专业、热爱学校、热爱铁厂"的意识，激发学生立志服务于铁厂的热情和学好专业知识的动力。

（2）注重培养团队精神，提高班级的整体素质，以形成良好的班风和整体凝聚力。团结向上、友爱、互帮互学，给学生营造良好的学习、成长的氛围，为日后走上工作岗位奠定基础。

（3）注重学生个性发展。我遵循"因材施教"的原则，承认、了解学生的个性、特长、兴趣爱好等特点，因势利导，挖掘、发挥每个学生的潜能，使每一个学生都能成为不同类型的人才，以适应现场的生产管理、组织及操作的工作需求。

（4）加强学生的"四自"教育和责任意识。通过日常班级管理及有针对性的集体活动，培养学生的自强、自信、自立和自律性，以适应天铁生产现场的不同工作要求。

（5）身教胜于言教，注重教师的表率作用。以班主任为人师表，爱岗敬业的工作作风去潜移默化地影响学生，这是很重要的，切实使学生明白"只有敬业，才能成就事业"的道理。

我所带的班级在学校期间，多次荣获"优秀班集体"、"优秀团支部"等荣誉称号，并培养了三名学生党员，我也多次获"优秀班主任"、"优秀教师"等诸多荣誉称号。

中专88级冶炼班的学生毕业时，正值天铁集团上"炼钢项目"，急需专业人才，由于专业对口，班级整体素质高，全班同学毕业实习时，分别被派往天钢、济钢和莱钢实习，他们统一分配到了炼钢厂。而中专85级冶炼班的学生们主要分配到了炼铁厂，目前他们都已是各厂的生产组织、操作和技术管理及技术革新的骨干力量，有25%的学生已获得大专文凭，他们在各自的生产岗位上大显身手，敬业奉献，成为今天我们天铁集团兴旺发达和二次创业的栋梁之材。

"同学们，老师因你们而骄傲。"

2005年2月，成人本科、专科班开学了，我的学生们带着求知的目光，又重新走进课堂，师生再次重逢，面对那来自生产一线既熟悉而又成熟的面孔，我无比激动和感慨，他们利用业余时间继续学习和提高，进行知识"充电"。对我们教师而言，正是鞭策和压力同在，作为职业学校教师，我们只有更加努力学习，拓展提高知识层面，继续为铁厂的二次创业输送新型的合格人才，这是我们的职责，更是一种光荣。

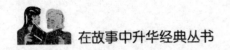

教室里的小鸟

◇ 田玉玲

今天是 2004 冶炼班的语文课，我踏着轻快的步伐走进教室。今天要讲的是《跨越百年的美丽》，我要把居里夫人的美丽展现在同学们面前，让同学们通过我的讲课，向居里夫人学习。我精神饱满地走向讲台，"上课！""老师好！""同学们……"我的话还没说完，一阵唧唧喳喳的小鸟的叫声打断了我的话，下面一阵哄堂大笑，一股怒气升上心头，我环视一下全班同学，并没有发现小鸟的持有者，一个个都若无其事的样子，好像都很无辜，又有点幸灾乐祸，像是在等待着点什么。我镇静下来，根据多年的经验，我知道此时生气是没有用的，于是也表现的若无其事，做出继续讲课的样子，"请坐！我们今天讲《跨越百年的美丽》"，我的话音还没落，小鸟的叫声再次响起，课堂上再次哄堂大笑，等大家安静下来，我说"小鸟的叫声给我们的课堂带来了生机，是谁这么有创意？"没人理我，只有小鸟的叫声在和我呼应，我说："你们听，小鸟的叫声，是那样的凄婉，仿佛在向我们求救呢！"此时我发现同学们的脸上不再是幸灾乐祸，目光集中在一个人身上，我知道他一定是小鸟的主人了，我没有直接让他拿出小鸟，而是接着说："你们把小鸟逮来，一定是因为喜欢小鸟，小鸟会给你带来快乐，但是在你快乐的时候，你想过小鸟的快乐吗？"小鸟的叫声再次响起，依然是那样凄婉、悲凉，拿着小鸟的同学再也坐不住了，站起来说"老师，小鸟在我这里。"此时，我才松了一口气，看了他一眼："你能拿出来给大家看看吗？"他不好意思地从书厢里拿出小鸟，只见小鸟的脚上被绑着绳子，翅膀无助地扑了几下，大家在下面嘘声不止，一个女生说"小鸟太可怜了！"我对拿着小鸟的同学说："你打算怎么办呢？"他说："老师，我想放了它，让它找到自己的快乐！"听了他的话，我高兴极了，带头给他鼓掌，教室里一片掌声。同学们有的帮他解绳子，有的早已打开窗子，好不容易解开绳子，那个同学双手捧着小鸟，说："朋友，飞吧！祝你快乐！"鸟儿仿佛听懂了他的话，唧唧叫着，冲出了教室，飞向远方。我说："小鸟会感谢你的，你今天的行动是一种美丽，一种超越自己的美丽！"教室里再次响起热烈的掌声。在掌声中，我很自然地引入新课："刚才我们一起放飞了小鸟，为我们的世界增添了一份美丽，同时也是一种超越自己的美丽，那么怎样的美丽可以超越百年呢？让我们一起走进居里夫人的美丽世界！"很自然地进入了教学，同学们感受着居里夫人的美丽，我也讲的很有激情，师生都完全进入了角色，这节课取得了很好的教学效果。

我们在上课时，都会遇到一些突发事件，此时我们一定要冷静，对学生要"循循然而善诱之"，善于发现他们的积极因素，因势利导，启发他们心灵深处的"真善美"。

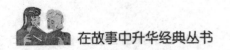

座位风波

◇ 申海六

　　记得我担任七年三班班主任时，班里曾有一位聪明、漂亮的学生叫王芳。父亲是一位正处级领导，她是学校有名的"尖子"。然而家庭，天赋和荣誉使她越来越自命不凡，非常高傲。同学们对她议论纷纷，她在日记中写到："走自己的路，让他们去说吧！"语文课，老师让同学互相批改作文，她在一名"体育王子"空洞作文后面，只写了一句话"头脑简单的人是多么幸福啊！"因此引起了一场不大不小的风波。

　　王芳所以如此，与原班主任有关。原来的班主任"因头脑不简单"，为了替自己办一件大事，通过王芳打通了"处长"，最后终于如愿以偿。学生说，"班主任老师太偏心"。我接班的第一天班会，决定重新排位。王芳正好和一位新来的农村"黑姑娘"排在一块。她很恼火，背向同位，嘴巴噘得老高。同学们那厌恶的目光，在她的身上、脸上扫来扫去。我不想第一天就与学生发生"碰撞"。我想：只要王芳提出要求，我就可以进行调整。可我问了几次，她不但不理茬，反而故意摔书包。我尽力克制着，但王芳步步紧逼，又一次把文具盒摔得乒乓响，我动怒了，我让王芳起来。"那好，既然你没有意见，座位就这样安排了。你想过没有，你今天的这种行为本身就是对同学的侮辱，在这个班里，谁想占据一个特殊的位置，办不到！"教室里静极了。我的动怒使全班同学都感到震惊，特别是王芳，但是一向被"宠爱"的"明星"是不会轻易在同学面前倒下的，她想顶撞，想发泄，想发挥自己能言善辩的本事，然而她终于没有开口，她感到我身上有一股不可抗拒的凛然正气。她气恼，然而更主要的是难堪，她流泪了。这时候，我及时把握分寸，宣布上自习课。放学后，我估计王芳已经哭得差不多了，坐在王芳前面沉默良久。诚恳地说："我今天太冲动了，有的话可能失去分寸，伤害了你的自尊心，你可以提出批评。"平等式的谈话，像一股暖流从王芳的心头滚过，她的眼泪又一次涌流出来。"老师，你该批评，希望你以后多帮助。"我又严峻起来，"帮助是我的责任，可我也需要你的帮助呵！你知道我肩上的压力有多重吗？我多么希望得到你和全班同学的帮助呵！可是我接班的第一天你就在全班面前

142

向我示威，逼得我毫无办法，只好在同学们面前公开地斥责你，作为老师，看到优秀学生受到这样的斥责时，心里很不好过。张兰我早就认识，她住在黄花脑山上简易平房，母亲经常有病，家里很穷，她经常捡破烂……"一直谈到王芳恢复了一个少女应有的自尊，文静和温柔。

我认为，对待优秀生响鼓也用重锤敲，才能体现出师爱的深远意义。

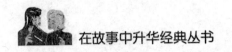

走进学生心田

◇ 张军民

有一次，我批改作业时，一张纸条映入了我的眼帘："张老师，我把您当成我的知心朋友。希望您能帮助我。我觉得我们班的同学都在孤立我，敌视我。虽然我是我们班的班干部，但我觉得自己没有起到表率作用。在学习上，我不如某某学习好；在长相上，我不如某某漂亮；在班级管理上，我不如某某有能力。我不知道在您眼里我是否是个好学生。我觉得自己很孤独，好像同学们都在仇视我。这件事我不敢向朋友说，生怕他们笑话；也不敢向父母启齿，恐怕他们训我，为我担心；所以我只好向您伸出求助之手。希望您不要嫌弃我！"我一看，不由心中一沉，觉得这件事非同小可。如果处理不好，很可能会扼杀一个天才，但如果处理得当，很可能会造就一个天才。从字里行间，我发现这个学生有很强的自尊心，同时又很自卑。此时，她最需要的是老师的理解、支持和帮助。她既然敢于给我写信，这充分说明她信任我，也说明她有想成为一个优秀学生的打算。于是我拿起了手中的笔："某某同学，首先感谢你能相信我，把我当作你的知心朋友。既然我们是朋友，我们彼此还有什么话不能说呢？在我心目中，你是一个很优秀、很懂事的孩子。你说你在许多方面不如周围的同学，那是你在贬低自己，抬高别人。没有看到自己的长处。其实，你是有许多优点的，比如，你对人有礼貌，通情达理而且乐于助人。只是你没有发现罢了。你说你不如某某漂亮，也没有某某学习好，这只是你偏激的看法。有人曾说过，一个人最可怕的敌人，不是别人，而是自己。希望你千万不要被自己打倒。我们的长相都是天生的，是父母赋予我们的。这是我们苛求不得的。判断一个人的好坏，不能只看外表，重要的是要看他的心灵。一颗美好的心灵要比一副漂亮身段更重要。至于说学习，关键在于个人后天的努力和奋斗。某某学习好，并非是她生下来就学习好，而是她刻苦学习的结果。只要你自己努力学习，你也能赶上来并超过他/她。我相信你有这个能力。你说好多同学都在仇视你，那是因为你把自己搞的太封闭了。我建议你多与周围的同学交往、谈心。另外，注意处理班里事情的方法和技巧。我相信你一定能处理好这些事的。我真心地希望你心中的愁云早日散去。同时我也期待着早日见到你灿烂的笑容!"果不其然,不久,我收到了她的回音:"张老师,谢谢您的开导,使我茅塞顿开。如果不是您这一番话,我可能会到另一个世界里去了。我一定会好好学习的,请相信我!"真如她所言,她果然战胜了自我。重新找回了自己的人生坐标。她脸上又恢复了昨日灿烂的笑容,而且她的学习成绩也有了显著提高。

　　我很庆幸自己挽救了一个天才,我也体味到了作为人师的分量——既要教好书,又要育好人。让我们走进学生心田,做他们的知心朋友。

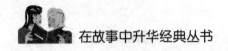

如何培养良好的竞争意识

◇ 刘悦秋

竞争在我们的社会中无处不在，面对这种持续的压力，有的人开心地面对而成功；有的人痛苦地面对而迷失。如何保持一个良好的竞争意识和心态，是我们教育工作者必须面对的问题。

每次考完试，学生总会来检查自己的试卷并和别人对比成绩的高低。这可能是好事，可这样的心态如果得不到正确的引导，就会对孩子的发展有很大的阻碍。

"老师，为什么我总是比不过某某。"这样的问题几乎每个老师都会碰到，我们该怎么回答呢？

"你的努力不够，请继续努力！"这样的回答可以占50%，其实，这个最传统的回答会严重地影响孩子的自信心。他会想：我已经很努力了，可还比不过别人，我是不是没有天分？如果这样的情绪太严重就会产生强烈的自卑心理。

"人和人是不能比的，你自己学好就可以了。"这样的回答也许不是太多，但是这个答案却会严重的毁灭了学生的竞争意识，他会认命，认为人真的不能和人比，自己的起点就不好。

"继续努力，你会超过他的。"这种激进的鼓励方式也会占有很大的比例，可这样的激进鼓励，会使孩子有很大的心理负担，把竞争的目标单一化，有点不达目的誓不罢休的无奈。

"你可以换个对比对象，你可以逐步地超越。"大概这是最中庸的方法，可我却认为是最恰当的方式，竞争目标的转化，会让学生有一种"柳暗花明"的感觉，有了自信，可以向更大的竞争目标出发。

另外，学习成绩相对接近的同学应安排在一起，在小学阶段这个差距最好定在5分以内，让学生们在相对固定的群体内去竞争，这种平等的竞争环境不会打消学生的自信心，同时相对接近的成绩还会让学生有更大的竞争激情。当这种竞争产生积极的成效时，我们可以把已经进步的同学放在更高一级的竞争中，这种竞争的模式类似于职业联赛，是一种很职业的竞争。

竞争是适应社会的工具和生存的资本，我们应该从小就培养他们的这种竞争意识，这种能力的培养，比让他们死记硬背一千个单词，一万个汉字有更大的积极意义。

感　谢

◇ 陈银学

　　"陈老师，今天我想真诚地对你说声'感谢'，这两个字在我心中憋了九年，我一直想对你说，您还记得吗？九年前，在我生病时，您骑着自行车风尘仆仆地那么远去我家看我，至今我历历在目，陈老师，我说的'感谢'是发自肺腑的。在中专我是您的学生，到电大我又是您的学生，今年毕业后，我要考专升本，我真心希望再次能成为您的学生，我为成为您的学生感到自豪。"

　　这得从九年前的初秋说起，那时我担任中专九六机械班班主任，刘平病了，两天没来学校上课了，"什么病？这么长时间还不能上课，我得去家里看看。"心里想，一上完下午两节课，我就骑上自行车上了去寨坡山的路，刘平家住寨坡山，可我从来没去过寨坡山那边，不知怎么个走法，只知道大约在井店方向，天气闷热，路上荡着过车激起的尘土，下了一个坡又上一个坡，坡太陡了骑不上就下车推着走，"师傅，到寨坡山怎么走？还有多远？"在去往的路上边走边问，怎么寨坡山如此远？心里想。推着车终于找到刘平的家。到家后，详细询问了刘平的病况，并对她讲了落下的课。转眼天要黑了，路又不好走，匆匆骑车赶回。

　　九年过去了，我对这件事也淡忘了，然而，学生却记忆犹新。今天我打开《社会与法》频道，看着《道德与法》节目，讲的是两个白血病人相互关爱，使其中一位失去活下去信心的白血病人树立了活下去的自信和决心，并通过手术成功地活了下来。看过之后我深有感触，思绪万千，心中久久不能平静；爱能使人成为真心朋友，能使人产生自信、决心、勇气、力量，甚至能挽救人的生命。这使我自然想起了刘平同学昨天对我真诚的"感谢"之词，我深深地感受到"爱"的力量的伟大，深深地体会到教师对学生关心、爱护，用真诚的爱去滋润他们的心灵，其意义、影响将是多么重大、深远。"爱"可使学生对老师产生尊敬、感激，并进一步转化成激发学生学习的激情，从而努力学习。如果老师只是对学生训斥、批评、甚至体罚，缺乏对学生的爱，就会使学生产生一种逆反的心理、抵触的情绪，进而厌恶学习。这使我感到

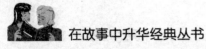

对学生的爱，不仅仅是教师的职业道德，还是教师感染、教育学生的有效方法，这种爱可能会改变一个学生的命运，影响到一个学生的一生。

在党中央提出了构建和谐社会目标的今天，作为教育工作者，如果我们能够把更多的爱施与我们的学生，在他们融入社会的大家庭后，就会去关爱更多的人，那么我们的教育事业，不仅能为社会主义建设培养出更多的优秀人才，也必将为构建和谐社会做出不可估量的贡献。老师们，用真诚、行动去关爱每一位学生吧！

倾心铸就成材路

◇ 贾建军

毕业证、三、四级工证、大学录取通知书……

欢歌、笑语、掌声……

"同学们，我们89汽修班在各位老师的悉心培养下，41名学生全部考核合格毕业，其中有工4名取得四级工证书，2名考取了天津技术师范学院。我们班创了91届毕业班级的最好成绩，现在让我们把最美好的笑脸留给母校，留给我们的班主任老师——"随着照相机"咔擦"一声，41张热情洋溢的笑脸定格在毕业照上。顿时成功的喜悦涌上我的心头……

89年暑假后，刚调入铁厂技校十余天的我被校长叫人办公室，学校安排我担任89级新生男生最多的89汽修班班主任。汽修专业是技校第一次开办的专业——专业教学刚处于探索阶段；男生多——意味着管理难度大，费力难以出成绩。推，我有充足的理由，我仅报到十余天，对学校各方面情况一点也不熟悉，自己的家庭生活都还未安排好；何况，当时那个年代担任班主任没有任何报酬，完全是教师尽义务。可望着校长信任的目光，我还是接下了这副重担。

接下41名学生，就必须为他们的前途负责，为他们铺就一条成材路。当时，职业教育处于发展初期，"双证制"刚刚启动，高等职业教育只有几个职业技术师范招生。在全民把目光投向升高中、上大学的成材路时，上技校的学生、家长基本上对技校生不抱什么希望，上技校毕业当个工人混一生是当时大多数家长和技校生的普遍心态。

首次到班，我要首先在思想上扭转学生认识，用我在企业技术岗位干了8年的亲身体会分析了从大学（中专）毕业—技术员—助理工程师—工程师——高级工程师和技校毕业—技术工—高级技工两条不同成材路。特别向学生游明：目前拖我国技术后腿的并不是设计问题，其主要是工艺制造问题，我国目前并不缺技术干部，缺少的恰恰是技术工人，特别是高级技术工人。最后为他们分析了班级优势：我们班大多数男同学，在初中时正值贪玩阶段，没考上高中并不代表你们素质差，动手能力正好是你们的优势，从现在起，

149

大家要转变成材观念，走进一条发挥自我特长的成材道路。我的这一观念（在89年是比较超时的）像一把钥匙打开了学生的心灵。课下不仅学生纷纷与我探讨这个问题，就是家长也纷纷来学校询问。

接下来的两年基础课，我按照每个学生的特点为他们设计学习方式：理论基础好的，鼓励他们向深处发展；动手能力强的，鼓励他们进一步加强理论学习，争取全面发展；对理论基础差或动手能力有缺陷的同学，与任课教师和实习教师联系进行针对性的辅导。使全班同学都按照自己的特点取长补短，全面发展。

关键的第三年来到了，在优化全班整体素质的前提下，我对班中几位理论基础好的学生进行了参加高职考试冲刺的动员。可这时又产生了新问题，一是恰恰那年与汽修相近的专业都不招生，我班学生只能跨专业报考，这使得学生继续求学积极性大挫；二是两位学习尖子，一位为独生子，当年家长选择技校就是为不让孩子离得太远，对孩子外出求学不支持。另一位是继母，学生恐怕上学家里不承担费用。为此我又反复家访，从国家需要、个人前途多方面进行开导学生与家长，最后终于做通了他们工作。

为家长许下了承诺，意味着教师又多了一份额外责任。之后，由于没有先例，我亲自为他们查考试科目、列参考书籍、托人从天津复印资料，伴随着他们走过了一年强化学习过程。

1991年夏天，收获季节终于来到了：毕业考试——全部合格；三级工考试—全部过关；四级工考试——14名晋级；高职考试——录取2名（当年我校考取3名，另一名出自我校入学基础成绩最好的电工班，而且是考的本专业）。89汽修班终于创造了技校成材生的佳绩，同时我的培养管理学生方法、教学方法也得到学校全面肯定。

每个学生都是可塑之材

◇ 杨祝英

家长会后，其他家长都陆续地离开了教室，只有一位家长很迟疑，欲言又止的样子。在我鼓励的目光下，这位家长终于开了口："老师，我想与您谈一谈赵男（化名）的一些情况。男男在家里跟我像仇人似的，自己的东西不收拾，衣服不洗，还经常找茬与我们吵架、怄气，家里被他搞得整天鸡犬不宁……我真不知道该怎么办。"说着，泪水直在眼里打转。劝慰这位母亲后，我决定与赵男同学深谈一次。

赵男同学在初中时学习还可以，进入中专后，现实与理想的差距使他非常失望，从此一蹶不振。经常与同学发生口角，与任课老师顶撞，对班集体活动漠不关心，学习也是一塌糊涂。一副破罐子破摔，玩世不恭的态度。

从谈话中了解到：他姐姐考上了大学并在读研究生；他哥哥在工作上干得也相当出色。比较之下，他自感前途渺茫，但心有不甘，可又不知路在何方，所以心情非常苦闷，看什么事情都不顺眼，对周围的一切产生很深的敌意。

既然是这样，要转变其思想就要对症下药。

首先，使赵男同学端正自己的思想状况，扭转现在的不正常心态。尤其他对家人、老师和同学的态度，应有一颗平常心，且要逐步做到生活自理。

其次，帮助赵男同学分析现在的情况，让他知道他并不是前途无望。如果要想获得更高层次的学历教育，当时有三条出路：1. 报考新高职。2. 报考电大。3. 参加高等自学考试。根据自己的实际情况，确定一条适合自己要走的路并坚持走下去，前途还是很光明的。

再次，让赵男同学明白：一旦立志，就要持之以恒，努力学习。不能三天打鱼，两天晒网。更不能像现在这样懒懒散散，对什么都不在乎。否则将一事无成。

最后，我们共同就他的情况做了实际分析，他决定报考新高职。

推心置腹的谈心使他很感动，他动情地说："如果我妈有你三分之一的思想，我也就满足了。"虽然是对我的夸奖，但我还是说："在孩子身上，父母是给予最多的，也是任何人不可替代的。要想成就一番事业，首先应从孝敬父母做起。"

在以后的日子里，我经常鼓励、督促他，使他坚持不断地把主要精力用在学习上。在备考新高职的日子里，他每晚都坚持学习到凌晨1—2点钟。最终他以优异的成绩考上了自己梦寐以求的专业。再见到我时，赵男同学兴奋地说："在这段时间里，虽然我的视力和体重又下降了许多，但我觉得值，我很高兴。同时我也才有勇气再来见您。谢谢您，老师！"当我问起他："要到外地上学了，你有什么感触呢？"他满怀深情地说："父母年事已高，我走后，谁在他们身边照顾他们呢？这是我最担心的。"

当我再见到他的母亲时，他母亲乐得合不拢嘴、赞不绝口："男男现在可懂事了，也非常孝顺，他不再惹我们生气了。这都是老师您的功劳啊！"我笑着说："还是孩子好。"

这一事例说明：只要我们用心，每个学生都是可塑之材。

画　像

◇ 孙　欣

一篇字字珠玑的文章，一番精心的准备，我投入地读着：那里的天比别处的更可爱，空气是那么清鲜，天空是那么明朗，使我总想高歌一曲……我边读边用余光扫视着教室，只见学生都神情专注地凝视着课本，好像被我激情的朗读声带入了那一碧千里的大草原，自豪之感油然而生。忽然，我发现后排的一个男生把书立在桌子上，头却低着，双手在桌子下面鼓捣着什么，再仔细一看，原来是我们班的语文科代表。看到这里，我气就不打一处来：作为语文科代表，在语文课上却带头搞小动作，这还能起带头作用？想到这，我不由要发威，可又转念一想：毕竟他是班干部，怎么也要保持他的"威望"呀！这样，我边读边走向他，希望他能自己有所警醒，可聚精会神的他竟然没有意识到我的迫近。

强忍怒火，我坚持读完了，生气地站在他身旁，一言不发地看着他。教室中突然的寂静，一下子惊动了他。他猛地抬头，却看到了满面怒容的我，慌忙把手中的东西塞进了书桌里。受到惊吓的他脸色通红，神情慌乱地注视着我。

"拿出来！"我以不容违抗的口吻命令道。

他有些不知所措，可还是拿出了塞进书桌的东西，胆颤心惊地递给我。

啊？我立刻被眼前的画面惊呆了：这是一幅人物素描——明净的窗前，一位长发齐肩的女教师手举书本，认真地读着什么——这不就是我吗？

"怎么了？""×××没听讲，被老师发现了。""他干什么呢？""画画呢。""还科代表呢！老师肯定给他没收了。"……在嘈杂声中，我看了看恐惧中眼泪快溢出眼眶的他，再一次审视着手中的这幅画：虽然笔调是稚嫩的，但人物专注的眼神、投入的表情，还是被他刻画得栩栩如生。该怎么办？没收这幅画，保持自己一贯公正的作风？可这却是他的用心之作呀！当什么也没有发生，继续讲课？可同学们都在眼巴巴地等着我的决断……有了，"同学们！请看一下这幅画，画的是谁？"被我一问，教室中的小脑袋立刻攒动起来："是孙老师！""你从哪看出来的？""眼睛！""衣服！""这就是咱们教室!"时机正好:"同学们!本来我想把这幅画没收了,可这么精美的作品,我还真舍不得。大家看这么办好不好?首先,我以大家的名义真诚地告诉××同学,他现在需要认真听讲,只有加深自己的文化修养,才能创作出更优秀的作品。当然,作为语文科代表却违反课堂纪律,更应该接受惩罚,老师就罚他,让他利用课余时间,为老师再画一幅更完美的画像,同学们!好不好?"

"好!"

就这样,我保留了那幅画像,也保留了他对艺术真挚的追求。也许,保留下来的东西还有很多很多。

爱是一束阳光

◇ 许淑芳 ［HT］

刚参加工作第二年，我接任四年级二班班主任，班上有一名女生，上课时常常用一头秀发遮住半边脸，下课走路时也总是低着头，生怕与人对视。即使是和你看个正着，也赶快顺下眼帘。我想，这位女生大概是生性内向吧。第二周，当我检查日记本时，却惊奇地发现，这位女生有着非常好的习作习惯和极富才气的文笔。她总是每天写一篇日记，她的日记往往能从最平常的生活小事中咀嚼其蕴涵的深意。过了几天，我有事找她，站在楼上喊她到办公室来。她一抬头，我分明看见她的左眼皮向下耷拉着，一只眼大，一只眼小，这对于一个女孩子来说，岂不是一件残酷的事情？后来，我了解到，她与其他女生基本上没什么交往，显得孤高自傲。男同学中也只有那位爱好文学的宣传委员能和她说上几句话。学生们告诉我，多数情况下是她主动找宣传委员的。我想，恐怕她并非性格内向，只是眼部的缺憾，使她内心深处有一种自卑感。

三个月后，班干部改选。之前，我找她谈了一次话，肯定了她的习作能力，并希望她能竞选语文科代表或宣传委员。对于我的这个建议，她似乎出乎意料，用近乎自言自语的声音说："我能参加竞选？"我告诉她："肯定能行，因为你有特长，你的竞选演说一定会让全班同学折服。"果然不出我所料，竞选那天，站在讲台上，她一改往日羞涩，引用但丁的话说："走自己的路，让别人去说吧！"她的演讲非常精彩，在最后的投票中，她被同学们一致选为语文科代表。看到竞选结果，她的眼睛湿润了，只说了两个字"谢谢！"泪水便淌了下来。

在语文科代表这个岗位上，她的才能展现得淋漓尽致。诗词朗诵，成语竞赛，编写剧本……在她的主持下，语文课堂充满了活力。她与同学们的关系也得到极大改善。

后来，我又鼓励她参加教委组织的作文竞赛，结果她的文章以别具一格的构思获教委级一等奖，当捧起奖状的那一刻，她灿烂地笑了。

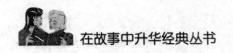
心灵的对话

◇ 王慧芳 ［HT］

晓红是我班的学生，是个学习出色、富有个性的小姑娘。言谈举止与众不同，引人注目。给人印象——有时无忧无虑、天真可爱；有时却满腹心事，郁郁寡欢；有时天真烂漫；有时却又显得老成持重。自从四年级我教她以来，发现她很长一段时间内情绪很不稳定。这引起了我的关注与思索，对于这样的学生，教师应如何进行教育？如何和她沟通呢？

"感人心者，莫过于情"。我决定和她进行"心灵的对话"。于是在她的日记本上，就有了下面的故事。

（1）……我真后悔，就因为那件事，好朋友不理我了，大家对我冷言冷语，冷嘲热讽……唉，世上有后悔药该多好啊，我真不想在学校里了……

对话：你的痛苦表白，让我听到了一颗充满悔意的心灵在哭泣。做错了事，这滋味真不好受！还记得打碎花瓶的列宁吗？还有《将相和》中的廉颇，抬起头向前看，只要拿出一颗真诚的心，同学们肯定会原谅你的。

（2）……我发现爸爸妈妈特别偏爱弟弟，只要我和弟弟吵架，挨训的肯定是我，我真恨弟弟，要是没有他，该多好啊！……他们不爱我，为什么要生我呢？还不如不生……

对话：首先，我不同意你的观点。天下没有不爱自己孩子的父母，对你严厉些，可能让你委屈，想想"孔融让梨"的故事，小小的孔融都懂得谦让，更何况是戴着红领巾的你呢？对弟弟多一份关爱，多一份谦让，不仅减轻父母的负担，而且会让你拥有宽阔的胸怀。试一试，好吗？

（3）……今天，爸爸把我狠狠地训斥了一顿，因为数学考试没考好。我每天学习多累呀，哪有每次都考好的？我好像是在为父母读书。唉，他们怎么不考虑考虑我的感受呢？"可怜天下父母心"，谁来可怜可怜我呀？

对话：我同情你的"艰难"处境，老师当年也有过这样的遭遇，说到底，是父母对你的期望很高，"望女成凤"嘛！这里，我为你提供一点建议：除了理解外，还有沟通，多和父母谈谈心，说说心里话。我愿意当这个传话员，再来一次家访，怎么样？

　　上面的故事持续了一年多。这段时间里，我用心感受，真情投入在纸上谈心，渐渐地，一个健康活泼的小女孩活跃在班级里，同学们经常看到她绽放的笑脸。

　　教育就是走进学生的心灵。有人说，比海洋广阔的是天空，比天空广阔的是人的心灵。教师们每天都在触摸着一颗颗鲜活生动、纯真稚嫩的心灵。而这样的对话，是朋友的交心，是孩子间的悄悄话。有了这样的对话，相信一个个稚嫩的小鸟会勇敢地飞上广阔的天空！

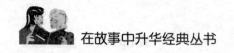

爱在细微处

◇ 万晓红 ［HT］

　　面对学习中的激烈竞争，很多学生会焦虑不安，忧虑重重；在家长"望子成龙"的高期望值下，学生的心理负担日益加重；面对学习生活中的不如意，学生的自信心会受到挫伤；有些学生由于学习、行为等表现的不如人意，经常受到家长、老师的批评指责，往往产生自卑和自暴自弃的心理等等。这些不良心理，严重影响了学生的健康成长。作为班主任，不但要了解学生的心理特点和心理需求，引导学生的心理健康发展，而且还要对学生进行心理辅导，帮助学生减轻心理负担，使学生从自信心缺乏、自卑感、孤独感过强中解放出来。让每一个学生都拥有一片爱的阳光。

　　心理健康教育是全员性的教育，它不仅要面向后进生，还要面向在教师看来是"好"孩子的学生。从某种意义讲"好"学生更需要心理健康教育。为了扩大学生的阅读面，在学生们的努力下，班里办起了图书角。但就在开学的第三周，班上图书管理员告诉我，书少了两本。经过大量的、认真的调查核实，让我吃惊的是，我们班被大家推举并担任班长的一个女生居然有小偷行为，而且已经持续很长时间了。怎么办呢？这是一个学习成绩好，办事能力强，在同学中很有威信的学生。但正是由于这些光环，掩盖了她的错误，导致有的同学即使知道真相也不敢说。对待这个学生，我没有姑息迁就，而是用经过大量调查、掌握的事实真相，对这个女生进行了个别教育。告诉她如何面对自己的错误，怎样勇敢地去改正错误。这个学生当时没敢承认自己的错误，但在第二天给我的信中最后写道："万老师，当我把我以前和现在所做的一些错事告诉您之后，我觉得轻松多了，我不会再让您失望了，请您相信我！"为了保护她的自尊心，我仍让她继续担任班上的工作，并让她把所偷的书和同学的零花钱通过我间接地还给了同学。由此可见，心理健康教育是面向每个学生的教育，每个不同的学生都同样需要心理健康教育的阳光。

　　小学生判断力较弱，老师心理投射是他们形成自我评价的主要来源。学生需要从老师给予的肯定性评价中确立自信心。当他写好一个字，做对一道题，读好一篇课文，做好一次清洁值日，得到一朵小红花时，老师给他一句鼓励的话："你写得真漂亮"、"太棒了"，甚至摸摸他的头，拍拍他的肩，都会给他带来莫大的自信，让他体验点滴的成功。他们会在一个个小小的鼓励中，积累一分一分的自信。因此可以说，激励能给人自信，自信能使人成功。

苏联教育家赞可夫指出：教学法必须触及学生的情感领域，触及学生的精神需要，才能发挥高度有效的功能。因此，教师要善于启发和诱导对学生进行心理健康教育，逐步培养学生美好的心灵，使学生真正地感动，以自觉的行动克服不良的行为。让每一个孩子在激励中发扬成绩；在微笑中看到不足；在和谐的、愉快的氛围中受到爱的熏陶，情的感染，沐浴着金色的阳光。

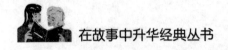

改善学生人际关系的良药

◇ 王志强

我作为一名教师，作为学生的一位朋友，经常给我的学生讲这样一句话："独学而无友，则孤陋而寡闻"。告诉他们，没有学友，就没有学习的伙伴，就没有问题的探讨，就没有学问的互补，也就更谈不上能力的提高了。

李南同学是我班上的一位体育健将，擅长打篮球，但因为学习成绩差，平时寡言少语，不爱和人说话，同学们都避而远之。他的同桌张亮同学是英语科代表，但体育成绩有些欠缺，篮球项目考核总是不及格。一次英语课上，我请同学们自由结组，合作讨论，总结课文的中心思想。同学们你一言、我一语，讨论得不亦乐乎。而李南同学却一个人趴在桌子上，嘴里叼着笔，不知在想什么。张亮也一声不吭，埋头自学。开始我还以为两人发生了矛盾，就小声对他们说："你们都讨论完了吗？"科代表张亮抬了抬头，甩口一句："不愿意跟他讨论。"李南也不动声色。

课下从其他同学那里得知：原来英语科代表张亮同学虽然学习成绩好，但篮球考核总是过不去，李南总是取笑他。张亮对李南的看法也是不屑一顾，所以两人很少说话。

回到办公室，我思前想后，分析了两人特点，突然冒出一个想法：为何不让他俩结对子，互帮互带。况且两人"一文一武"，不正好互补嘛！于是我先把科代表张亮请进了办公室跟他谈心说："你怎么不愿意跟李南结组学习呀？"

"不是不愿意，他总是懒懒散散的，还老挖苦人，看不惯他那样子。"

"是吗？那你今年的篮球考核有把握吗？"我接着问道。

"没把握，我也努力了，可就是……"他一筹莫展的样子。

"可能是你技术、技巧的问题吧。老师倒有个办法，也许能帮你渡过难关，就怕你不同意。"我神秘地笑道。

"就是你和李南同学结对子，他帮你体育过关，你帮他英语考试过关，怎么样？"我终于道出了想法。

"可我俩……"他犹豫了一下。

"为了共同的目标和理想嘛！你还是位班干部。"我赶紧补充了一句。

"我倒是乐意，不知道他的意思。"

"这你放心，包在老师身上，那咱就约法三章，你可要带好李南。"

"好！没问题。"

之后，我又请来了李南，向他请教了为什么张亮屡次篮球考核不过关的原因，趁机把我以上的想法讲给了他，约定期末兑现，也想趁此机会向同学们展现他们两人的特长，让大家知道他人的长处可以弥补自己的不足。最终李南也欣然答应了。

果然，从那以后两人的关系逐渐改善了，学习的劲头也高了。两人也开始了默契地合作，成绩很快显现出来了。期末，李南的英语考到了理想的成绩，张亮的篮球考核也顺利通过了。从此两人关系变得更加要好了，成了班里的一对学习好搭档。之后，我在班里广泛开展合作学习，寻找互补同学结对子学习，收到了良好的成效。

合作学习，可以让同学之间取长补短，相互促进，更重要的是给他们一个充分展示自己才能的机会，让同学们之间增进了解，相互团结，关系融洽，共同提高。

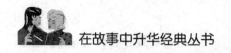

还给孩子一个宽松的空间

◇ 郝翠萍 ［HT］

比起外国教育，我国小学所学的知识要远比外国同年龄的孩子难度大、内容多，而随着年龄的增长，外国孩子逐渐表现出较强的自主性。如，他们知道自己需要什么，应该去哪里寻找，并用适当的方法步骤解决问题。无形之中把学习和生活联系在一起，相应地建立起自信心。在我国，孩子们仍面临着沉重的课业负担，一本本习题集，一张张试卷，家长不惜金钱甘为孩子购置的各类学习资料，这些都要让我们的孩子消化、吸收。孩子们对学习的真正目的是不明确的，他们知道家长和老师都要求自己学习，学习是为了将来能有好工作，更有出息。为学习而学习，却不是因为需要而学习，因此出现了许多家长和孩子因学习而甚感疲惫的现象。其他方面能力的培养被搁置一旁。就拿生活自理能力来说吧，很多学生一直是家长为他整理书包、预备文具，上了大学才开始学习洗衣服。对于困难，承受力和解决问题的能力都不及外国同年龄的孩子。

我国一直提倡为学生减负，把学习和实践联系起来，丰富孩子的业余生活，支持他们好玩的天性。让孩子生活的轻松，给他们独立支配自己行动的权利，并为孩子提供各种机会，让孩子自由选择自己想做什么，怎样做，教师和家长做支持者和引导者的角色，鼓励帮助他们。即使是微不足道的一件小事，如果孩子能坚持完成，都应予以正确的表扬，使其获得成功感。

在一次春游活动中，我们带领幼儿去野外游玩，大自然的美丽风景，清新的泥土香味，各种生物的勃勃生机，好像都无形刺激了孩子们，他们愉快地跑着、叫着、逮小虫、采野花，发现什么新鲜事物，大伙都围过来看，争相发表自己的看法，还常常让我做他们的评判，来证明谁的观点是正确的。胜利者得意洋洋，失利者不甘示弱，努力寻找反驳的机会，使我不由想起《沁园春·长沙》中"万类霜天竞自由"这句话。在后来"画春天"的活动中，孩子们用稚嫩的画笔画出了远处重重叠叠的山峦，树木嫩绿的枝叶，绿油油的麦田，黄黄的油菜花，形色各异的鲜花，枝头的小鸟，草里的小虫，勤劳的农民伯伯开着拖拉机在耕作，小朋友在野外玩耍……这些都跃然于纸上。每位小朋友眼中的春天都不一样，芳芳小朋友说春天是开满鲜花、蜜蜂采蜜的季节，乐乐小朋友说喜欢春天的小雨，我想她一定喜欢春雨的"润物细无声"吧，强强小朋友在为小蚂蚁找吃的，他说小蚂蚁爱吃毛毛虫……这些无拘无束的想法是多么自然和有趣呀！

我们每一个人都应该重视和学习先进的教育理念和方法，如果我们在每个孩子的幼儿时期就尊重他们的想法，鼓励帮助他们完成这些想法，引导他们合理地安排时间选择适当的方法和步骤等，让孩子们从小具备学习的自主性，并在头脑中形成这种观念，其意义要比幼儿认识许多生字，会做10以内的算术题，会弹钢琴等更为深远。

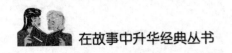

只有灵活施教才会其乐融融

◇ 陈玉红 ［HT］

"小丑表演"是幼儿园中班《快乐家园》的活动内容。原以为这一活动内容比较简单,一切会按目标进行,不会有什么精彩。结果却让我体验颇丰,收获多多。

一开始,我按备课程序先出示了五个不同动作的小丑,还有同小丑动作相应的图形。和以往一样,我引导幼儿:"他们是谁?他们在做什么?小丑下面这些图形有什么用呢?……"并请幼儿猜一猜小丑和图形有什么联系?幼儿的答案众说纷纭,有的说:"图形可以涂颜色。"有的说:"小丑的动作和一样的图形可以连线。"还有的说:"小丑的动作可以和一样的图形涂一样的颜色。"……幼儿的答案越来越接近目标,但还有一部分幼儿仍不明白小丑和图形之间的关系,这时我提出关键的问题:"小朋友们怎么知道哪个小丑和哪个图形是一样的呢?怎样才能找出一样的呢?"

孩子们思考了一会儿,只听乐乐小朋友说:"小丑向上伸胳膊坐着的和图形一样,把他们连起来就行了。"乐乐边说着边跑向前用手指着图形。这样一来幼儿都纷纷效仿,把我出示的小丑和与小丑动作相对应的图形一对一地找了出来。

为了进一步激发幼儿的求异思维,我灵机一动,如果能让幼儿也做出和小丑一样的动作不是更形象更具体吗?增加了这样一个内容还可以有效地发挥幼儿的肢体语言和形象思维能力,于是我引导幼儿说:"小朋友们是不是也会像小丑一样表演呢?"孩子们异口同声地回答:"会",并高兴得又跳又叫。因为怕幼儿直接看图形学动作跟不上,我先分别出示小丑让幼儿学做动作,幼儿掌握很快,不用讲解一看到小丑立刻能做出相应动作。接着我让幼儿看图形做动作,幼儿也能很快做出相应的动作并且还有极高的兴趣。看来幼儿的潜力远远超过了我的想象,是否应该继续延伸活动,他们是否可以根据简单的线型完成动作呢?我抱着试一试的态度在黑板上画了很多不同形状的线型,大多数幼儿又迅速地做出了相应的动作,反应稍慢一些的幼儿也会跟着立刻改正。接着我又引导幼儿发挥想象,让幼儿试着当老师,在黑板上画出不同的线型，而我则和幼儿一起做动作。这时师幼融在一体，情感交融，欢乐充盈在每个人心中。

最后的环节，我打破让幼儿把小丑和图形涂成同一颜色的常用模式，引导幼儿自己想办法把小丑和相应的图形进行联系，有的幼儿用的连线法，有涂小丑衣服颜色、鞋子颜色的，还有用相同符号的……每个孩子的作品都非常棒，教学目标圆满完成。

这可以说是一堂综合课，而我更觉得是一个游戏活动。孩子们边玩边学，可谓是玩中学、学中乐。活动结束后，我并没有感觉到这次活动有难度，教起来吃力，而是觉得很愉快，有成就感。按照备课的程序组织幼儿的教学活动已是一种定势，在活动过程中插入有创意的环节正是教师转变教育观念、进行教学创新的一种体现。这需要教师全心地投入、真切地体验，才能有灵感闪现，也就是说教师的边教边想、边做边改十分重要。这样做，有利于促进教学质量的提高，有利于提高幼儿主体性，真正做到教学相长。

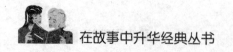

从好学生的"问题"谈起

◇ 赵 静

好学生这个名词，在大多数老师眼里就是学习好的学生。可是，多年的教学工作让我看到，这些所谓的好学生总是存在着这样、那样的问题，尤其对于小学生来说，自制力较差，出现的问题就较多。

我们班就有一个这样的学生，论学习成绩在班内数得着，可是其他方面却令人头疼，比如你问她：交没交作业？这道题怎么没做？等诸如此类的问题，她肯定不回答你。有一次，因为班主任批评她做错了事，她就对班主任拳打脚踢，闹了两节课情绪才稳定下来。班主任跟我一说，我简直不敢相信，她脾气这么大！我暗自庆幸，还没让我碰上，不然怎么处理呢？

谁知，坏事不经念叨。一天早晨，判完的质量监测数来数去就是少一本，再数一次，终于查出来了，原来少了她的作业，我就问她："你交作业了吗？"连着问了好几遍，而她始终用眼睛盯着我，我再大声喊，她就哭了起来。这时，几个学生围在她旁边，翻抽屉，找书包，掏出了没交的作业。我一下子就急了："你还委屈了，不就是问你交没交作业吗？有什么好哭的，不许哭了。"可她越哭越来劲，止不住了。我就开始哄她："别哭了，上课吧。"可她理也不理，继续哭。为了不影响其他学生上课，我只得讲起课来，不过在讲课的过程中，我发现她还偷偷地看我，并注意我讲的内容。我心里一乐，这个小东西，真是又可气有好笑。一节课很快就过去了，下课后，我还是不理她，回到了自己的办公室。与几个学生正谈话时，一回头发现她在门口探头，看我发现了她，飞快地跑开了。活动课上，借着她高兴的劲，我把她叫到一边，与她说起了上午上课的情景，问她应不应该这样做，她低下了头，并且表示以后不会这样了。

此外我还了解到，这个孩子还是蛮懂事的。在家时，经常帮助家长干家务，就是不爱说话，不善于与人交流，而且脾气不好，谁要是惹她，她必定大发雷霆，发泄出来就没事了。我想，这可能与她的家教有关。所以，在以后的教学中，我时时关注她，尽量让她多表现自己，遇到问题让她发表看法，树立自信心；遇到不顺心的事，多开导她，并与她进行沟通，以防止不良情绪的发生。一段时间后，她有了明显的变化，上课参与的积极性大大提高，也敢说话了，脸上时常挂着灿烂的笑容。

这件事，使我看到作为一名教育工作者，不能只关心学生的学习成绩，还要时时关注他们的心理健康，我们不仅要把学生培养成会学习的人，还要把他们培养成全面发展的人。

培养学生良好的行为习惯

◇ 王志强 ［HT］

我们当今的教育倡导德、智、体、美、劳全面发展，而把对学生的德育更是摆在了首要位置。培养学生良好的行为习惯，会使其终生受益，会对其良好的人生观、世界观、价值观的形成起到一个导向的作用。

一次，英语课前，张南同学的课桌上乱七八糟地摆满了数学、语文、音乐等书本。我请他赶紧收拾一下，准备上课，而他却满不在乎地说："只要学习成绩好不就得了，收拾这个有什么用呀。"说着，连整理都没整理就把书一股脑地收进了书包。我走到讲台，越发感觉该教育存有这种想法的同学了。我没有正面地批评他，而是趁机给同学们讲了一个我所看过的故事。

1998 年，全球 75 位诺贝尔奖获得者相聚在法国首都巴黎，为人类所面临的重大科技问题进行研讨。

会议期间，有人向一位诺贝尔获奖者请教："您是在哪所大学、哪个实验室获得最重要的知识的？"出乎意料的是，这位白发苍苍的老者却说："我是在幼儿园。"提问者一下子愣住了，接着问："您在幼儿园都学到了哪些重要的东西呢？"这位科学家耐心地回答："我学会了把自己的东西分一半给小伙伴；不是自己的东西不能拿；用过的东西要摆放整齐；吃饭前要洗手；午饭后要休息；做错了事情要表示歉意；仔细观察周围的大自然……"谁也没有想到，在我们平时看来最平常的行为习惯，却成就了这位科学家最辉煌的事业。

讲完这个故事，我看了看张南同学，他低头不语，全班同学也有所感触。

是啊！良好的行为习惯会影响人的一生，有了好习惯，失败不容易；没有好习惯，成功不容易。哪怕你满腹经纶，那又怎么样呢？所以说：培养学生的良好习惯，不仅是我们教育的一个目的，更重要的是它能培养学生良好的身心素质和健康人格，使学生获益终生。

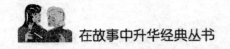

把鲜花送给学生

◇ 李春英 [HT]

时光荏苒，转眼在寨小任教已十五个春秋。这些年中我忙碌着、奔波着、同时也收获着。

寨小地处我厂"偏远"地区，生源少，无户口孩子居多，家庭经济条件差，兄弟姐妹众多，父母不太重视孩子的学习，尤其音乐科目。但正因为平凡，所以训练她们获得优秀成绩的过程才显得更加可贵。

当过教师的人大都喜欢干净、漂亮、学习好的学生，而那些相貌平平、学习又不突出的常常被忽视。优秀生得到的是更多的关注、培养、再提高，使其优上加优，趋于完美；而那些所谓的"差生"将是被遗忘的角落。

一次偶然的事件，使我有所改变。我负责学校的舞蹈队，记得有一年排练舞蹈参加"六一"文艺会演，和往常一样挑选了十几个漂亮女孩，这些女孩兴奋地来到训练房。这时，一个头发乱乱、脸很脏的小女孩眼巴巴地在一旁看着，久久不肯离去。我读懂了她目光中的羡慕和渴望。我轻轻走过去问她："想跳舞吗？"小女孩看着我，深深点着头。"那你明天来试试吧！记住把脸洗干净，头发梳整齐。"她眼睛一亮，笑着跑开了。第二天，这个小女孩早早来到训练房，在一旁专注地看着，悄悄模仿着。休息的时候，那些漂亮女孩宛如一只只快乐的小鸟，时不时传出一阵阵欢笑声。这时，我发现小女孩悄悄地拿起水壶给每一个瓶里倒上水，还喊大家快来喝水呀！虽然我看不到她的表情，但我想她一定是快乐的，因为她心中有他人。更重要的是这份无私的关切是那么自然而然，毫不做作地表现出来。我被这一幕感动着。我赞扬了她的行为，并让她一起排练，同时也观察着她，发现她非常刻苦，今天练不会的动作我只要说"回家对着镜子练会，再看一看自己的动作是不是很好看。"转天，这个小女孩的动作肯定会做得很好，我及时表扬她。渐渐我发现她变了，变得爱干净、活泼、开朗了。今天，她已成为我校优秀的主力队员，将来她不一定能成为舞蹈家，但对于她今后的成长之路必定奠定良好的基础。

本是无心插柳的一种行为，一次偶然的事件，引起了我的深思，关注学生、赞美学生，将会给学生一片蔚蓝的天空。优等生不是与生俱来的，它也需要后天的培养。教育是一门科学，育人成长是一种精雕细刻的艺术，让我们把鲜花送给每一位学生，让每一个孩子都快乐地成长。

让璀璨的明珠更加闪亮

◇ 付凤杰 ［HT］

二十多年过去了，对优秀生的培养，我是深有体会。优秀生基础好，学习能力强，只要路子对方法正，优秀生这颗明珠会更加闪亮。我想，培养优秀生的方法是多样的，体会如下：

首先，善待优秀生的提问。

古语云，学贵有疑，小疑则小进，大疑则大进。伟大的科学家爱因斯坦也曾说过："提出一个问题要比解决一个问题更为重要。"这两句话已成为广大教师信奉的名言。的确，放眼今天的教学，许多教师已高度重视学生的质疑，然而，在如何对待优秀生的质疑上，却是还有不尽人意之处。有些教师把鼓励优秀生质疑只当作一种点缀或作为重视优秀生地位的标榜，遇到提出的疑问接近自己所预想的教学目标时，固然满心欢喜，一旦遇到有悖于自己的设想意图或在教学上为了抢时间，避免节外生枝，往往是模棱两可，含糊其辞，甚至于干脆斥责学生，死钻"牛角尖"，投之以冷眼，报之以讥讽，以粗暴的态度对待学生，这样做，伤害了孩子的自尊和学习信心。这样的教学态度，哪有学生的主体地位之言？哪有"以人为本"的教学思想的闪光呢？故善待优秀生的提问能有效接近优秀生，能拉近师生之间的距离；善待提问能保护和激发优秀生的创新潜能；善待优秀生提问，能让其学习积极性更高，求知欲更强，更能超越自我。

其次，注重优秀生习惯的养成。

良好的学习习惯是优秀生有序思维的基础，对培养学生的创新能力具有深远影响，俗话说得好，"熟能生巧"！就是这个道理。所以应注重优秀生习惯的养成，要知道有序思维是优秀生掌握学习技巧的一个重要途径。

例如，我在强化长方形面积的计算方法时，指导学生按步解答几何图形计算题，我是这样做的：第一步确定图形，第二步想面积的计算公式，第三步找已知条件各是什么，第四步按公式列式计算，第五步写答话，第六步检查。这样教学，有助于培养学生有序思维能力和良好的学习习惯，使其在做这方面题时形成了一定的步骤，那就是"看—想—找—算—答—查"，使优秀

生在提高能力方面和掌握技巧上有了秩序，习惯也就慢慢养成了。

第三，注重开放思维，做好一题多解和多种形式的练习。

我们深知优秀生本身基础就好，如果在教学中遇到一题多解的题时，可让其多想多思，采用不同的方法解答，这样可提高其能力，掌握解题技巧。所以在教学时，要充分挖掘教材，采用多种途径、多种方法去思考和解决问题，使其在解决问题过程中多发现，多探究，对其能力就有提高。另外，多种形式的练习，可培养优秀生的灵活性，可使其更敏捷、更灵活地掌握知识。通过多层次、多角度的思考，可使优秀生的思维更好，创新能力更强。故我们在教学中要不断地开放教学，努力寻找适合培养优秀生的方法，使璀璨的明珠更加闪亮。

怎样培养孩子的注意力

◇ 王　辉

注意是伴随各个心理活动而产生和发展的不可缺少的心理状态，没有注意的参加，不可能有比较稳定的心理反应，也就难以完成认知过程。正如乌申斯基所说："注意是学习的门户。"因此，注意力的培养，显得尤为重要。在人人注重早期教育的今天，要想全面开发幼儿的智力，就必须培养幼儿的注意力。那么怎样培养孩子的注意力呢？我认为可以从以下几方面入手。

1. 注重培养幼儿的兴趣

不管是谁，在做自己感兴趣的事情时，总会很投入、很专心，孩子也是如此。幼儿的注意与兴趣有密切关系，直接兴趣是幼儿无意注意的源泉，幼儿的注意受兴趣所左右。他们对于感兴趣的活动和游戏，注意力不但容易集中，而且维持时间比较长。例如：幼儿对猴子感兴趣，他们能长时间集中注意力观察猴子的一举一动，走路和吃东西的样子，并能在注意的过程中发现或获得一些真实的知识。相反，如果儿童在入学前接触的书本知识很多，走进课堂后发现老师讲授的都是自己屡见不鲜、耳熟能详的东西，那么，大多数儿童都会不由自主地精神不集中，东张西望。因此，我们应该把培养孩子广泛的兴趣与培养注意力结合起来。总之，培养良好心境，消除不良情绪，对于注意力的培养起着重要作用。

2. 适宜的教学内容是集中幼儿注意的条件

幼儿园的集中教育活动是培养幼儿有意注意的重要手段。教师在设计教育活动时，应根据幼儿注意的特点，精心设计教育环节，灵活运用各种教学方法，将幼儿的注意力吸引到活动中来。

例如，利用拼图、下棋游戏，让孩子学会拼图，并逐渐增加拼图的速度，学习简单棋类的玩法等。

3. 运用情感生动的语言，引起幼儿的注意

语言是教师和幼儿沟通的桥梁。教师形象化的语言是稳定幼儿有意注意的重要手段。为此，教师语言应具有针对性、启发性。

语言的针对性是要求教师组织教育活动的语言要适合各年龄班幼儿的特点。教师说话的口吻、语气在大、中、小班应有所区别。一般说来，小班教师讲话亲切、缓慢，角色意识强；中班教师说话生动、有趣、游戏情趣浓；大班教师的语言应更富启发、诱导、激励、知识性。

教师的语言还应具有启发性。教师的启发性语言，有利于打开幼儿心灵的窗户，唤起他们的有意注意。教师自然的教态，给人以亲切、愉快的感觉，吸引了幼儿的注意。

4. 明确目的能有效地集中幼儿的注意

孩子对活动的目的意义理解得越深刻，完成任务的愿望就越强烈，在活动过程中，注意力就越集中，注意力维持的时间也就越长。比如：一个平时写字总是拖拖拉拉、漫不经心的孩子，如果你许诺他认真写字，完成任务之后就送他一朵小红花，他一定会放下心来，集中注意力认真地写字。或者在给幼儿讲故事前先向孩子提出问题，让孩子带着问题去听，听完后回答。还可以要求他听完故事后把故事的内容复述给你听。

5. 游戏是培养孩子注意力的好方式

心理实验证明：3岁幼儿注意力可维持3~5分钟，4岁孩子10分钟，5~6岁儿童也只有15分钟；而在游戏中，4岁幼儿可以持续进行22分钟，6岁幼儿可以坚持71分钟。因此，在教学活动中，我们可以让孩子多开展游戏活动，在游戏中培养幼儿的注意力。如"迎接小客人"、"奇妙的口袋"、"玩具店"等游戏，可以使幼儿能够集中注意力地去完成活动。

如何培养幼儿的注意力，还需要幼儿教师在教学实践中不断探索、总结，形成理论，再去指导实践，在实践中不断修改完善，使其日臻成熟。幼儿教育也是一门学问，为了提高中华民族的整体素质，必须从娃娃抓起，开发幼儿智力，努力培养他们的注意力、记忆力、观察力等，使每个中华少儿都得到全面发展，成为明天建设祖国的栋梁。

"自信心"是如何培养出来的

◇ 高凤周 ［HT］

进入高三后，总有一些学生的学习成绩不尽人意。究其原因，我认为是自信心的问题。自信心对于人的成长'是十分可贵的。一个人一生的成败得失，往往取决于这个人是否树立起强烈的自信心。但是，人的自信不是天生就有的，也不是从天上掉下来的，而是在体验中积累起来的，磨炼出来的，感悟出来的。因此，要多让学生体验，帮助学生悟透人生，不要被自卑的海洋淹没，鼓励他们扬起自信的风帆，引导学生驶向成功的彼岸。我认为应从以下方面对学生"自信心"加强培养。

1. 培养自信心，要有明确的目的性

人的行为总是有目的的。从人的整个心理过程看，往往是人在实践过程中形成一定的认识，基于这一认识确立起某个目标，然后，就为实现这一目标而进一步去实践。但是，进入全面复习阶段后，特别是经过月考，学生发现需要学的东西太多太多，脑子里整天装着很多事，但到了具体事情上却不知忙些什么，东一笆子西一扫帚，什么事也干，什么事也干不好，越忙心里越没底，这无形中增添了一种无名的烦恼与紧张。因此，一个人要有一个切实可行的目标相当重要。在帮助学生建立目标时，一是要崇高，如果目光短浅，或者把兴趣放在低级卑下的东西上，那就谈不上树立信心感的问题了。二是要明确、专一。模模糊糊，由此又彼，也不可能树立起信心感的。如有的学生给我讲想上复旦大学，我首先肯定他这一奋斗目标，然后帮他搜集了有关复旦大学的大量资料，并就每科学习情况详细分析，指明其努力的方向，现在这个学生信心足，干劲高，名列前茅。

2. 培养自信心，要有坚定的果断性

俗话说，当断不断，反受其害。干什么，不干什么，了了分明，这样才能真正树立起自信心来。马卡连柯说得好："坚强的意志——这不仅是想什么就获得什么的那种本事，也是迫使自己在必要时放弃什么的那种本事。"这一点十分重要。有的学生爱好广泛，哪一个都不想放弃，其结果哪一个都做不

好。人的精力毕竟有限，当鱼和熊掌不能兼得时，就应敢于舍弃。因此，班主任老师要善于引导学生放弃什么，不放弃什么。选择目标要行动果断，尽量使学生的精力凝聚在一个焦点上，以求取得较为理想的效果。

3. 培养自信心，要有强烈的自制力

办什么事情，困难总是有的，问题在于你怎样对待困难。是与困难作斗争，从而战而胜之呢？还是遇到困难就止步不前？这是能否树立信心感的关键所在。因此，在学生遭受失败的时候，比如几次月考成绩都不理想时，老师要积极帮助他们查找失败原因，尤其是非智力因素方面，千万不要说丧气话，鼓励学生勇于战胜困难。并尽量让学生的情绪冷静下来，弄清楚问题错在什么地方，找出原因后，再逐步地争取用种种方法鼓励学生新的信心来。

4. 培养自信心，要有独特的见解

成功的体验越多越自信，失败的体验越多越自卑。所以人要勇敢地去闯天下，不以成败论英雄。关键是发现自己的潜能，坚信自己是天才，不光天天要想，更应天天去干，越干希望越大，头破血流，也没什么可怕的。信心十足的同学更易取得好成绩。自信主要来源于自我感觉，自我感觉良好，那心情就放松，头脑清醒，注意力就容易集中，做事就更易取得成功。对于平时专题复习、模拟考试题，学生能自己解决的问题最好自己解决，自己难以解决的问题也要动一番脑筋后再与别人讨论。因为学生自己"钻"出来，"抠"出来的知识印象深，记得牢，同时还会诱发求知欲，启示你找到解决问题的方法，这对于提高能力和自信心都大有益处。

无心插柳的效应

◇ 刘　华

丫丫是我园武老师的女儿，跟我学了两期的美术。由于美术班是在其他幼儿每天离园之后上课，所以丫丫和其他小朋友一样很排斥学美术。针对孩子普遍存在的这种现象，我就把每节课所教的内容在课前事先编成一个故事或一首儿歌。如：学习绘画小老鼠时，我首先和孩子们玩《小老鼠》的歌表演游戏，使孩子对小老鼠提起兴趣之后再教他们如何绘画小老鼠，并将儿歌参与其中——（1）一头圆来一头尖。[XCZ1. TIF]（2）打个问号在上面。[XCZ2. TIF]（3）露出尾巴和胡子。[XCZ3. TIF]（4）一只老鼠在眼前。[XCZ4. TIF] 这样不但吸引了孩子的注意力，而且还使他们逐渐忘记了想家的念头，喜欢上了绘画。在学的过程中，丫丫因为性格活泼，过于好动，缺乏稳定性，所以表现的一直很一般。第三期刚开始不久，她就由于生病需要到北京看病而没能坚持下来，但通过前不久发生在丫丫身上的一件小事，使我彻底改变了对幼儿特长教育的看法。

新学期伊始，又面临特长班的开展。在我们特长班教师讨论如何搞好本期的特长班教育时，武老师拍着我胳膊由衷地说："我作为一名孩子的家长，真是从心底感激你！"大家纳闷之际，她道出了事情的原委，原来是她女儿在上学前班的第二天就受到了老师的表扬，老师还拿着丫丫的作业本展示给全班的学生看，并说："看看谭雨欣小朋友的 a 写得多工整漂亮呀！"接着丫丫的妈妈还有感而发地说："这上过特长班的孩子和没有上过特长班的孩子就是不一样，我们家丫丫虽然有半年没画了，但 2 分钟就能写一篇 a，而且比我写得还好，上课时，你再看那小身板，挺得特直，这都是刘老师你的功劳啊！"

培养孩子某方面的特长，我们的初衷是为了陶冶其情操，增强其自信，促进幼儿的全面发展……从而使孩子的综合素质得到培养。通过丫丫这件事，我们可以看到虽然她没有坚持学完，而且将绘画还搁置了这么长时间，但却给她的文化课学习带来了意外的帮助，这难道不是无心插柳的效应吗？

家长为之自豪，教师为之欣慰，我们不难看出特长教育对一个孩子健康成长以及综合素质的培养有多么重要！

一次特殊的家访

◇ 闫金霞 ［HT］

终于盼到了周末，吃完晚饭，我便倒在沙发上，不知不觉竟迷糊起来。忽然一阵清脆的铃声响起，拿起话筒，原来是丽的家长。她焦急地说："老师，叮当（我的另一位学生）说她妈妈打她，头上起个大包，说什么也不回家。中午非要丽带她去火车站，要坐车回奶奶家。丽好不容易劝下来，并把这件事告诉了我。叮当一直求我不要把她送回家，说如果把她送回去，她妈妈还会打她的。老师你说怎么办呢？""怎么办？"我必须去叮当家了解一下情况。

叮当的爸爸在外地工作，妈妈一个人照顾两个孩子，叮当的妈妈责任心强，对孩子要求高，这件事十有八九和学习有关。经了解果然不出所料。周末，叮当妈妈见孩子早早做完作业出去玩了，想到还有两周考试了，就帮孩子听写了一册书的生字，结果不很理想。就说："上午复习一会儿，下午再听写。"叮当复习时，小弟弟总在一边捣乱，叮当很是心烦，说他又不听，就和小弟弟吵起来。中午邻居们正休息，妈妈批评两个孩子，他们不听，就每个人打了一下，没想到叮当头上起了个包，叮当觉得非常委屈，跑到同学家哭着说要回老家。叮当妈妈以为孩子出去玩了，没想到会这么严重。了解到情况以后，我首先对叮当妈妈一人照顾两个孩子表示理解，又对这件事的具体做法说了自己的看法。在没有复习的情况下，一次检查整本书的字词，孩子肯定会有一些不会的，要求一下午写会，内容太多，孩子一是完不成，二是影响孩子自信心，就是孩子听话答应写，也难免心烦。我又结合一些优秀学生的家长的做法对她讲了一些教育孩子的方法。辅导孩子学习不能把目标定得太大太多，要适量。另外，要让孩子有足够休息和娱乐的时间。要让孩子阅读自己喜欢的课外书，看自己喜欢的电视，这样不光使孩子的身心得以放松，还增加了孩子的课外知识，孩子写作文时就会有话可说，才会写得真实生动。最重要的是不能把孩子管得太严太死，多用鼓励的方法，尽量不用或少用打的方法。否则只会引起孩子对学习厌烦，对妈妈的误解。经过一番推心置腹的谈话，叮当妈妈认识到自己的做法很危险，了解了一些教育孩子的方法。我们便一起去接叮当，没想到在半路上碰到了她，我把孩子搂在怀里，轻轻地对她讲妈妈养育两个孩子是多么不容易，妈妈并不是真心想打她，要理解妈妈。妈妈答应你完成作业后让你看电视，玩游戏，但是你不要辜负妈妈的期望呦！叮当不断地点头。跟着妈妈回家了。

从此以后叮当真地改变了，乱七八糟的字变得整齐了，每次练习正确率都很高，平时测验成绩一涨再涨。我及时鼓励，没想到期末考试她竟然闯进了年级前五名。并且越来越开朗自信。

这件事给我的启示很大。一个孩子的成长是多方面因素的综合结果。老师如果能及时了解孩子的各方面情况，针对性地给予真诚的帮助会起到事半功倍的效果。我还认识到家长的作用也非常大。老师应经常和家长了解家教的方法，必要的时候应予以指导。给孩子一个和谐的环境，促进孩子身心健康发展。

用心去浇灌花朵

◇ 赵凤春 ［HT］

小龙不写作业，真是把我的头都搞大了，每次跟他的家长交流，他妈妈总会无奈地说："老师我实在没办法了……"

小龙是一个特殊家庭的孩子，父母生了两个姐姐后才有他这么个男孩，可谓是宠爱有加，百依百顺。长期以来衣来伸手，饭来张口的小龙养成了不爱动手，不爱动脑的习惯。如今父亲身患疾病，母亲照顾父亲更无暇过问他的学习。

"老师，小龙又没交作业。"组长告状说。看着小龙那副懒洋洋，无所谓的样子，联想到母亲为了给三个孩子交学费而到处借钱时，我顿时火冒三丈，刚想发作，又转念想一想，有什么用呢？这样的戏上演过多少次。我努力冷静下来，为何不换个方法试试。"小龙，为何不交作业？""我忘了。"小龙理直气壮地回答。我早料到他会这样回答，但还是耐住性子对他说："我给你记作业，以免你忘行吗？"小龙抬起头疑惑地看着我，没说话。"每天我按时给你记作业行吗？""哎"小龙从嗓子里发出一个音。"你也必须每天交作业行吗？""哎"又是一个轻轻的鼻音。

下午放学前，我将一个崭新的记作业本交给小龙。小龙打开第一页有些发呆，并不是我给他的作业他奇怪，而是因为看到了我给他写的"你能行"三个字。第二天，小龙准时将作业和记作业本交给了组长。我顺手写了"贵有恒"几个字。果然，小龙又把作业交上来了，接下来的事情就是我每天坚持给他记作业，并且会给他写上他在学校哪表现好，哪进步了，我知道这是在慢慢给他找回自信。

"老师，我以后要好好学习。"我在他的记作业本上看到了他给我的第一次回应，我真是高兴得手舞足蹈，苍天不负有心人，我用我的真心唤醒他学习的热情。在以后的日子里，我和小龙居然以记作业和反馈作业的形式开始了交流，而我也在平时和他的交流中了解他的内心，掌握他的思想动态，及时对错误的思想给予疏导。就这样，一学期下来，小龙从不及格竟然考了87分，更令人想不到的是，两年后他考了个全班第一！

奇迹，就是在平时的小事中创造的，只要教育工作者用心去浇灌，每一朵花蕾都会开得很美。

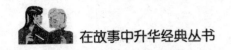

让思想冲破牢笼

◇ 张彦芬 ［HT］

我记得《国际歌》里有一句歌词：让思想冲破牢笼。

细细掂量掂量，此言深刻至极。不信试想，要是教师的思想没能冲破旧的思维模式即旧的牢笼，能有新课程改革的大好局面吗？

可遗憾的是，你只要细细反思就能发现，我们的教育常常在不知不觉中制造着牢笼，束缚了优秀生的思维。

试看两个例子：

某小学考语文，试卷上有一道问题；雪化了变成什么？

有个颇有创意的学生写道：变成了春天。

这分明是个极有创意的极脱俗的回答，可他答的这道题偏偏被老师否定。为什么？因为标准答案上赫然写着：变成了水。

又一题考道：冬天，雪在干什么？

有个极有想象力的学生回答：在和大地说悄悄话。

显然，这答案极漂亮，就像个美丽的童话。可他的回答也被否定。为什么？因为标准答案是"静静地飘"或"狂飞乱舞"。

于是，我突然觉得我们的孩子们挺不幸，原来，在这样一种封闭保守的环境中，他们的创造精神是完全可能被活活扼杀的！

于是，我很想提一个问题，究竟怎样教育培养优秀生呢？

我想，从最彻底的意义上说，教育培养优秀生就是要最大限度地开发优秀生的能力——尤其是优秀生的创造力和想象力。可是，上述事实却偏偏表明，还是且慢创新且慢想象—谁有创新精神，谁就有可能最先遭到不幸。那么久而久之，我们的孩子还敢想象吗？还有创新精神吗？换言之，如此这般地定好答案，还硬要把此种极平庸的答案视为"正宗"，视为"标准"，这不分明是在制造牢笼吗？

最可怕的傻，分明是最正儿八经似的傻，可我们却总是这么傻。

于是，我想起了一个寓言。猴子们一向是爬着走的，一天，曾有个猴子勇敢地站了起来，还试着走了两步，不料，刚想再走两步试试，就有一帮老猴愤然批评道："我们一向是爬着走的，你小子居然敢站着走，这还得了！"说着一齐上前，硬是把这个勇敢者活活地撕了。大家亲眼目睹了这一切，提心吊胆的，此后也就再也不敢站起来试试了——为什么猴子们至今还在地上爬，就因为这个！

不是吗？我们的许多做法的确"猴味"太重了！却又偏偏不是孙悟空似的猴味！

为什么孩子们喜欢孙悟空，为什么他了不起，说白了，不就是因为他最有创意，最藐视牢笼吗？

于是，我进而想起"减负"一词，究竟何谓"减负"？我想，其中含义显然不是砍掉一两节课或者减掉一两题作业，而是尽快拆除至今仍在束缚着孩子的种种无形的牢笼，不要给孩子唯一的"标准答案"，放手让学生积极思维，闪现出灵感的火花，同时也扬起优秀生个体再创造的风帆，这才叫"解"与"放"。

那么，究竟什么时候彻底地解放思想，不是值得我们深思吗？

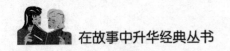

给孩子一份好心情

◇ 李海燕 [HT]

心情好了看着什么都顺眼，做起什么事都顺心。如果每天都能保持一份好心情，那么，我们每天都是快乐和充实的。孩子也一样，他们也需要一份好心情。我们常常逗眼泪汪汪的孩子说"笑一笑"。结果孩子勉强地笑了后，就真的开心起来了。教师对学生一个细微的眼神、一声轻轻的问候、一抹真诚的微笑、一次轻轻的抚摸，都会给他们带来惊喜、幸福和好心情。

然而，有的教师走进课堂后便板着脸，认为自己心情不好是学生造成的，试想，长期这样下去，孩子的心情如何呢？怎么能健康快乐地成长呢？作为教师，我们如何去营造师生间的好心情呢？

一、学会赏识 [HT]

赏识教育在社会上早已积极提倡。它最早源于一位父亲对孩子的教育。孩子考试考到全班最后一名。可父亲并没有责骂他，而是说："儿子，太好了，这下你不用担心会退步了。现在，只要你再加把劲，就能进步了，哪怕是进步一点点。"孩子在父亲的鼓励下，甩掉了心理包袱，认真学习，在下次考试中果真前进了几名。父亲说："孩子，你真棒！一下子进步了几名，继续努力吧，你一定会有更大的进步。"就这样，孩子在父亲不断的鼓励、赏识中前进到了第二名。作为教师，我们是否也该学学这位父亲，去赏识班上的每一位同学？人无完人，但也不会一无是处，我们为何好盯着学生的缺点不放，为何不换个角度，看看他们身上闪光的一面呢？如果换个角度，你就会发现，作业拖拉的那位学生唱歌特别棒，爱打架的那位学生劳动最积极，学会赏识，你会觉得孩子们都是可爱的。

二、学会说"我能行" [HT]

经常说"我不行"的人往往因缺乏自信而干不成事。成功与快乐当然也往往与他们失之交臂。所以，要让学生得到快乐，就要培养他们的自信心，让他们学会说"我能行"。著名特级教师、全国优秀班主任魏书生老师认为，一些各方面基础较差的学生"不缺少批评,缺少的是鼓励,缺少的是肯定,缺少的是别人帮他找到长处,使他的自信心有个落脚的地方,有个根据地"。于是他就请班中几位后进的同学给自己找长处,让他们从自身的长处出发,喊出第一声"我能行",再扩展到其他方面,一次次地体验"我能行"。植根于"长处"的土壤上,这些学生的自信心就一点点地成长起来了。当然,教师要经常有意识地为这些学生提供展示"我能行"的机会。

三、学会宽以待人 [HT]

宽以待人,就是对别人的工作和学习,不提不切实际的要求,不强人所难。对别人的毛病和缺点,在热心帮助的同时,还应该有耐心、宽宥和谅解的态度。在对待荣誉、地位、利益上,我们要有吃亏让人、抢困难、让方便的风格。人与人之间总免不了有这样或那样的矛盾事,朋友之间也难免有争吵、有纠葛。教师要教育学生应该与人为善,宽大为怀。绝不能有理不让人,无理争三分,更不要为一些鸡毛蒜皮的小事争得脸红脖子粗,甚至拳脚相加,伤了和气。应该有那种"何事纷争一角墙,让他几尺也无妨"的博大胸怀和高风亮节,让学生觉得生活中处处充满阳光。

四、学会面对失败 [HT]

在现实的学习生活中,每个人都难免遇到失败和挫折,孩子们当然也不例外。面对失败,他们小小的心灵可能承受不起,从而神情沮丧,情绪低落。所以,教师应该让孩子明白,生活中的失败是不可避免的,也是不可怕的。重要的是如何去面对失败,如何让失败成为成功之母。教师要与他一起分析原因、寻找对策,要鼓励他、帮助他,减少或消除他的心理压力,让他们微笑着去面对困境。

每天给孩子一份好心情吧!让他们在自信和快乐中成长,作为教师,你同样也会感到很快乐的。

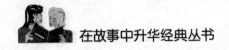

学并快乐着

◇ 杨文清 ［HT］

"老师，我们参加市英语竞赛获奖了！"班里的几位同学兴高采烈地跑进办公室告诉我这个好消息的时候我正在批阅他们这几个英语特长生的英语日记。

高兴之余，我和同学们谈起了他们学习英语的感受，平时最爱说的"小喇叭"先开口了："我觉得学习英语是件快乐的事。""那叫学并快乐着。"另外一个同学也说。他们几个脸上灿烂的笑容，让我又想起了他们刚入学的时候。

那时候，开学没几天我便发现班里的好几个同学在英语课上特别活跃，有的擅长口语表达，有的在听力方面略胜一筹，而有的则听、说、读各个方面都不错，于是我就有了一想法——既然他们的英语基础不错，为什么不发挥他们的这些特长呢？

几天后，通过和这些同学讨论决定由他们组成英语兴趣小组，小组成员除了每天完成英语课内的作业外还有其他的内容，那就是每天 7：00 看CCTV—9 的 World wide watch 来练习听力；每天至少读一篇英语小短文并写简短的摘要以便提高阅读能力；每天一篇英语日记练习写的能力。本以为我的这些措施一定可以在短时间里让同学们在听、说、读，写各个方面有很大的提高，但是没过几天，问题出现了，有的同学能每天练习听力和阅读，但是对写作不感兴趣；有的则是倾向于写和读，不怎么练习听说能力，而且大家的学习积极性也不太高。通过和大家沟通让我明白了我的做法存在两个问题：一、我没有更多地从同学们自身的要求出发去征求大家的意见，而是仅仅从我的立场出发给大家做了硬性的规定。二、我忽略了同学们之间的个体差异，而给他们提出了同样的要求。这个小组的同学们虽然在英语学习上都有优势，而且也有较大的兴趣，但是他们不论是在学习习惯还是学习能力上又各有不同，而我的千篇一律的要求无疑成了他们学习英语的压力。

一天放学以后，我和同学们又坐在了一起，而这次同学们是主角，他们争先恐后地发表自己的看法，"我喜欢看英语影片，《音乐之声》我看了好几遍了还想看，我觉得我的口语和听力好是我看得多听的多。""我觉得中央10台的 OUTLOOK 挺不错的，能看英语影片，能了解西方文化，还能学英文歌呢！""我更喜欢读简写本的英语名著，能学到很多的生词呢。"……我没想到同学们居然有那么多学习英语的好的方法和途径，大家都走了之后我想了很多……

新的一周又开始了，英语兴趣小组也有了新的学习计划和安排：大家要学习的不再是具体的规定的内容，大家可以根据自己的爱好和兴趣选择学习方法和学习内容，老师可以根据每个同学的特点给予一些建议，也可以给大家一些学法上的指导。在那以后的日子里，同学们的学习变得轻松了，日记、读后感、观后感会不时地出现在我的办公桌上，也时常会看见他们为了一个语法问题而争得面红耳赤，而且在给他们做指导的同时我也从他们那里学到了许多我不曾知道的东西。

随着时间的流逝，兴趣小组的同学们都是主动地完成学习内容，大家的各项能力也得到了提高，我们在一起讨论问题，一起分享学习带来的快乐。从他们的身上我也获得了宝贵的经验，那就是虽然他们有特长，但是使他们的特长能够得到好的发展还是应该以他们自身为主体，结合他们的实际情况，让其更乐于学习，正如他们自己所说的——学并快乐着。

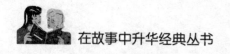
教会孩子"做人"

◇ 卢洪英 ［HT］

教会幼儿"做人"，是育儿的根本。

教育实践家冯恩洪认为："我们的教育要教会孩子什么，学会做人比学会做学问更重要。要引导孩子先学会做人，而后是做学问，学会做文明人，学会做中国人，学会做现代人，学会做社会主义的人。"我认为冯先生的话说出了素质教育的实质，它是情感的教育，是人格的教育。有完整的人格，文明而充满爱心，这是需要我们学校和家长共同配合塑造的未来人形象，这样的教育有它自己的方式。

幼儿园的孩子们常常表现出这样一些问题：见到好的玩具一股脑搂到自己跟前；稍不如意，就发脾气，打人或告状。当我问孩子们："好孩子是什么样的？"他们会异口同声地回答：听老师的话，同伴之间互相团结，互相帮助……但转眼间他就为抢玩具而"当仁不让。"为什么会这样呢？我苦思冥想，终于有一天茅塞顿开：他们是孩子啊，他们只是学说我教给他们的道理而已，却没有真正明白道理，更不知该如何做。问题琢磨透了，我就开始实施"全新"的教育方案了。

首先，我把思想教育渗透到教学之中，用儿歌、故事、歌曲的思想内容来感染孩子们。《对不起没关系》是一首生动的叙事歌曲，"我急忙扶起他，说声对不起，他笑着对我说没关系"两句歌词恰到好处地表现出两个好朋友互敬互谅、友好相处的心态和品格，我让孩子们去体会：为什么要"急忙扶起他"，小刚为什么又"笑着对我说"，孩子们天真地回答我：小刚的腿破了自己爬不起来，小刚一听到"对不起"腿就不疼了……听着孩子的回答，我好高兴，因为他们不仅学会了唱歌，也学会了如何做人。就是这样，我把那些大道理融进动听的歌曲、优美的故事中；从《李小多分苹果》、《两只小象》、《小猫小猫你别吵》等歌曲到《四个好朋友》、《三只蝴蝶》、《萝卜回来了》、《小羊过桥》等故事，我都熟记于心，孩子们也从这些文艺作品中懂得了什么是谦让、友爱、关心他人。

教给孩子们学会"我应该怎么做",是我实施新的教育方案的第二步。我从经常发生在孩子生活中的事提出一个个小问题:班上有了新的图书(或玩具)大家都想看,你该怎么做?发现自己的小椅子被别人坐了,怎么办?你发水果时发现有的大、有的小,怎么办?在公园里,你等了半天才轮到打秋千,可后面还有很多小朋友在排队,你怎么做?……一个又一个源于孩子的"怎么办",已在帮助孩子们理清认识,掌握正确的行为方式,孩子们讨论中彼此取长补短,获得了较完美的"做"的标准。同时我注意及时抓住一切实践机会,让幼儿在活动中去实践自己的"诺言"。一次户外玩滚筒,孩子们似乎都忘了自己平日所说的"诺言",争先恐后地往上爬,结果半天谁也没玩成。我让孩子们想办法,怎么玩才能使大家都能玩到?孩子们告诉我"两个人一组轮着玩","那他们玩得高兴忘记下来怎么办?"孩子们思来想去,终于找到了解决问题的办法:"我们等着的小朋友一块儿数数,数到十下,就该换人了。"……孩子们理解掌握了正确的行为标准,懂得了自律、他律时,当然我也就不再去扮演"问题调解员"的角色了。

　　通过教育,我班孩子们的品德行为发生了很大的变化,孩子们不仅能自律,自己的事情自己做,同时还能理解他人,帮助、关心他人。不仅能自觉遵守规则、讲秩序,而且还能评价他人的行为,提出解决问题的办法。孩子们的变化使我体验到教育的成功,也使我品味到:成功的教育最重要的是让孩子们懂得如何做一个真正的人。我相信,随着年龄的增长,孩子们会明白更多的做人道理,会增强自控能力,会分清是与非,会养成好的态度与习惯。

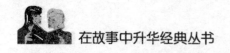

怎样培养学生的优良品质

◇ 李翠江 ［HT］

一个人在成长过程中，其道德品质的形成受诸多因素的影响。比如，可受社会影响，可受家庭影响，更可受学校影响，其中学校教育是起主导作用的因素。下面就简单谈谈怎样通过学校教育来培养学生的优良品质。

1. 通过优秀集体的熏陶来培养

儿童从家庭进入学校，对他影响最大、使他最感兴趣的莫过于集体生活了。在良好的集体里，儿童身上从家庭带来的积极因素会得到进一步发挥，消极因素会逐步得到克服，从而形成小学生的义务感、责任感、友谊感以及公而忘私的品行。

因而学校要重视集体建设，加强对集体活动工作的研究和指导，努力建立风气良好、舆论健康、集体活动正常的小组集体、班集体、少先队集体和学校集体，为学生提供丰富多彩的集体活动，使学生在不知不觉中受到潜移默化的影响。

2. 通过榜样的作用来培养

所谓榜样教育是指通过教师的选择、引导，有意让儿童仿效英雄人物的一种教育形式。利用这种形式要解决好两个问题：一是如何选择榜样，二是向榜样仿效什么。选择榜样既要符合政治标准，又要符合儿童心理特点。榜样的人格和品质应是高尚的、典型的、公认的，也是儿童可以学习和模仿的。此外，教师要引导学生仿效榜样的本质特点，而不是外表特点，要真正与自己的言行相结合，落到实处。

3. 通过各科教学活动来培养

学生的大部分时间是在课堂上度过的，因而围绕各科教学来开展思想品德教育是十分必要的。

教师通过深挖教材的思想性，结合实际情况进行教学，可以提高学生的道德认识水准，使儿童掌握是非概念，加上教师生动的、富于感情的讲解，就可能使儿童的情绪引起共鸣，产生强烈的情感体验。

总之，学校在教育教学中，要做到既管教又管导，既善教又善导，使学生在获得知识技能的同时，还要养成良好的道德品质，做到德才兼备。

消除班干部心理偏差的尝试

◇ 孔进芝 ［HT］

班干部是班集体的核心，是联系教师和学生的桥梁，是形成良好班风、学风的骨干。培养一个强有力的班干部集体，既能减轻班主任的工作压力，成为班主任的得力助手，同时也能发挥学生自管自治的主体作用。

但班干部长期组织集体活动，很容易滋长一种强烈的"权威者"和"领导者"角色心理与意识，这时班主任要及时注意消除班干部的心理偏差，矫正其不良行为。

我当一年二班的班主任时，一次，一年一班的小明气愤地对我说"老师，你们班的小强没有戴校徽，在校门口被值勤的拦住，问他是几年级几班的，他说是我们班的！"当时我笑了，我为小强机智灵活的反应而感到惋惜。一进教室，我就让同学们为小强鼓掌，并奖励他一朵小红花，当时小强愣了，很纳闷。掌声过后，我说明了原委：作为纪律委员的小强，因自己没有戴校徽被值勤的拦截，怕扣我们班的考核分，把自己说成是一年一班，以此来维护我们班的荣誉。当时我环顾了一下同学们的表情：赞同或诧异。小强的脸上露出灿烂的笑容。但我话锋一转说："但他这种举动是一种不道德的作弊行为，不值得大家称赞，为此我收回这朵小红花！希望他今后能用自己的实际行动来维护班集体的荣誉！"此后他为维护班集体的荣誉做了不少事，在"班级之最"的光荣榜中，被评为"最具有班级荣誉感的同学"。

放学后，副班长把教室的钥匙交到我手里，说是上思品课，班长不遵守纪律，下课后副班长说了他几句，不服气就撂摊子把钥匙甩给了她。下午上学我故意迟了几分钟进教室，同学们都围在教室门口，我装作若无其事的样子，拿钥匙开了门，并问班长为什么不开门，这时满脸涨红的他，支支吾吾说是把钥匙给了副班长，随即我问了句"为什么？难道你不愿意为大家服务——拿钥匙开门了？"早已按捺不住的副班长说出了原委。就此事我说出了他的三处错误：一是作为班长，未遵守纪律；二是明知自己错了，而以班长自居自傲，不允许别人指点自己的错误；三是别人指正自己错误时，不但没有勇于承认改正错误，而是撂摊子。心悦诚服的他欣然接受了我的批评。随即我说"错误人人都会犯，包括老师，但我们在面对自己的错误时，要勇于承认错误，改正错误，知错就改，而不能以班干部自居自傲，我们给他一次改正错误的机会！"在以后的班级管理活动中，他被评为优秀班干部，是大家公认的学习榜样。

对于班干部出现的心理偏差，作为班主任要及时采取各种措施消除班干部的心理偏差，否则，不但会影响班干部的人格完善，而且不利于班干部开展班级管理工作。

让激情成为永恒

◇ 刘化冰 ［HT］

人们都说四十岁的年龄，已经到了不以物喜，不以己悲的境界，似乎经历了一些沧桑，看淡了世间凡事，心境如湖水般宁静。然而，当再次回忆起在天津蓟县参加的英语教师"AC－ES—HXEB English Training Program"培训时，我的心再一次砰然而动，兴奋与激动；喜悦与渴望；快乐与天真；激情与梦想；思念与惆怅。种种情愫萦绕心怀，那催人奋进，令人积极向上的一幕幕再次浮现眼前。

初到培训基地，由于自己的疏忽，我弄坏了外教编写的教材，Dauglas（副教）得知后，飞奔去宿舍到教室四处寻找，在没有多余课本的情况下，当天利用大课间休息时间给我印了新书，细心地手写了页码，并再三向我道歉。Dauglas 身材高大而颀长，为了不影响我们看黑板上的内容，他在板书时，每次都双腿跪下去写，其他外教包括 Janna（主教）和 Sally（主教）两个年轻的姑娘也常跪在地上，与我们眼睛平视，倾听或解答一些疑问，我惊讶于他们的敬业精神。

带着诸多的不解，怀着奇异的感受，我再次惊讶于外教的授课内容。且不谈他们先进科学的教学理念如何让人耳目一新；也不谈他们多彩丰富的教学方法如何使人鼓舞震撼；仍不谈他们严谨专注的工作态度如何叫人由衷敬佩；更不谈他们机智创意的课堂训练如何令人拍案叫绝。单是其中一项"学习者的类型"分析，就令我感触颇多，深受启发。Janna 在讲解时，谈到学习者可分为五种类型：①Visual learners；②Au－ditory learners；③Kinesthetic learners；④Musical learners；⑤Logical learners 第一种学习类型是视觉型。他们对绘画和颜色有超常感觉，宽松的学习环境，图表图画和插图有助于学习效果的提高。第二种学习类型是听觉型，运用听觉来学习有特殊的功效，他们适合大声说出或背出所学内容，和伙伴结组学习并多听各种演讲。第三种学习类型是动觉型，边运动边学习是这一类型的兴趣所在，可把要学习的语言点写在卡片或积木上，然后把卡片或积木放在地上，让他们边捡东西边去认知所学知识。第四种学习类型是音乐型，这样的学习者，音乐可开发其学习潜能，在学习过程中，听着音乐和着节拍，会使他们有较高的学习热情。第五种学习类型是逻辑型。思考事物的规律，探索问题的方法，是此类学习者的偏好，可把要学的知识改成智力游戏或变成疑难问题，他们会完全投入其中。原来学生可以如此深刻透彻、独具匠心地去分类。

外教给了我震撼，给了我惊奇，最让我刻骨铭心的是，他们给了我自信和勇气，这些都源于他们由衷的赞美。无论和外交进行"one—to—one"，还是进行"Journal"训练，无论是上课听讲，还是课外活动，我每天都受到表扬，从回答问题到辩论，从分析文章到做练习，从即兴讨论到小组竞赛，外教总会发现我的精彩之处。由此，我的信心倍增，我变成了另外一个人。我居然能当编剧，会写剧本；能当导演，指导演出；能当音乐人，会写歌填词，并集自编、自导、自演、自唱于一身。而且，这些全部是用英语！这可是我过去不敢奢求的梦想啊！在毕业典礼 party 上，我策划编排与他人合作演出的英语音乐剧"白毛女"获得空前成功。受到外教和有关领导的高度赞扬。

美好的事物总是如此短暂，和外教相处的日子更是转瞬即逝。思念和惆怅萦绕在心头难以挥去，反思和顿悟积压在胸膛无法平静：外教所给予的不仅是先进的教学理念，高超的教学技能，独特的教学风格，高度的敬业精神，他们的风俗习惯，乐观积极的生活态度也深深地影响着我们。我不由想到：作为教师，拥有精通渊博的理论知识，学会和掌握更多更新的教学技能，整个身心付诸于学生的培养，献给伟大而崇高的教育事业的同时，应懂得尊重学生，建立平等的师生关系，把课堂教学的舞台交还给学生，让每一个学生都焕发鲜活生命的光彩。应坚定地树立起这样一个信念，每一个学生都有巨大的发展潜能，每个孩子都能够获得成功。发展学生个性，个性化学习，保证人人享有充分发挥自己才能和尽可能牢牢掌握自己的命运而需要的思想、判断、情感和想象方面的自由。应由衷地赞美学生的每一个微小的进步，德国教育学家第斯多惠说："教学的艺术不在于传授本领，而在于激励、唤醒、鼓舞。"激励能使学生处于积极、活跃的状态，从而激发出强烈的学习动机和创造激情。教育充满着人性、人道和人情，让我们把全部的情和所有的爱奉献给学生，为把学生培养成美好生活的创造者和建设者而不懈努力。

这便是我此次学习的所感所想所悟所获。与外教分别已月余。在梦里，我又和他们相聚，博学的 Janna，内秀的 Sally，率真的 Dauglas，腼腆的 Jeff。我们快乐开心地交谈着，各自尽情展示自己的个性，我又陶醉在那种中西方文化所撞击出来的激情中…

别开错"窗户"

◇ 朱秀刚 ［HT］

清华大学的刘海洋和云南大学的马家爵可以说是优秀生，刘海洋伤熊案和马家爵杀人案被报道后，人们在问：现在的大学生怎么了？同时也让我们教师在头脑中惊起一个问号：什么样的学生才是优秀生？又怎样培养优秀生？

在历史课上发生了这样的事情：老师手里有一份训练试卷，下课后，老师问："谁要这份试卷？"晓钰和欣欣都跑过来，俩人几乎同时抓到了试卷，但是谁都不肯让步，最后试卷被撕成两半……听说这件事后，我并没有急于找这两个学生谈话。她俩都是班内的学习尖子，且具有独生子女特有的自尊心强、自私、以自我为中心的特点。如何既能保护她们的自尊心又能教育她们，使她们改掉自私自利的毛病，成为真正的优秀生？通过反复思考，决定利用班会这块阵地。在班会上我把撕卷子事件编成故事讲给大家听，之后问同学们若是你，你会怎么办？同学们纷纷发表自己的看法：有的说，一人一张，看完了再交换；有的说，先给一个同学看，第二天再给另一个同学看；还有的说，其中一个同学可以复印一份，这样两个同学不就都有了吗？同时，大家也对这种行为提出了批评，一致认为同学之间应该相互谦让，不能只顾自己。在以后的工作中，我利用班会开展了一系列关于思想素质教育讲座，包括"宽容、理解、责任、关爱、奉献"等内容。学生们的思想在悄悄地变化：坏了的桌椅有人修好，桶梁子坏了，有人悄悄安上……特别是晓钰和欣欣，变化更加明显，原只顾自己学习的她们，从不愿帮助其他同学，生怕被人超过，现在却能主动担任辅导小组的组长，负责给学习有困难的学生讲题。

我看过这样一个故事：一个小女孩趴在窗台上，看窗外一个小男孩正在埋葬他心爱的小狗，小女孩泪流满面，她的外祖母看到了，连忙带她到别的窗口，让她欣赏她的玫瑰花园，小女孩的心情开心了许多。老人托起外甥女的下巴说："孩子，你开错窗户了。"

我们教师就是要帮助学生打开一扇扇具有友谊、关爱、理解、责任、奉献等的"窗户"。特别是对学习成绩好的学生，不能把眼睛只盯在学习成绩

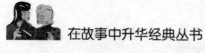

上，一好遮百丑，更重要的是不能让他们开错"窗户"，试想，一个人如果学识很高，能力很强，本事很大，若他缺少最起码的做人标准和道德规范，他最终可能会给家庭、社会和人类带来巨大的危害，成为刘海洋、马家爵第二。因此，作为教育工作者在培养优秀生的时候，一定要帮助他们开对"窗户"，使他们身心得到全面发展，成为对社会有用的人。

课上学生"爱低头"、
"爱插嘴"怎么办

◇ 李英明 ［HT］

刚接的六年级的学生，真是活泼可爱、讨人喜爱。但是在课堂教学中常常会出现这种现象，英语差一些的学生课上"爱低头"，好一些的学生课上"爱插嘴"。在英语教学中，怎样才能发挥学生的主体作用，使每一个学生都课课有所学，课课有所得呢？下面谈一下我在英语教学中的一些个人的心得体会。

大部分差生课上爱低头，不敢与老师对视，课下躲避老师，不敢和老师拉家常，更不敢谈学习。为了缩短与差生心与心之间的距离，我首先从班主任那里找来他们的"小档案"，了解他们的家庭状况。然后主动地接近他们，关心他们的生活，帮他们处理、解决一些生活问题。通过接近他们使他们感觉到老师眼中也有他们，也关爱他们，从而使他们改变胆怯、自卑的表现，主动和老师谈这谈那，增加了自信心。

我还随时运用认同、肯定、表扬或鼓励等积极的评价方式对待学生的每一点长处和进步。即使在他们没有完成好作业或成绩欠佳的时候，也绝不贬低损伤他们。比如在他们读单词、翻译句子不敢大声读、缺乏信心时，我会以充满信任和期待的眼神或语言鼓励他们。比如，可以说"对"，大声地说，你的口型证明你说的对或大声地说吧！你不大声说出来，同学们怎么知道你想的对或者给你改正呢？等等。久而久之，学生就会在你的褒奖和鼓励下逐渐形成积极的自我观念，并怀着必胜的信心去面对生活和学习。

在英语教学中，往往还会出现这种现象，当老师在讲解、引导或统一要求时，学生突然给你一句意想不到的话。当同学在提出一个问题或解决一个问题时，有的学生会无意识地把自己的想法说出来，这两种现象给我们的课堂带来不少快乐的同时，也带来了不少的烦恼。"学生插嘴"现象是很常见也是合情合理的，但是如果处理不当就会导致"乱说"的现象。

这就要求教师要特别关注学生的个性，关注学生个性的差异，让每一位学生都有展示自己的智慧与才华的机会。并且对于正常的"学生插嘴"是学生正在积极参与学习与独立思考问题的体现，也是培养学生创新思维的一种途径，教师应予以解决，帮助学生解决或由学生自己讨论解决，并给学生以鼓励。当学生出现"乱说"现象时，教师应及时控制让学生很快地停下来，或转化为积极的提问。那么教师应怎样才能使"乱说"变成积极的"学生插嘴"呢？这就要求我们的老师在课堂上要经常使用一种策略。我们老师不要把自己知道的答案马上急于告诉学生，等待可以给学生一个表达的机会，一个自由想象的时空，真正地把课堂还给学生，让学生敢想、敢说、敢做，焕发出生命的活力。

为了得到更好的课堂效果，课下我把要问的问题按难易程度分为几个等级：难度大、有发挥性的问题让优等生答；较容易的客观题让中等生答；一些简单的诸如朗读单词、拼写单词、朗读对话、一般疑问句的答句等让差等生回答。使每个学生在课堂上都能动起来，都有机会表现自己。尤其侧重发现差等生的优点，并多加表扬，使他们的心灵感到一种莫大的鼓舞与慰藉，从而激发了他们的学习兴趣，唤回他们的好奇心和求知积极性，促进师生在生动和谐的课堂气氛中愉快地教与学。

给孩子发展的空间

◇ 陈要敏 [HT]

转眼已走过十五年的教学之路，十五个春秋冬夏，无数的欢歌笑语常常响彻耳畔，诸多的稚嫩童颜常常浮现在眼前。我把所学传授给孩子们，孩子们一天天长大，回报我的是一声声真诚的问候，可以说是孩子们丰富了我的人生，也装点了我的梦。如果说让我采撷一朵别致的教坛花絮，那么我说应该是给孩子们一片蓝天，给孩子们自由发展的空间。

孩子是自由的个体，他们虽然每天齐刷刷地坐在教室里听我们讲课，但他们每个人的世界是迥异的，也是我们捉摸不定的。从学生的言行举止，喜怒哀乐来分析，我们把他们分为外向开朗爽快型的，内向文静沉稳型的，多思勤奋好学的，贪玩厌学的……仅仅这些是不够的，并不能证明我们了解学生。作为教师，我们应该从心理学的角度，认识学生，揣摩学生的心理，深入到学生内心世界中去，才能更好地教育、培养学生。

随着现代教育的发展，学生有了更多的参与教学的机会，大胆质疑，分组讨论，发散思维、发展想象创新能力成为教学宗旨。但是我认为，不能停留在一种形式上，只追求浮华的东西，而更应该根据每个学生的特点，因材施教，有的放矢地进行教育教学工作，为每个学生发挥潜能创造平台。

经过一段时间的观察，我发现班内有一部分同学在音乐、美术方面有天赋，于是我们班成立了"小雨点画室"和电子琴兴趣小组，几年来，"小雨点画室"的同学们冒着严寒酷暑，肩背画夹，跟着老师，走出校园写生，他们描绘家乡的山山水水，捕捉生活中的各种画面。2003年6月1日，他们充满童趣、带有太行风味的数十幅作品在铁厂展出了，让专家、老师们惊异的眼神里多了些赞叹和欣喜，学生尝到了成功的喜悦。从此以后，他们更加刻苦地学习，2004年6月我们4·1中队的丁伊宁、杨艺明同学的绘画在天津市获奖。电子琴兴趣小组的同学常年坚持不断练琴，每逢学校的文艺活动或中队联欢，他们都会展示才艺，为同学们献上动听的乐曲。2004年8月，管森森、丁伊宁等同学获得了天津音乐学院下发的儿童业余组电子琴九级证书。

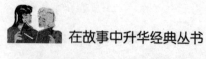

　　"以读书启迪智慧，用智慧滋养心灵"，作为班主任我组织学生进行课外读书活动，成立写作小组，培养学生的创作才能，许多孩子的写作思维得到开发，作文水平得到了提高，具有一定的语言驾驭能力。比如一个孩子在作文中写到："快乐会飞翔，快乐会舞蹈，采一把快乐送给爸爸，采一把快乐捧给妈妈。"这样令人回味的小诗让我感动不已，也让我深深地感觉到孩子的心灵是多么纯洁与美好。

　　俗话说一把钥匙开一把锁，只有我们用爱心扣开学生的心扉，学生才愿意接纳我们传授的知识，才能更容易受到教师人格魅力的影响。因此我们只有在工作中努力发现学生的特点，给学生提供发展特长的空间，并以此为契机，促进其全面发展，才能真正培养出有一定特长的优秀人才。

让鲜花开得更绚烂

◇ 梅丽丽

十几岁的少年是一道天真亮丽的风景，是一朵绽放的鲜花。本该拥有和睦的家庭，幸福的生活，进步的学业，浪漫的童心。

小诺是我教过的第一届学生。刚入初中时，她终日默默无语，学习刻苦认真，很快成绩在班级中名列前茅。她的沉默更令老师们认为是谦虚的表现，得到了大家的认同，是班里公认的好学生。要不是一次意外地发现，我这个班主任也一直以为她心无杂念，酷爱学习。

一天放学后很久了，一名学生来办公室找我，说小诺丢了钥匙正在教室里哭。我连忙来到教室。见到我，她泪眼模糊地说，她把家里的钥匙丢了，怕妈妈说她不敢回家。丢钥匙本是一件平常事，我来不及细想，见她那么着急，就发动同学们一起去校园里找，可是没找到。此时，我才通过与她要好的伙伴了解到，她的父母刚刚离婚，她和母亲住在一起，母亲是个家属工，一个月只有三四百元的收入，经济和情感的双重折磨令母亲心情不好而经常迁怒于她。敏感的她由于自卑和恐惧，变得更沉默了，只有用学习来转移注意力。现在她不想因为丢钥匙惹母亲生气，更害怕勾起她的伤心事。

钥匙找不到，我好不容易将她劝回家。可当我走出校门时，她竟在门口等我，泪水涟涟地告诉我，妈妈骂她了，她没有吃饭，跑了出来。我二话没说，带她吃完饭，去了她家。我和她妈妈聊了很多，从中也真正了解到了小诺寡言少语的原因。原来孩子一直为父母离婚的事而自卑，她恨自己的父亲，更害怕他到学校来找她。因为父母的关系闹得很僵，二人不愿见面，父亲总是把她的抚养费送到学校来，让其他同学看到，她感到无地自容。孩子真是太可怜了，我决定帮助她。

父母离婚的事实已经无法改变，关键是要她端正心态，打开心结。我首先从她的母亲入手，探讨了这件事对孩子的影响。孩子的妈妈表示，要尽快调整好心态，重新以慈母的形象对待孩子。我还找到了孩子的父亲，尽管他对我冷言冷语，但总算同意以后不再当着学生的面，给孩子送抚养费，而由我转交。表面问题解决了，可小诺的在校生活还仅局限在书本中课堂上。为了使她像其他孩子一样快乐地学习，愉快地生活，我鼓励她大胆地与同学交往，并嘱咐其他同学主动找她探讨问题，一起玩耍。经过一段时间的努力，她开朗多了，话多了，也时常能听见她的笑声了。重要的是，她由以前的背着沉重的包袱学习，变成轻松地自主学习，学习效率更高了，成绩也更好了。

小诺是个优等生，要不是"钥匙"事件，谁会了解她这种不健康的心理？看来，作为教师，不仅要关心孩子的学习，还要关注他们的心灵。"白璧微瑕"，万不能"一好代百好"。"千里之堤，溃于蚁穴"不是没有道理。

十几岁的孩子，正是绽放的鲜花，教师的精心呵护会令他们开得更绚烂。